古代歷史文化研究輯刊

二五編

王明蓀 主編

第8冊

東晉南朝荊州政治地理研究
——兼論雍州、湘州、郢州（上）

程剛 著

國家圖書館出版品預行編目資料

東晉南朝荊州政治地理研究——兼論雍州、湘州、郢州（上）
／程剛 著 -- 初版 -- 新北市：花木蘭文化事業有限公司，
2021〔民 110〕
目 6+180 面；19×26 公分
（古代歷史文化研究輯刊 二五編；第 8 冊）
ISBN 978-986-518-310-3（精裝）
1. 政治地理學 2. 疆域 3. 東晉史 4. 南朝史
618 110000150

古代歷史文化研究輯刊
二五編 第八冊 ISBN：978-986-518-310-3

東晉南朝荊州政治地理研究
——兼論雍州、湘州、郢州（上）

作　　者 程　剛
主　　編 王明蓀
總 編 輯 杜潔祥
副總編輯 楊嘉樂
編　　輯 許郁翎、張雅淋　美術編輯　陳逸婷
出　　版 花木蘭文化事業有限公司
發 行 人 高小娟
聯絡地址 235 新北市中和區中安街七二號十三樓
電話：02-2923-1455／傳真：02-2923-1452
網　　址 http://www.huamulan.tw 信箱 service@huamulans.com
印　　刷 普羅文化出版廣告事業
初　　版 2021 年 3 月
全書字數 293655 字
定　　價 二五編 15 冊（精裝）台幣 45,000 元

東晉南朝荊州政治地理研究

——兼論雍州、湘州、郢州（上）

程剛 著

作者簡介

程剛，男，河南信陽人。2007 年畢業於四川大學歷史文化學院，獲歷史學碩士學位。2011 年求學於南京大學歷史學系，師從胡阿祥先生，2014 年獲歷史學博士學位。主要從事魏晉南北朝史和歷史地理學研究。曾任教於長江師範學院，現為玉林師範學院副教授。

提　　要

本書的研究對象是荊州（包括東晉以後的湘、郢、雍三州）的政治地理。本書按朝代的先後順序，共分為五章。第一章為東晉部分，第二章為劉宋部分，第三章為蕭齊部分，第四章為蕭梁部分，最後一章為陳部分。各章第一部分，均先梳理出這一區域的政區沿革，研究的區域主要是東晉荊州（含僑州郡縣），劉宋、蕭齊、蕭梁和陳朝荊、湘、郢、雍四州的政區。本書主要結合史料，對以上政區進行考證和論述，並利用圖、表的形式將各時期的政區面貌一目了然地表現出來；各章第二部分，從政治地理的角度，論述、分析東晉南朝封爵屬地地理分布的特點與政治原因；各章第三部分，主要分析、論證東晉南朝對荊州（包括湘、郢、雍三州）政區進行分割的政治原因及其地理因素。

本文時間斷限：上起自西晉末年，下訖於隋開皇九年（589），即陳朝滅亡。考證方法主要以排比文獻直接記載的材料為主，並輔以考古出土材料。

2017 年廣西哲學社會科學規劃研究課題
（批准號：17BZS001）成果

目次

上冊

表目次

圖目次

緒　論

第一節　本書的研究對象與學界研究現狀

本書的研究對象，是荊州（包括東晉以後湘、郢、雍三州）的政治地理。內容包括：東晉南朝荊州（包括湘、雍、郢三州）境域的變遷與政區的沿革；這一政區歷史變遷過程和政治地理之間的關係；政治地理因素對該政區縣級以上（含縣）王、侯、伯、子、男國分封的影響及封爵屬地地理分布的特點。

關於政治地理學概念與研究性質的界定。首先，作為人文地理學的一個分支，政治地理學有其本身的學科性質，正如周振鶴〔註1〕所說：「政治地理學……研究的對象是各種具有基本空間要素的政治體制。這種研究有全球的、國家的與地區的（可以相應稱其為宏觀、中觀與微觀）三種尺度。」〔註2〕其次，「雖然仍有各種各樣的觀點，但……不少學者都贊同這一觀點，即政治地理最關心的是地理區域與政治過程的相互作用。到目前為止，我們仍可將此

〔註1〕本書為了行文書寫的方便，在提及先賢、前輩的名諱時，皆直稱之。不再在名諱後加諸如「先生」、「女士」、「院士」、「教授」等尊稱、職務或職稱。

〔註2〕周振鶴著：《中國行政區劃通史·總論》第一章，收入《中國行政區劃通史·總論、先秦卷》，復旦大學2009年版，第14頁。蔣君章亦以為：「就地理學之範疇言，政治地理學應為人文地理的一部分，是以人類群體生活在空間所受的各種因素影響之下，在政治上所表現的各種成績，觀察其分布的狀況，歸納其分布的地帶及其與各種地理因素的關係。」氏著《政治地理學原理》，臺北實踐印刷有限公司1976年版，第1～2頁。

觀點視作政治地理學的研究方向。」〔註3〕最後，周氏以為：「中國歷史政治地理學的研究在行政區劃方面……應該至少有以下三個部分或者說三個步驟的內容。」即「第一部分，應該仍以復原疆域政區歷史變遷的全過程為目的」，「第二部分工作應該是就疆域政區本身的要素來進行分解式的以及政治學角度的研究」，「第三部分工作的重點在於研究政治過程對地理區域變遷的影響，換言之，也就是研究中國歷史上的行政區劃為何有如此繁複的變遷過程」。〔註4〕

華林甫也認為：「（1978年）改革開放以來，學者們把傳統沿革地理即歷代疆域與政區的研究稱為『歷史政治地理研究』，周振鶴則賦予以『歷史政治地理學』的內涵，……是為不刊之論。」又「目前這一分支尚未真正建立起來」，且關於「歷史政治地理論文，目前太少」。華氏在文中列舉了譚其驤《自漢至唐海南島歷史政治地理》（《歷史研究》1988年第3期）、宋鎮豪《論商代的政治地理架構》（《中國社會科學院歷史研究所學刊》第1集）、宋傑《春秋時期中國政治力量的分布態勢和列強興起的地理原因》（《首都師大學報》2000年第4期）、唐曉峰《五嶽地理說》（《九州》創刊號）四篇政治地理學的代表作。〔註5〕

除華氏所舉外，據筆者所知，以華氏理解的歷史政治地理著作還當有：周一良《東晉南朝地理形勢與政治》和《南朝東南內地之位置》〔註6〕，王恩湧、曹詩圖《魏、蜀、吳三國時代的政治地理戰略分析》（《人文地理》1996年第3期），王健《西周政治地理結構研究》（中州古籍出版社2004年版），余蔚《兩宋政治地理格局比較研究》（《中國社會科學》2006年第6期），李

〔註3〕《中國大百科全書》認為：「（政治地理學是）通過研究國民與領土的關係來分析政治現象的地域體系，並分析以政治、軍事、經濟和宗教為背景的各種國家集團對世界和地區所起的作用。政治疆界的變化以及政治區域的演變、結構和功能的分析，也是政治地理學的內容。」又曰：「（政治地理學是）研究人類社會政治現象的空間分布與地理環境的學科。著重分析以政治區域的結構和功能以及政治區域之間的相互關係，是人文地理學的分支。」中國大百科全書總編輯委員會地理學編輯委員會：《中國大百科全書·地理學》，中國大百科全書出版社1990年版，第362頁、第481頁。此觀點與周氏相似。

〔註4〕周振鶴：《建構中國歷史政治學的設想》，載《歷史地理》第15輯，上海人民出版社1999年版，第1～19頁。

〔註5〕華林甫：《中國歷史地理學·綜述》第六章《歷史政治地理研究（上）》，山東教育出版社2009年版，第212頁。

〔註6〕周一良：《魏晉南北朝史劄記》，中華書局1985年版，第75～82頁、第231～234頁。

峰《西周的滅亡——中國早期國家的地理和政治危機》（上海古籍出版社 2007 年版），陳珈貝《商周南土政治地理結構研究》（臺北花木蘭文化出版社 2009 年版），周振鶴《東西徘徊與南北往復——中國歷史上五大都城定位的政治地理因素》（《華東師範大學學報（哲學社會科學版）》2009 年第 1 期），羅凱《隋唐政治地理格局研究——以高層政治區為中心》（復旦大學 2012 年博士學位論文），毋有江《北魏政治地理研究》（科學出版社 2018 年版），袁方《北宋西北經略與疆域變遷》（復旦大學 2019 年博士學位論文），趙海龍《魏晉南北朝都督區研究》（復旦大學 2019 年博士學位論文）等等。其中譚氏《自漢至唐海南島歷史政治地理》當為上述諸文之典範。

鑒於周氏、華氏二人對於「政治地理學」概念的闡述和理解，本書亦認為「傳統沿革地理即歷代疆域與政區的研究就是歷史政治地理的研究」。

學界涉及東晉荊州（含僑州郡縣），劉宋、蕭齊、蕭梁和陳荊、湘、郢、雍等四州政區的研究成果頗豐。如洪亮吉《東晉疆域志》，洪齮孫《補梁疆域志》，臧勵龢《補陳疆域志》，徐文範《東晉南北朝輿地表》，胡孔福《南北朝僑置州郡考》，汪士鐸《南北史補志・地理志》。〔註 7〕上述論著對於復原東晉南朝的政區，多有借鑒之處，然而其中存在的問題即不少。〔註 8〕本書在借鑒上述成果的同時，也多所糾正之。譚其驤《中國歷史地圖集》和《簡明中國歷史地圖集》「圖說」部分〔註 9〕對東晉南朝政區的研究具有開創之功。顧頡剛、史念海《中國疆域沿革史》〔註 10〕對東晉南朝僑州郡縣的制度、

〔註 7〕〔清〕洪亮吉：《東晉疆域志》，〔清〕洪齮孫：《補梁疆域志》，〔清〕臧勵龢：《補陳疆域志》，〔清〕徐文範：《東晉南北朝輿地表》，〔清〕汪士鐸：《南北史補志・地理志》，均收入《二十五史補編》本，中華書局 1955 年版；〔清〕胡孔福：《南北朝僑置州郡考》，1912 年刊行（已收入《二十四史訂補》第七冊，書目文獻出版社 1996 年影印）。

〔註 8〕參見胡阿祥：《六朝疆域與政區研究（增訂本）》，學苑出版社 2005 年版，第 415～422 頁、第 479～481 頁。此處不再贅述之。此外，錢大昕亦指出了徐、洪二人書中的某些不足之處。參見氏著《與徐仲圃書》、《答洪稚存書》，收入〔清〕錢大昕撰，呂友仁點校：《潛研堂集》，上海古籍出版社 1989 年版，第 628～630 頁、第 639～640 頁。

〔註 9〕譚其驤：《中國歷史地理集》第四冊，地圖出版社 1982 年版；《簡明中國歷史地圖集》，地圖出版社 1991 年版，第 25～26 頁、第 29～30 頁、第 31～32 頁、第 33～34 頁、第 35～36 頁。

〔註 10〕顧頡剛、史念海：《中國疆域沿革史》第十五章，商務印書館 1997 年版，第 113～119 頁、第 122～124 頁。

境域的變遷與地方制度的沿革作了概述。葛劍雄《中國歷代疆域的變遷》關於疆域的定義和對東晉南朝政區的概述，〔註 11〕對本書頗有啟發之處。胡阿祥《六朝疆域與政區研究》、《東晉南朝僑州郡縣與僑流人口研究》、《東晉南朝僑州郡縣的設置及其地理分布》對於東晉南朝政區沿革的考述、政區制度的研究，東晉南朝僑州郡縣本身的設置、制度、變遷、僑流人口與僑州郡縣的地理分布等已作了詳盡的研究。〔註 12〕班書閣認為洪亮吉關於東晉僑州郡的研究，由於「限於體例或有未備」，因而又「擴而充之」。〔註 13〕陳乾康《論東晉南朝的僑州郡縣》對僑州郡縣的淵源、分布、省罷與土斷也作了相應的研究。〔註 14〕

上述前賢今人關於各種全國性的、斷代的或通代的歷史政區的研究，對本書所研究的東晉南朝荊州（包括湘、雍、郢三州）政區多有高論。但由於論著主旨不同以及作者精力所限，再加上各種新材料（尤其是考古材料）的不斷發現，故難以把各個地區的政區沿革考證詳盡，這也是筆者寫作的動機之一。

專門就荊州（包括湘、郢、雍三州）政區某一問題的相關研究成果亦頗豐碩。如班書閣《東晉襄陽郡僑州郡縣考》，〔註 15〕石泉、魯西奇《魏晉南陽義陽郡沿革與地望考辨》、《東晉南朝長江中游地區僑州郡縣地望新探》與《東晉南朝西陽郡沿革與地望考辨》，〔註 16〕張琳《東晉南朝時期襄宛地方社會的

〔註 11〕葛劍雄：《中國歷代疆域的變遷》，商務印書館 1997 年版，第 2～19 頁、第 74～78 頁。

〔註 12〕胡阿祥：《東晉南朝僑州郡縣與僑流人口研究》，江蘇教育出版社 2008 年出版；《東晉南朝僑州郡縣的設置及其地理分布》，載《歷史地理》第 8、9 輯，上海人民出版社 1990 年版。此外，《〈補陳疆域志〉校補》對《補陳疆域志》多所校補，彌補了該書的缺陷（氏著《〈補陳疆域志〉校補》，收入《長水集（上）》，人民出版社 2009 年版，第 133 頁，原文載《禹貢半月刊》第五卷第六、七期，1936 年）。金麟《〈補陳疆域志〉訂補》亦對《補陳疆域志》進一步作了訂補（氏著《〈補陳疆域志〉訂補》，載《歷史地理》第十九輯，上海人民出版社 2003 年版）。

〔註 13〕班書閣：《東晉僑置州郡釋例》，載《禹貢半月刊》第五卷第七期，1936 年。

〔註 14〕陳乾康：《論東晉南朝的僑州郡縣》，載《四川師範大學學報》1995 年第 2 期。

〔註 15〕班書閣：《東晉襄陽郡僑州郡縣考》，載《禹貢半月刊》第六卷第六期，1936 年。

〔註 16〕石泉、魯西奇：《魏晉南朝義陽郡沿革與地望考辨》，載《江漢考古》1996 年第 3 期；《東晉南朝長江中游地區僑州郡縣地望新探》，載《中國歷史地理論叢》1995 年第 4 期；《東晉南朝西陽郡沿革與地望考辨》，載《江漢考古》1996 年第 2 期。

變遷與雍州僑置始末》，〔註 17〕夏日新《東晉南朝長江中游地區僑州郡縣考》，〔註 18〕安田二郎《劉宋大明年間的襄陽土斷》等。〔註 19〕又《重慶建置沿革》〔註 20〕、《湖北通史‧魏晉南北朝卷》〔註 21〕和《湖北省建制沿革》〔註 22〕等對區域政區沿革的研究也多有可觀之處。後，胡阿祥等編著的《中國行政區劃通史‧三國兩晉南朝卷》對三國兩晉南朝的疆域變遷和政區制度進行了全面的討論，對三國兩晉南朝之政區建置作了詳盡的復原。〔註 23〕

總之，上述成果對本書所要研究政區的部分內容作了詳盡的考證，然其中亦多有值得商榷之處。此外，前文所及的著作由於受論述主題所限，較少涉及除政區沿革外的其他問題的研究，尤其未能從政治地理的角度對這一政區作一全面的論證，本書對此多所補充。

此外，東晉南朝荊州（包括湘、郢、雍三州）政區的郡、縣多為封爵屬地；學界亦對東晉南朝封爵制度形成和演變方面的研究成果頗豐。如陶元珍、祝總斌、閻步克、羅新、守屋美都雄、越智重明、楊光輝、王安泰、倪春莉等人均對此問題從不同的角度，作了較為詳盡的研究。〔註 24〕此外，關於東晉

〔註 17〕張琳：《東晉南朝時期襄宛地方社會的變遷與雍州僑置始末》，收入《魏晉南北朝隋唐史資料》第 15 輯，武漢大學出版社 1997 年版，第 36～49 頁。

〔註 18〕夏日新：《東晉南朝長江中游地區僑州郡縣考》，收入《古代長江中游的經濟開發》，黃惠賢、李文瀾主編，武漢出版社 1988 年版。

〔註 19〕安田二郎著，夏日新譯：《劉宋大明年間的襄陽土斷》，收入《湖北歷史文化論集（二）》，李錦章主編，中國地質大學出版社 2008 年版（原文題為《關於所謂王玄謨的襄陽土斷》，原載《東洋史論集》第 2 輯）。

〔註 20〕余楚修、管維良主編：《重慶建置沿革》，重慶出版社 1998 年版，第 6～16 頁、第 100～105 頁、第 192～232 頁。

〔註 21〕牟發松：《湖北通史‧魏晉南北朝卷》，華中師範大學出版社 1999 年版，第 23～39 頁。

〔註 22〕潘新藻：《湖北省建制沿革》，湖北人民出版社 1987 年版，第 259～615 頁。

〔註 23〕胡阿祥、孔祥軍、徐成著：《中國行政區劃通史‧三國兩晉南北朝卷》，復旦大學出版社 2017 年版。

〔註 24〕陶元珍：《魏咸熙中開建五等考》，載《禹貢半月刊》第 6 卷第 1 期，1935 年；祝總斌：《兩漢魏晉南北朝宰相制度研究》，中國社會科學出版社 1990 年版，第 155～156 頁；閻步克：《〈魏官品〉產生時間考》，收入《品位與職位——秦漢魏晉南北朝官階制度研究》，中華書局 2002 年版，第 226～228 頁；羅新：《試論曹魏的爵制改革》，載《文史》2007 年第 3 輯，第 51～61 頁；（日）守屋美都雄著，錢杭、楊曉芬譯：《中國古代的家族與國家》第七章《關於曹魏爵制若干問題的考察》，上海古籍出版社 2010 年版，第 160～190 頁（原載於《東洋史研究》第 20 卷第 4 號，1962 年）；（日）越智重明：《晉爵と宋爵》，《史淵》第八十五輯，1961 年（後收入《魏晉南朝の政治と社會》第二篇第

南朝封國行政機構和政區等級的主要觀點有：張興成論述了宗室封爵對地方行政體系的影響。〔註 25〕姚樂依據《晉書．地理志》認為西晉五等爵除以郡立國的少數公侯外，縣級政區無一是五等封國，但到劉宋時期，五等國已是地方政區的一環。〔註 26〕楊光輝認為西晉五等封爵雖以郡縣鄉亭為爵名，卻不等於以郡縣鄉亭為國，且五等爵中侯伯子男當是以縣以下行政區劃立國無疑，並提出五等爵普遍以縣立國是在東晉時。〔註 27〕此觀點大致沿襲周一良之說，即東晉末劉裕執政時及劉宋初年所謂五等乃特殊稱謂，非指公侯伯子男之五等級。〔註 28〕其實錢大昕早已提出，東晉末劉宋初所謂五等之封但假虛號，未有食邑，蓋出一時權宜之制。〔註 29〕與之觀點不同，周國林則提出西晉泰始元年即罷五等爵制，廢除了曹魏咸熙年間地方若干里的列土分封之制，目的是限制異姓諸侯。〔註 30〕後，王安泰卻提出罷五等並非廢除五等爵，而是改行三等，即郡公、縣公、郡侯，縣侯及伯子男皆不開國，又以為五等爵大約在梁朝天監改革之機廢止，且王氏對西晉五等爵的地理分布及其在各州的比例做了比較詳盡的研究。〔註 31〕又，顧江龍認為西晉泰始五等爵制凡以郡為國是以實際行政區劃為國，五等爵縣、公以下空有名號而無實際疆域。〔註 32〕關於南朝五等爵和列侯的問題，楊光輝以為：「東晉明帝平王敦以及成帝平蘇俊，……五等爵中的侯就已與原來在男爵之下的縣侯合併，仍稱『縣

四章，吉川弘文館，1963 年）；渡邊義浩：《中國貴族制と「封建」》，載《東洋史研究》第 69 卷第 1 號，2010 年；楊光輝：《漢唐封爵制度》，學苑出版社 1999 年版，第 28～85 頁；王安泰：《開建五等——西晉五等爵製成立的歷史考察》，臺灣花木蘭文化出版社 2009 年版；倪春莉：《晉代封爵制及其與門閥士族地主的關係》，載《大同高專學報》1997 年第 1 期。

〔註 25〕張興成：《兩晉宗室制度研究》，上海古籍出版社 2013 年版，第 302～312 頁。

〔註 26〕姚樂：《〈晉書．地理志〉縣級封國考論》，載《中國歷史地理論叢》2012 年第 2 期。

〔註 27〕楊光輝：《漢唐封爵制度》，第 36 頁、第 70 頁。

〔註 28〕周一良：《魏晉南北朝史劄記》，中華書局 1985 版，第 157 頁。

〔註 29〕錢大新：《廿二十史考異》，上海古籍出版社 2004 年版，第 409 頁。

〔註 30〕周國林：《西晉分封制度的演變》，載《華中師範大學學報（哲社版）》1993 年第 3 期。

〔註 31〕王安泰：《開建五等——西晉五等爵製成立的歷史考察》，臺灣國立政治大學 2004 年碩士學位論文，第 77～78 頁、第 63～64 頁、第 102 頁、第 105～106 頁；《開建五等——西晉五等爵製成立的歷史考察》，臺灣花木蘭文化出版社 2009 年版，第 157 頁。

〔註 32〕顧江龍：《漢唐間的爵位、勳官與散官——品位結構與等級特權視角的研究》，北京大學 2007 年博士學位論文，第 84～86 頁。

侯』」，「東晉時，列侯封授頗多，進入南朝後，縣侯已明確與五等爵之後合二為一」。〔註 33〕然王安泰以為漢魏時期的縣侯依然存在於東晉南朝。至陳朝「漢魏縣侯」之名又變為沐食侯。〔註 34〕

相對於上述情況，學界對東晉南朝荊州（包括湘、郢、雍三州）政區郡縣級封國地理，即建制沿革、地理分布特點及置省的原因仍缺乏系統的研究，相關成果也比較零散。如周一良從政治地理的角度，僅概括性地論述了東晉南朝郡縣級封國祿秩、地理分布等問題。〔註 35〕楊恩玉論及蕭梁武帝和元帝時期郡縣級封國的地理分布。〔註 36〕總之，由於研究方向和主旨的不同，故上述論著未能從政治地理的角度對這一政區的封爵作一全面、詳盡的研究。本書擬在前人研究的基礎上，對這一問題進行論證和考述。

第二節　本書的研究思路

本書依據的史料，包括正史地理志、政書、各類地書與地志、相關考古發掘，並參考學界相關研究成果，以求釐清荊州（包括湘、郢、雍三州）的政區沿革。雖然學界對本書所要研究的政區成果已豐，但對這一政區還缺乏較為系統的、完整的和專門的考證或者論證的觀點多有值得商榷者。本書擬就這些問題重新作一論述。

此外，政治地理的首要任務，如周振鶴所說，「應該仍以復原疆域政區歷史變遷的全過程為目的」。本書所要研究的政區以《晉書・地理志》所載之荊州政區範圍為研究對象。〔註 37〕然而《晉書・地理志》的荊州政區在東晉南朝經歷了一個發展與演變的過程。正如《宋書・州郡志》所說：「地理參差，其詳難舉，實由名號驟易，境土屢分，或一郡一縣，割成四五，四五之中，亟

〔註 33〕楊光輝：《漢唐封爵制度》，第 36 頁、第 46 頁。

〔註 34〕王安泰：《論東晉南朝的三種縣侯》，收入《魏晉南北朝史的新探索：中國魏晉南北朝學會第十一屆年會暨國際學術研討會論文集》，樓勁主編，中國社會科學出版社 2015 年版，第 110～119 頁。

〔註 35〕周一良：《魏晉南北朝史劄記》，第 251 頁、第 271 頁。

〔註 36〕楊恩玉：《蕭梁政治制度考論稿》，中華書局 2014 版，第 131 頁、第 134 頁。

〔註 37〕〔唐〕房玄齡等撰：《晉書》卷十五《地理志下》（以下文簡稱《晉志》，中華書局 1974 年版），第 453～458 頁。關於《晉志》政區的斷代時間，孔祥軍以為在太康四年（氏著《〈晉書・地理志〉政區斷代考》，收入《漢唐地理志考校》，新世界出版社 2012 年版）；然華林甫認為在太康三年（氏著《二十世紀正史地理志研究述評》，載《中國地方志》2006 年第 2 期）。

有離合，千回百改，巧曆不算，尋校推求，未易精悉。」〔註 38〕《東晉南北朝輿地表・自序》亦云：「余三十年前，每讀史，病晉永嘉大亂後至隋，幾三百載。南北州郡縣紊更僑寓，眩亂難明。」〔註 39〕因此，要大致釐清東晉南朝荊州（包括東晉以後湘、郢、雍三州）政區的歷史沿革，需要找到影響其演變的主要因素。

西晉末年和東晉南朝時期，這一地區經歷了流民動亂（主要指西晉末年、東晉初期）〔註 40〕、非漢民族政權的侵擾或佔領，東晉南朝的北伐等等。這些因素直接導致了荊州境域的伸縮變化，從而影響到了政區的劃分。如由於版圖的內縮，僑置州郡縣在這一區域紛紛湧現，這種情況一直延續到陳朝。除此之外，東晉南朝的政區區劃又受內部政治因素的影響。如中央政府為了防範荊州坐大，對其進行了多次分割。梁末陳初由於版圖驟狹、境域內縮，為了政治的需要，進一步對郢、湘二州進行了劃分。因此，通過復原境域變遷的歷史過程，即有助於考證政區的演變。

本書主要依據《晉書・地理志》、《宋書・州郡志》和《南齊書・州郡志》，〔註 41〕並參考《東晉疆域志》、《補梁疆域志》與《補陳疆域志》等著作。同時，還結合其他政書、地書、地志與六朝志怪中關於這一區域的政區沿革的記載，比照相關考古發掘，擬對這一區域作一較為詳盡的考證。此外，東晉分荊州立湘州，劉宋割荊州置雍州，後，分荊、湘二州置郢州，蕭梁、陳朝先後又對荊、湘、郢三州進行了分割。本書擬就東晉南朝對這一區域進行分割區劃的原因，從政治地理學的角度給予分析、論證之。

本書對這一政區沿革的考證，主要以排比文獻直接記載的材料為主，並輔以考古出土材料。

另外，考證政區時，還需明瞭政區制度。在通代政區制度方面作概述性研究的論著也有不少，代表作有嚴耕望《中國地方行政制度史・魏晉南北朝

〔註 38〕〔梁〕沈約撰：《宋書》卷三十五《州郡志》（以下文簡稱《宋志》），中華書局 1974 年版，第 1028 頁。

〔註 39〕《東晉南北朝輿地表》，《二十五史補編》第五冊，第 6718 頁。按：文中標點為筆者所加。

〔註 40〕關於這一時期的流民問題，參見曹文柱：《兩晉之際流民問題的綜合考察》，載《歷史研究》1991 年第 2 期；劉惔藜：《晉惠帝時代漢族之大流徙》，載《禹貢半月刊》第 4 卷第 11 期，1936 年。

〔註 41〕〔梁〕蕭子顯撰：《南齊書》卷十五《州郡志下》（以下文簡稱《南齊志》），中華書局 1972 年版。

地方行政制度》，周振鶴《中國地方行政制度史》，劉君德《中國政區地理》，程幸超《中國地方行政制度史》。〔註 42〕這些成果亦為本書所借鑒。

學界關於東晉南朝都督和都督區的研究成果累累。其中以嚴耕望《中國地方行政制度史·魏晉南北朝地方行政制度》、《魏晉南朝都督與都督區》〔註 43〕、《魏晉南北朝地方行政制度約論》〔註 44〕為代表。其他有陳琳國《魏晉南北朝政治制度研究》〔註 45〕、《論魏晉南朝都督制》〔註 46〕，陳仲安、王素《漢唐職官制度研究》〔註 47〕，陶新華《魏晉南朝中央對地方軍政官的管理制度研究》〔註 48〕，要瑞芬《都督制在東晉南朝荊揚之爭中的作用》〔註 49〕，小尾孟夫《六朝都督制研究》〔註 50〕，張鶴泉《魏晉南北朝都督制度研究》〔註 51〕，趙海龍《魏晉南北朝都督區研究》〔註 52〕，等等。都督區的研究要以嚴氏的著作為典範，但都督區作為東晉南朝的「準行政區」〔註 53〕，以軍事性為主且行政區不穩定，故暫不對其沿革變化作全面的考證。本書僅在借鑒已有的成果基礎上，對尚未被嚴氏等考證詳盡的問題，如劉宋時期郢州都督區政治地理的獨特性和陳時荊、郢、湘三州都督區的情況，擬再從政治地理的角度作一論證。

〔註 42〕嚴耕望：《中國地方行政制度史·魏晉南北朝地方行政制度》，上海古籍出版社 2007 年版；周振鶴：《中國地方行政制度史》，上海人民出版社 2005 年版；劉君德等編著：《中國政區地理》，科學出版社 1999 年版；程幸超：《中國地方行政制度史》第十章，四川人民出版社 1992 年版。

〔註 43〕載臺灣中央研究院《歷史語言研究所集刊》第二十七本，1956 年版。

〔註 44〕收入《大陸雜誌史學叢書》第二輯刊第一冊《三代秦漢魏晉史研究論集》，大陸雜誌社 1967 年版，第 142～147 頁。

〔註 45〕陳琳國：《魏晉南北朝政治制度研究》第六章《魏晉南朝都督制》，臺北文津出版社 1994 年版，第 235～254 頁（原北京師範大學 1989 年博士學位論文）。

〔註 46〕陳琳國：《論魏晉南朝都督制》，載《北京師範大學學報》1986 年第 4 期。

〔註 47〕陳仲安、王素：《漢唐職官制度研究》第二章第二節，中華書局 1993 年版，第 177～181 頁。

〔註 48〕陶新華：《魏晉南朝中央對地方軍政官的管理制度研究》，北京大學 2000 年博士研究生學位論文。

〔註 49〕要瑞芬：《都督制在東晉南朝荊揚之爭中的作用》，載《蘇州大學學報（哲學社會科學版）》1993 年第 1 期。

〔註 50〕小尾孟夫：《六朝都督制研究》，溪水社 2001 年版。

〔註 51〕張鶴泉：《魏晉南北朝都督制度研究》，吉林文史出版社 2007 年版。

〔註 52〕趙海龍：《魏晉南北朝都督區研究》，復旦大學 2019 年博士學位論文。

〔註 53〕周振鶴：《行政區劃史研究的基本概念與學術用語芻議》，載《復旦學報（社會科學版）》2001 年第 3 期。

第三節　本書結構與行文規範

本書按朝代的先後順序，分為五章。第一章為東晉部分，第二章為劉宋部分，第三章為蕭齊部分，第四章為蕭梁部分，最後一章為陳部分。各章第一部分，皆先梳理出這一區域的政區沿革。包括東晉荊州（含僑州郡縣），劉宋、蕭齊、蕭梁和陳朝荊、湘、郢、雍四州的政區。主要結合史料，對其進行考證和論述。並利用圖、表的形式將各時期的政區面貌一目了然地表現出來；各章第二部分，從政治地理的角度，論述、分析東晉南朝封爵屬地地理分布之特點與其政治原因；各章第三部分，主要分析、論證東晉南朝對這一政區進行分割的政治原因及其地理因素。本書之所以作出這樣的安排，正是考慮到如前文周氏所說，政治地理學研究的第二部分工作應該是就疆域政區本身的要素來進行分解式的以及政治學角度的研究，第三部分工作的重點在於研究政治過程對地理區域變遷的影響。東晉南朝在荊州（包括雍、湘、郢三州）封爵屬地的地理分布情況與政區的歷史沿革緊密聯繫、互成因果；相反，封爵作為政治措施之一〔註 54〕，也當考慮到封爵所在政區政治地理的特點，兩者是相輔相成的。

此外，政治因素在政區歷史沿革的過程中，起著主導作用。然而東晉南朝出於政治因素的政區區劃，尤其表現在對荊州的分割上。換言之，即這是統治者在認識到荊州（包括雍、湘、郢三州）政治地理的重要性後，所作出的政治選擇。而其所依據的政治、地理因素亦是本書所要探討的問題。總之，要弄清楚政治過程對地理區域變遷的影響，就需要從政治地理的角度來論證這個問題，這也正是本書寫作的主旨所在。

關於本書的行文規範，需要說明的有以下幾點：

1、古籍、今人論著僅在第一次引用時，注明版本或期刊名稱，此後重複引用時從略。

2、本書的歷史年號，僅在第一次出現時，注明公元某年，此後重複出現

〔註 54〕楊光輝以為：「封爵制度……似乎只是權力和財富的支出。實際上，支出的目的是為了取得更大的補償。且不說皇帝因而得到營建宗親勢力，在租賦收入的瓜分方面增加了大籌碼，僅就政治好處而言專制皇權就已通過相對廉價的爵祿構造出更加牢固的統治基礎；獲得封爵者無疑感激涕零而死心塌地效忠盡力；……故從封爵所發揮的社會—政治—經濟功能中受益最大，是封建皇權。」(《漢唐封爵制度》) 第 229 頁。楊氏此論把封建皇權以封爵制度作為政治手段，期圖獲取更多政治利益的目的，淋漓盡致地表達了出來。

則省略之。

3、本書研究的政區範圍為東晉荊州，包括僑州、僑郡領僑縣（含實縣）的政區；劉宋、蕭齊、蕭梁、陳的荊、湘、郢、雍四州的政區。

4、古代地名須注明今地之處，皆以 1999 年底的行政區劃資料為準，且大多借鑒了胡阿祥的研究成果。〔註 55〕

〔註 55〕《東晉南朝僑州郡縣與僑流人口研究》第十五章，第 452～457 頁。

第一章　東晉荊州政治地理研究

第一節　「荊州」名稱的由來與荊州政區（東晉前）沿革概述

一、「荊州」名稱的由來

荊州之稱最早見於《尚書・禹貢》、《周禮・職方氏》、《爾雅》等著作，學界一般認為三書當成於戰國時期〔註1〕。今暫從之。然而三書所記的荊州境域卻不同，《尚書正義》卷六《禹貢》曰：「荊及衡陽惟荊州。」鄭玄注云：「北據荊山，南及衡山之陽。」〔註2〕《漢書・地理志》南郡臨沮縣條曰：「《禹貢》南條荊山在東北，漳水所出，東至江陵入陽水。」又《漢書・地理志》長沙國湘南縣條云：「《禹貢》衡山在東南，荊州山。」〔註3〕顧頡剛以為：「臨沮，

〔註1〕參見顧頡剛：《〈禹貢〉作於戰國考》，載《古史辯》第一冊，上海古籍出版社1982年版；衛聚賢：《〈禹貢〉考》，載《中山大學語言歷史研究所週刊》，1928年第4集第28期；史念海：《論〈禹貢〉的著作年代》，載《陝西師範大學學報》1979年第3期；何九盈：《〈爾雅〉的年代和性質》，載《語言研究》1984年第2期；洪誠：《訓詁學》，江蘇古籍出版社1984年版；趙振鐸：《訓詁學史略》，中州古籍出版社1988年版；錢穆：《〈周官〉著作時代考》，載《燕京學報》1933年第11期；郭沫若：《〈周官〉質疑》，收入《郭沫若全集》第五卷《金文從考》，科學出版社2002年版；楊向奎：《周禮的內容分析及其著作時代》，載《山東大學學報》1954年第4期；范文瀾：《經學史講演錄》，載《歷史學》1979年第1期；顧頡剛：《「周公制禮」的傳說和〈周官〉一書的出現》，載《文史》第6輯，1979年。

〔註2〕〔清〕阮元校刻《十三經注疏》，上海古籍出版社1997年版，第149頁。

〔註3〕〔漢〕班固：《漢書》卷二十八《地理志上》（以下文簡稱《漢志》），中華書局1962年版，第1567、第1639頁。

今湖北南漳縣，荊山在縣北十里。……荊州北以荊山與梁州、豫州分界，荊州南界，禹貢只說「衡陽」，未知所屆，並且衡山所在，歷來爭論也多，有主張九嶷山是禹貢衡山的，有以武陵山為禹貢衡山的，漢書地理志則以衡山在今湖南衡山縣。」〔註4〕則關於《禹貢》荊州的南界，今說法不一。《周禮注疏》卷三十三《夏侯司馬．職方氏》曰：「正南曰荊州，其山鎮曰衡山。其澤藪曰雲夢，其川江漢，其浸穎湛。」鄭注云：「衡山在湘南，雲夢在華容。穎出陽城，宜屬豫州，在此非也。湛未聞。」〔註5〕《爾雅》卷七《釋地》曰：「漢南曰荊州」，郭璞注曰：「自漢南至衡山之陽」。〔註6〕

胡渭談到《爾雅》中的荊州境域時，認為：「殷有荊而無梁。……(《爾雅》中的）漢水出嶓冢，梁州山也。自嶓冢以東，自大別，凡在漢水之南者，皆為荊州。然則《禹貢》梁州之地，荊亦兼之，不盡歸於雍。」〔註7〕則《爾雅》荊州包括《禹貢》梁州部分地區。胡氏在釋讀《職方氏》中荊州的境域時，引《漢志》認為：「穎水出潁川陽城縣陽乾山，東至下蔡入淮。」又，據杜預《左傳注》云：「湛水又東南逕昆陽縣蒲城北，而東入汝。」並駁鄭玄「湛未聞」觀點時，曰：「(鄭玄）蓋偶有不照也。今考地則不乖其土，言水則有符經文矣。然湛與穎實皆在河南、淮北之地。若割以屬荊，則斗入豫域七八百里，略似後世郡國犬牙相制之形，非帝王分疆建牧之意。『穎、湛』二字，或古文傳為偽謬。」〔註8〕據此，可知胡氏雖然解釋了穎、湛所處的地理位置，但卻因二水均屬豫州，遂疑古文錯謬。又，胡氏贊成林少穎之說，認為：「荊州其川江、漢，據江、漢之水發源於梁，由荊而東至揚，然後入於海。今以江、漢為荊州之川，則《禹貢》之梁州，其無合於《職方氏》之荊州乎！」〔註9〕則胡氏雖疑《職方氏》不應據有豫州境域，但確信當擁有《禹貢》所載梁州之地。綜上述，可知胡氏以為《職方氏》、《爾雅》二書之荊州當包括《禹貢》梁州之地。如此，則大於西漢以後的荊州境域。而《尚書》曰：荊州北據荊山，南及衡山之陽。則小於《職方氏》、《爾雅》和西漢

〔註4〕顧頡剛：《禹貢（全文注釋)》，收入《中國古代地理名著選讀》第一輯，侯仁之主編，科學出版社1959年版，第20頁。

〔註5〕《十三經注疏》，第862頁。

〔註6〕《十三經注疏》，第2614頁。

〔註7〕〔清〕胡渭著，鄒逸麟整理：《禹貢錐指》，上海古籍出版社2006年版，第197頁。

〔註8〕《禹貢錐指》，第197～198頁。

〔註9〕《禹貢錐指》，第198頁。

以後的荊州境域。

又《周禮注疏》卷三十三《夏侯司馬・職方氏》曰:「河南曰豫州,……其浸波、溠。」〔註10〕《漢志》引顏師古注曰:「溠水在楚,亦不當為豫州浸也。」〔註11〕胡渭引《水經水注》、馬融《廣成頌》、章懷注《馬融傳》卻認為:「(汝州)州西四十里廣成澤,……波水自西來注之,又東南合湛水如汝。此即『波、溠』之波也。」然關於「溠水,杜預云:在義陽厥西西,東南入鄖。水經注:水出隨縣西北黃山,南逕厥西縣西,又東南逕隨縣故城西。……豫州南界至漢,……溠水在漢北,其為豫浸。」〔註12〕今從之。西漢時期,《職方氏》之湛水大致為豫、荊二州的分界線,溠水則屬荊州之地。〔註13〕《水經注》亦曰:「有溠水出(隨)縣西北黃山,南逕㵩西縣西,又東南注於溠。」〔註14〕關於《禹貢》、《職方》二書作者的籍貫,周振鶴認為:「《職方》的九州分劃標誌與《禹貢》不同,……這或者表明《禹貢》是西北人士所著,所以明了雍、梁之別。《職方》為中原學者所寫。所以將山西高原與河北平原分劃為并、冀兩州。」〔註15〕據此,推測《爾雅》的作者當也是「不瞭解雍、梁之別」的中原學者所著。結果《職方氏》、《爾雅》二書皆將梁州部分歸於荊州。儘管如此,無論《禹貢》,還是《職方氏》、《爾雅》均是戰國時期理想家眼中的荊州,從而和後世政治家所劃分的荊州政區相差很大。如周振鶴所說:《禹貢》是思想家對於理想政治制度中地理因素的闡述,是戰國時人的作品,是當時人統一意識和地理知識的產物。如果更確切地說應該是當時一些思想家的理想構思。〔註16〕

〔註10〕《十三經注疏》,第862頁。

〔註11〕《漢志上》,第1540頁。

〔註12〕《禹貢錐指》,第240頁。

〔註13〕譚其驤主編:《中國歷史地圖集》第二冊,第22～23頁。

〔註14〕〔北魏〕酈道元著,陳橋驛校證:《水經注校證》,中華書局2007年版,第735頁。

〔註15〕《中國行政區劃通史・總論》第六章,第167頁。然宮崎市定則認為:「然則禹貢之九州出於呂覽之後,是產自梁州附近的學說,不外乎在秦漢之都的長安吧。不過呂氏春秋猶保存的幽州,何以遭到削除而加上梁州,或因漢高祖興起漢中取得天下,國號曰漢,曲學阿世之徒為獻殷勤,乃設出包含漢之梁州,而抹殺了遙遠的燕。」氏著《中國古代賦稅制度論》,收入《中國上古史論文選集(下)》,杜正勝編,華世出版社1979年版,第759頁。

〔註16〕《建構中國歷史政治地理學的設想》,第3～4頁。

二、荊州政區（東晉前）沿革概述

西漢時期，漢武帝即開始利用地理因素解決政治問題的具體操作過程〔註 17〕。如漢武帝設置十三刺史部〔註 18〕，就是將《禹貢》與《周禮》中的九州，合為十一州，加交趾、朔方二部。元封五年，荊州刺史部所屬共七郡，即南陽郡、南郡、江夏郡、長沙國、桂陽郡、零陵郡、武陵郡。〔註 19〕州刺史主監察職能，且不長置，治所無載。〔註 20〕至王莽時期（包括漢平帝時期和新朝），州基本上演變成行政單元了。〔註 21〕新朝王莽天鳳元年（14），荊州屬郡仍為七。〔註 22〕東漢建武十三年（37），荊州刺史部仍轄七郡。〔註 23〕建武十八年（42），諸州常以八月巡行所部郡國，〔註 24〕治所始有定處，不覆奏事京師。〔註 25〕然荊州刺史仍為監察官員。東漢末年，由於各地起義不斷，單靠一郡之力，難以鎮壓各地民變。漢靈帝時，遂變州為一級行政機構，以致豪傑各據有州郡〔註 26〕。初平元年（190），劉表出任荊州刺史時，荊州領郡八。〔註 27〕建安十三年（208），劉表少子琮投降，曹操據有荊州。赤壁之

〔註 17〕《建構中國歷史政治地理學的設想》，第 3 頁。

〔註 18〕關於兩漢州制，參見顧頡剛：《兩漢州制考》與顧頡剛、譚其驤：《討論兩漢州制的通信》，均收入葛劍雄、華林甫編：《歷史地理研究》，湖北教育出版社 2004 年版，第 78～126 頁。

〔註 19〕周振鶴：《漢武帝十三刺史部所屬郡國考》，載《復旦學報（社會科學版）1993 年第 5 期。關於七郡沿革，參見周振鶴：《西漢政區地理》，人民出版社 1987 年版。

〔註 20〕勞幹考證兩漢刺史制度甚是詳細，參見氏著《兩漢刺史制度考》，載《中央研究院歷史語言研究所集刊》第 11 本，1943 年，第 27～48 頁。

〔註 21〕汪清：《王莽時期州制的變化兼論都督制的濫觴》，《鄭州大學學報（社會科學版）》2000 年第 3 期。

〔註 22〕即前隊郡（漢南陽郡）、南順郡（漢南郡）、江夏郡、南平郡（漢桂陽郡）、建平郡（漢武陵郡）、九疑郡（漢零陵郡）、填蠻郡（漢長沙國），參見譚其驤：《新莽職方考》，收入《長水集（上）》，人民出版社 2009 年版，第 72～74 頁（原載《燕京學報》第 15 期，1934 年 6 月）。

〔註 23〕關於七郡的沿革，參見李曉傑：《東漢政區地理》第十章，山東教育出版社 1999 年版，第 198～213 頁。

〔註 24〕〔宋〕范曄撰，〔唐〕李賢等注《續漢志》第二十八《百官志五》，中華書局 1965 年版，第 3617 頁。

〔註 25〕《宋書》卷四十《百官志下》，第 1256 頁。

〔註 26〕《宋書》卷四十《百官志下》，第 1256 頁。

〔註 27〕《後漢書》卷七十四下《袁紹劉表列傳》：「（蒯越）對曰：『荊州八郡，可傳檄而定。』」又引《漢官儀》曰：「荊州管長沙、零陵、桂陽、南陽、江夏、武陵、南郡、章陵等是也。」第 2420 頁。

戰後，曹魏、蜀漢、東吳三分荊州。曹魏景元三年（260），荊州屬郡七，即南陽、南鄉、襄陽、江夏、魏興、新城、上庸七郡；蜀漢章武三年（223），劉備死後，宜都、武陵、零陵、南郡四郡之地悉復屬吳。孫吳永安五年（262），孫吳荊州轄南郡、宜都郡、江夏郡、武陵郡、長沙郡、零陵郡、桂陽郡、臨賀郡、建平郡、湘東郡、衡陽郡十一郡。〔註 28〕又，據有關研究，孫吳末荊州統郡十六。〔註 29〕太康元年（280），西晉統一，將南、北荊州合二為一。據《晉書・地理志》的斷代時間，太康四年（283）（有些學者以為當是太康三年，詳上），荊州屬郡二十二。〔註 30〕

西漢荊州治所無定。東漢荊州始置治所於武陵郡索縣，陽嘉三年（134）索縣更名為漢壽縣（治今湖北常德市東北）。東漢末期，漢靈帝中平（184～189 年）末，刺史王睿始治江陵。〔註 31〕劉表為荊州刺史，理兵襄陽，以觀時變〔註 32〕，後再徙荊州治所至襄樊〔註 33〕，曹魏時治於宛（治今河南南陽市）〔註 34〕。太康元年，西晉統一南北後，以江陵為刺史治〔註 35〕。

第二節　東晉荊州政區（含僑州、僑郡領僑縣）沿革

一、荊州政區沿革

荊州，太康元年晉武帝滅孫吳，統一南、北荊州。如上所及，最遲至太康四年，荊州當領郡二十二〔註 36〕。太康九年（288），分義陽郡置隨郡。

〔註 28〕關於曹魏、孫吳荊州各郡沿革，參見孔祥軍：《三國政區地理研究》，南京大學 2007 年博士學位論文，第 77～95 頁、第 206～227 頁。

〔註 29〕關於東吳末荊州十六郡的沿革，參見陳健梅：《孫吳政區地理研究》上編第二章，嶽麓書社 2008 年版，第 149～229 頁。

〔註 30〕《晉志下》荊州條，第 454～458 頁。

〔註 31〕《南齊志下》荊州序，第 273 頁。

〔註 32〕《後漢書》卷七十四下《袁紹劉表列傳》，第 2420 頁。

〔註 33〕方珂：《兩漢時期的荊州刺史為何不治江陵》，《中南大學學報（社會科學版）》2007 年第 6 期。

〔註 34〕《三國政區地理研究》，第 77 頁。

〔註 35〕《南齊志下》荊州序，第 273 頁。

〔註 36〕即江夏郡、南郡、襄陽郡、南陽郡、順陽郡、義陽郡、新城郡、魏興郡、上庸郡、建平郡、宜都郡、南平郡、武陵郡、天門郡、長沙郡、衡陽郡、湘東郡、零陵郡、邵陵郡、桂陽郡、武昌郡、安成郡。參見《晉志下》荊州條，第 454～458 頁。

〔註37〕據《晉書・武帝紀》所載，新野郡當在太康十年（289）置。〔註38〕與之不同，《水經注》卷三十一淯水條則載：「晉咸寧三年（277），封大司馬扶風王少子歆為新野郡公。」〔註39〕然此條恐誤。又《晉志》曰：「晉惠帝時分桂陽、武昌、安成郡立江州，又以新城、魏興、上庸三郡屬梁州。」《宋志》亦云：「晉惠帝元康元年（291），……（分）荊州之武昌、桂陽、安成屬江州。」〔註40〕則晉惠帝時（290～306年），度新城、魏興、上庸三郡屬梁州，並於元康元年度桂陽、武昌、安成三郡屬江州。又《宋志》曰：元康九年（299），分江夏西界立竟陵郡；〔註41〕同年又分長沙東北下雋諸縣立建昌郡，成帝咸康元年（335）省。〔註42〕另，《晉書・懷帝紀》載：「永嘉元年八月，分荊州、江州八郡為湘州。」〔註43〕與之相比，《宋志》記載較詳，其曰：「晉懷帝永嘉元年（307），分荊州之長沙、衡陽、湘東、邵陵、零陵、營陽、建昌，江州之桂陽八郡立（湘州），治臨湘。」〔註44〕但學界對永嘉元年湘州所統郡目存在分歧。〔註45〕當以《晉

〔註37〕〔唐〕李吉甫撰，賀次君點校：《元和郡縣圖志》卷第二十一山南道二隨州（以下文簡稱《元和志》），中華書局1983年版，第541頁。

〔註38〕《晉書》卷三《武帝紀》曰：太康十年（289），封司馬「歆為新野公」。第79頁。

〔註39〕《水經注校證》，第729頁。

〔註40〕《晉志下》荊州後序，第458頁；《宋志二》江州刺史條，第1086頁。

〔註41〕《宋志三》郢州刺史竟陵太守條，第1125頁。

〔註42〕《宋志三》湘州刺史條，第1129頁。

〔註43〕《晉書》卷五《孝懷帝紀》，第117頁。

〔註44〕《宋志三》湘州刺史條，第1129頁。

〔註45〕有關永嘉元年湘州統郡的主要觀點有：胡三省雖從《宋志》之說，但又以為營陽郡時已屬湘州（〔宋〕司馬光編著：《資治通鑒》卷八十六《晉紀八》懷帝永嘉元年，以下文簡稱《通鑒》，中華書局1956年版，第2729頁）。洪亮吉據《晉志》和《宋志》以為營陽郡實為晉穆帝所置，永嘉元年，湘州當領長沙、衡陽、湘東、邵陵、零陵、建昌、桂陽等七郡（氏著《東晉疆域志》，收入《二十五史補編》，第3615頁）。錢大昕認為：《宋志》所載晉懷帝永嘉元年分荊州之長沙、衡陽、湘東、邵陵、零陵、營陽、建昌，江州之桂陽八郡立湘州，然而《晉志》載：「湘州始置，凡九郡。有始安、始興、臨賀，而無營陽、建昌與此（按：指《宋志》）不合。考營陽郡晉志以為穆帝立，此志（按：指《宋志》）亦云江左分零陵立，則懷帝時不應有營陽矣。」（氏著《廿二史考異》，方詩銘、周殿傑校點，上海古籍出版社2004年版，第405頁），然錢氏雖指出《宋志》、《晉志》對於晉懷帝永嘉元年湘州統郡情況有齟齬之處，但仍未斷明湘州統郡之實。王鳴盛認同《晉志》所載：「懷帝分長沙、衡陽、湘東、零陵、邵陵、桂陽及廣州之始安、始興、臨賀九郡至湘州。」並以為：「《晉書・懷帝紀》：『永嘉元年八月，分荊州、江州八郡為湘州。』……不及廣州，偶遺之耳。」（氏著《十七史

書・懷帝紀》、《宋書・州郡志》所載和陳健梅的觀點為是，即湘州當置於永嘉元年，統轄長沙、衡陽、湘東、邵陵、零陵、營陽、建昌、桂陽八郡。

至於《晉志》曰：「懷帝又分長沙、衡陽、湘東、零陵、邵陵、桂陽及廣州之始安、始興、臨賀九郡置湘州」，「永嘉元年，又以臨賀、始興、始安三郡凡二十縣為湘州。」〔註 46〕如上所及，此條甚誤。以下擬再補充幾條史料，以證永嘉元年臨賀、始興、始安三郡實屬廣州。如據《晉書・譙剛王遜附子閔王承傳》載：「（晉元帝下詔曰：）『今以（司馬）承監湘州諸軍事、……湘州刺史。』……（王）敦尋構難，……（司馬承）於是與……建昌太守長沙王循……等共盟誓，……零陵太守尹奉首同義謀，出軍營陽。於是一州之內，皆同義舉。」又，「或勸承南投陶侃，又云可退據零（陵）桂（陽）。」〔註 47〕從上述可知，建昌郡時屬湘州。此外，零陵、桂陽二郡位於湘州最南部，再往南是廣州刺史陶侃所轄之境。換言之，以地望推知，因臨賀、始興、始安三郡均在零陵、桂陽二郡之南，故當屬廣州。此為一。又《晉書・王機傳》載：「尋而陶侃為廣州，到始興，州人皆諫不可輕進，侃不聽。及至州，諸郡皆已迎（王）機矣。」〔註 48〕《晉書・陶侃傳》曰：「（杜）弘遂與溫邵及交州秀才劉沈俱謀反。或勸侃且住始興，觀察形勢。侃不聽，直至廣州。……邵懼而走，追獲於始興。」〔註 49〕故可知，第 1 條史料中「州人」當是居住於廣州始興郡的當地士族階層。「及至州」中的「州」，據第 2 條史料中的「直至廣州」，可推知當為廣州城。〔註 50〕始興郡時屬廣州，故陶侃可遣將卒追獲溫邵

商榷》，黃曙輝點校，上海書店出版社 2005 年版，第 327 頁）。然而王氏所論不知何據，竟得出「偶遺之耳」的結論。陳健梅《晉懷帝湘州統郡考》引《宋志》湘州刺史條、《晉書・孝懷帝紀》、《太平寰宇記補闕》潭州條及《輿地紀勝》道州條以為：「晉懷帝永嘉元年所置湘州統郡，為《宋書・州郡志》及《晉書・孝懷紀》所記載的八郡。」（載《中國史研究》2008 年第 2 期）。《中國行政區劃通史・三國兩晉南朝卷》依據《晉志下》荊州條、《宋志三》湘州刺史下營陽太守條、《廿二史考異》卷 23，曰：「懷帝時不應有營陽矣。則永嘉元年（307）分荊州、揚州置湘州，領七郡。」第 745 頁。

〔註 46〕《晉志下》荊州後序，第 458 頁；《晉志下》廣州後序，第 468 頁。

〔註 47〕《晉書》卷三十七《譙剛王遜附子閔王承傳》，第 1104～1105 頁。

〔註 48〕《晉書》卷一百《王機傳》，第 2625 頁。

〔註 49〕《晉書》卷六十六《陶侃傳》，第 1773 頁。

〔註 50〕周一良認為州之治所，也可稱為州。參見氏著《魏晉南北朝史劄記》，中華書局 1985 年版，第 212 頁。

於始興。此為二。《晉書・陶侃傳》:「先是,廣州人背刺史郭訥,迎長沙人王機為刺史。……會杜弘據臨賀,因機乞降。」〔註51〕《晉書・王機傳》:「(王)機自以篡(廣)州,懼為王敦所討,乃更求交州。時杜弢餘黨杜弘奔臨賀,送金數千兩與機,求討桂林賊以自效力。」〔註52〕據上述史料,可知王機因入廣州所屬臨賀郡,故心不自安,乃主動請求去討伐桂林賊〔註53〕,以之討好王機。此為三。綜上述,永嘉元年無度廣州三郡屬湘州事。關於始興、始安、臨賀三郡度屬湘州的確切時間,學界亦有分歧。《中國行政區劃通史・三國兩晉南朝卷》以為西晉末年(317年後)至咸和四年(329),已度廣州臨賀、始安、始興三郡屬湘州。〔註54〕陳健梅認為:「始安、始興、臨賀三郡均於宋文帝元嘉三十年自廣州度屬湘州。」〔註55〕然如上文所及,至司馬承任湘州刺史及陶侃為廣州刺史時(320～325年),始安、始興、臨賀三郡均屬廣州,故《中國行政區劃通史》當誤。另外,據《宋志》,東晉成帝時度始安、始興、臨賀三郡屬荊州。檢《晉書・成帝紀》載:成帝咸和四年二月,以湘州並荊州。〔註56〕推測具體時間當在咸和四年。此外,陶侃時任荊州刺史,為坐大荊州方鎮的實力,遂省湘州,並將廣州臨賀、始興、始安三郡割屬荊州,關於此點詳下文。故陳健梅以上所論亦誤。此後,荊、湘二州屢分屢合,《宋志》曰:「(晉)安帝義熙八年(412)復立(湘州)。」〔註57〕《晉書・安帝紀》亦曰:義熙八年十二月,「分荊州十郡置湘州」。〔註58〕十郡當是長沙、衡陽、湘東、零陵、邵陵、營陽、桂陽、始興、臨賀、始安十郡。義熙十二年(416),

〔註51〕《晉書》卷六十六《陶侃傳》,第1773頁。

〔註52〕《晉書》卷一百《王機傳》,第2624頁。

〔註53〕關於桂林郡治所,一般學界以為在今廣西柳州市或附近。然魯西奇認為:「漢晉南朝潭中縣治所(亦為晉桂林郡治),傳統說法一直定在今柳州市或附近;單華買地券之出,足證漢晉南朝潭中縣(晉桂林郡治)當在今融安縣城或其稍北處,而不當在今柳州市或其附近。」。參見氏著《廣西所處南朝買地券考釋》,收入《歷史環境與邊疆——2010年中國歷史地理國際學術研討會論文集》,廣西師範大學出版社2012年版,第7～16頁。

〔註54〕《中國行政區劃通史・三國兩晉南朝卷》以為西晉末年,當度廣州臨賀、始安、始興三郡屬湘州,第745～748頁。咸和四年,割臨賀、始安、始興三郡屬荊州,第850頁。

〔註55〕《晉懷帝湘州統郡考》。

〔註56〕《晉書》卷七《成帝紀》,第174頁。

〔註57〕《宋志三》湘州刺史條,第1129頁。

〔註58〕《晉書》卷十《安帝紀》,第263頁。

又廢省湘州。〔註 59〕十郡當還屬荊州。

此外，據《晉志》載：「時蜀亂，又割南郡之華容、州陵、監利三縣別立豐都，合四縣置成都郡，為成都王穎國，居華容縣。（晉）愍帝建興中（313～316 年），並還南郡，亦並豐都於監利。」〔註 60〕又，以廣州之臨賀、始興、始安三郡及江州〔註 61〕之桂陽，益州之巴東，合五郡屬荊州。〔註 62〕臨賀、始興、始安三郡當在咸和四年割屬荊州，關於此點，上文已詳述。同時還桂陽郡屬荊州。永和三年（347）度巴東郡屬荊州，詳下文巴東郡條。陳健梅據《宋志》和王象之《輿地紀勝》所論，認為晉懷帝時已有營陽郡。〔註 63〕今從之。隆安五年（401），立武寧郡，詳下文武寧郡條。又《宋志》云：晉安帝義熙八年復立湘州。《晉書・安帝紀》亦曰：義熙八年十二月，「分荊州十郡置湘州」。〔註 64〕十郡當是長沙、衡陽、湘東、零陵、邵陵、營陽、桂陽、始興、臨賀、始安。義熙十二年（416），廢省湘州。〔註 65〕十郡當還屬荊州。則義熙十二年，荊州屬郡二十六。

西晉末至東晉太元十四年（389），由於戰亂與內部爭鬥，荊州治所不定。永嘉六年（312），王沖自稱荊州刺史，王澄被迫徙荊州治所於孱陵。〔註 66〕同年周顗接任，為杜弢所困，暫屯於潯水城。〔註 67〕建興元年（313），陶侃繼任，先鎮於沌口，又移入沔江。〔註 68〕後當還治江陵。〔註 69〕建興三年（315），以王廙任荊州刺史，為馬俊等所襲，奔於江安。後又退鎮揚口壘，復為杜曾所敗，退據甑山。建武元年（317），由於得到豫章太守周訪相助，還治江陵。

〔註 59〕《宋志三》湘州刺史條，第 1129 頁。

〔註 60〕《晉志下》荊州後序，第 458 頁。

〔註 61〕疑此處江州應為湘州。永嘉元年，桂陽郡已度屬湘州，詳上文。

〔註 62〕《晉志下》荊州後序，第 458 頁。

〔註 63〕陳健梅：《晉懷帝湘州統郡考》。

〔註 64〕《宋書三》湘州刺史序，第 1129 頁；《晉書》卷十《安帝紀》，第 263 頁。

〔註 65〕《宋志三》湘州刺史序，第 1129 頁。然《晉志下》荊州後序曰：「義熙十三年，省湘州。」第 458 頁。今從《宋志》。

〔註 66〕《晉書》卷四十三《王戎附澄傳》，第 1240 頁；《通鑒》卷八十八《晉紀十》懷帝永嘉六年，第 2788 頁。

〔註 67〕《晉書》卷六十九《周顗傳》，第 1850 頁；《通鑒》卷八十八《晉紀十》愍帝建興元年，第 2802 頁。

〔註 68〕《晉書》卷六十六《陶侃傳》，第 1770 頁；《通鑒》卷八十八《晉紀十》愍帝建興元年，第 2802 頁。

〔註 69〕《晉書》卷六十六《陶侃傳》載：「王敦深忌（陶）侃功。（陶侃）將還江陵，欲詣敦別。」第 1771 頁。

〔註 70〕建武二年（318），王敦為荊州刺史，治於武昌。〔註 71〕永昌元年（322），王廙復為荊州刺史，當還鎮江陵。〔註 72〕咸和四年（329），荊州刺史陶侃以江陵偏遠，移鎮巴陵。咸和五年（330），陶侃為荊、江二州刺史，因移鎮武昌。〔註 73〕建元元年（343），荊州刺史庾翼移鎮襄陽；建元二年（344），庾冰卒，庾翼復還鎮夏口。〔註 74〕永和三年（347），桓溫滅成漢，還治江陵。〔註 75〕太元二年（377），荊州刺史桓沖以苻堅強盛，移鎮上明。〔註 76〕太元十四年，王忱鎮荊州，還治江陵，〔註 77〕後世因之不改。

（一）南郡沿革

南郡，《續漢書・郡國志》〔註 78〕（以下文簡稱《續漢志》）領十七縣，《晉志》領十一縣。〔註 79〕太康元年改南郡曰新都，尋復舊。〔註 80〕又，武寧郡當立於隆安五年，詳本節武寧郡條，並度鄀縣屬襄陽郡，因鄀縣位於武

〔註 70〕《晉書》卷七十六《王廙傳》，第 2004 頁；《通鑑》卷八十九《晉紀十一》愍帝建興三年，第 2824 頁；《通鑑》卷九十《晉紀十二》元帝建武元年，第 2848～2850 頁。

〔註 71〕《晉書》卷九十八《王敦傳》。第 2556 頁；《通鑑》卷九十《晉紀十二》元帝太興元年，第 2862 頁。

〔註 72〕《晉書》卷七十六《王廙傳》，第 2004 頁；《通鑑》卷九十二《晉紀十四》元帝永昌元年，第 2905 頁。

〔註 73〕《晉書》卷六十六《陶侃傳》，第 1775～1776 頁；《通鑑》卷九十四《晉紀十六》成帝咸和四年，第 2969 頁；《通鑑》卷九十四《晉紀十六》成帝咸和五年，第 2976 頁。

〔註 74〕《晉書》卷七十三《庾亮附弟翼傳》，第 1934～1935 頁；《通鑑》卷九十七《晉紀十九》康帝建元元年，第 3056 頁；《通鑑》卷九十七《晉紀十九》康帝建元二年，第 3062 頁。

〔註 75〕《晉書》卷九十八《桓溫傳》，第 2569 頁；《南齊志下》荊州序亦云：「桓溫平蜀，治江陵。」第 273 頁。

〔註 76〕《晉書》卷七十四《桓彝附子沖傳》，第 1951 頁；《通鑑》卷一百四《晉紀二十六》孝武帝太元二年，第 3283 頁。

〔註 77〕《晉書》卷七十五《王湛附忱傳》，第 1973 頁。《南齊志下》荊州序亦曰：「太元十四年，王忱還江陵。……自忱以來，（荊州治所）不復動移。」第 273 頁。

〔註 78〕〔晉〕司馬彪撰，〔南朝・梁〕劉昭校補：《續漢書志》，收入中華書局 1965 年點校本《後漢書》。

〔註 79〕《晉志下》南郡領有「松滋」縣，第 455 頁。但據《宋志三》荊州南河東太守條曰：「松滋令，前漢屬廬江，後漢無，晉屬安豐。疑是有流民寓荊土，故立。」第 1122 頁。然西晉太康時，松滋縣當屬豫州安豐郡，故上文《晉志》「松滋」二字當為衍文。

〔註 80〕《宋志三》荊州刺史南郡太守條，第 1117～1118 頁。

寧郡北，〔註 81〕以地望論，南郡不當轄有鄀縣，故應割屬襄陽郡。隆安五年，又度襄陽郡臨沮縣來屬，詳下文臨沮縣條。《東晉疆域志》有鄀縣，無臨沮縣。〔註 82〕恐誤。隆安五年當領縣十。治江陵縣。又，升平四年（360）十一月，封太尉桓溫為南郡公。〔註 83〕元興三年（404），劉裕起兵討桓玄，當除為郡。義熙八年，劉道規「以平桓謙功，進封南郡公，……（宋）高祖受命，……追封臨川王」。〔註 84〕則升平四年至元興三年為公國，義熙八年至永初元年（420）復為公國。

1、江陵，《續漢志》、《晉志》屬南郡。《晉書・陸曄傳》曰：「（陸曄）以平錢鳳功，進爵江陵伯。……（咸和四年，平蘇峻之亂），以勳進爵為公。」陸曄當於太寧二年（324）進爵為江陵伯。〔註 85〕後又以「贊義之功」，追封魏詠之為江陵縣公。魏詠之當於義熙二年（406）十月，「論匡復之功」〔註 86〕時被追封。則太寧二年至咸和四年為伯國。咸和四年始為公國。治今湖北荊州市荊州區。

2、華容，《續漢志》、《晉志》屬南郡。晉懷帝時割華容縣屬成都國，愍帝時廢省成都國，還縣屬南郡，詳上文南郡條。又，永嘉中（307～313 年），立東萊王司馬蕤子遵為穎嗣，封為華容縣王；「後沒於賊，國除」。〔註 87〕又，「論討王含功」，追封紀瞻為華容子。〔註 88〕紀瞻當於太寧二年被追封。永初元年，「詔曰：『夫微禹之感，歎深後昆，……晉氏封爵，咸隨運改。』」〔註 89〕則子國當除。後桓玄平，「以義勳」封劉道規為華容縣公；義熙八年，又進封為南郡公。〔註 90〕據《宋書・武帝紀》載：「其西徵眾軍，須論集續上」，「於是尚書奏封唱義謀主鎮將將軍（劉）裕豫章郡公，……其餘封賞各

〔註 81〕參見譚其驤主編：《中國歷史地圖集》第四冊，第 34～35 頁、第 36 頁。

〔註 82〕《東晉疆域志》卷二荊州南郡條，第 3608 頁。

〔註 83〕《晉書》卷八《穆帝紀》，第 204 頁。

〔註 84〕《宋書》卷五十一《劉道規傳》，第 1472 頁。

〔註 85〕《晉書》卷七十七《陸曄傳》，第 2024 頁；《晉書》卷六《明帝紀》，第 162 頁。

〔註 86〕《晉書》卷八十五《魏詠之傳》，第 2218 頁；《晉書》卷十《安帝紀》，第 259 頁。

〔註 87〕《晉書》卷五十九《成都王穎傳》，第 1619 頁。

〔註 88〕《晉書》卷六十八《紀瞻傳》，第 1823 頁。

〔註 89〕《宋書》卷三《武帝紀下》，第 52 頁。此外，為行文方便，以下文引用此條史料者，出處皆省略之。

〔註 90〕《宋書》卷五十一《劉道規傳》，第 1472 頁。

有差」。〔註 91〕則劉道規當在義熙二年封爵。則義熙二年至八年為公國。治今湖北監利縣北。

3、當陽，《續漢志》、《晉志》屬南郡。太康元年，封杜預為當陽候；後因杜乂是晉成恭皇后之父，故襲封為當陽侯。〔註 92〕則太康元年始為侯國。治今湖北當陽市。

4、臨沮，《續漢志》屬南郡，《晉志》屬襄陽。《宋志》云：臨沮，「漢舊縣，晉太康、永寧地志屬襄陽」，後度屬南郡。〔註 93〕又，襄陽郡在武寧郡北，臨沮縣在武寧郡南，以地望論，襄陽郡不當轄有臨沮縣。故當於隆安五年置武寧郡時度屬南郡。治今湖北當陽市西北。

5、編，《續漢志》、《晉志》屬南郡。治今湖北當陽市東北。

6、枝江，《續漢志》、《晉志》屬南郡。治今湖北枝江市西南。

7、州陵，《續漢志》、《晉志》屬南郡。晉懷帝時割州陵屬成都國，愍帝時省成都國，還屬南郡。又，平蘇峻之亂後，成帝於咸和四年大封功臣，封拜各有差，並當封毛寶州陵縣開國侯；後，其子毛穆之襲爵；升平四年，封太尉桓溫為南郡公，徙毛穆之為建安侯。〔註 94〕則義熙四年至升平四年為侯國。治今湖北洪湖市東北。

8、監利，《續漢志》、《晉志》屬南郡。《宋志》引《晉起居注》云：「太康四年，復立南郡之監利縣。」〔註 95〕然《元和郡縣圖志》（以下文簡稱《元和志》）曰：「晉武帝太康五年分立監利縣，屬南郡。」〔註 96〕今從《宋志》。又，晉懷帝時割監利縣屬成都國，愍帝時省成都國，還屬南郡，詳上文南郡條。又，義熙十年，「追封（劉遵）監利縣侯」。〔註 97〕則義熙十年始為侯國。治今湖北省監利縣東北。

9、旌陽，《續漢志》無，《晉志》屬南郡。治今湖北枝江市東北。

10、石首，《續漢志》無，《晉志》屬南郡。《輿地廣記》云：「石首縣，本

〔註 91〕《宋書》卷一《武帝紀上》，第 13 頁。
〔註 92〕《晉書》卷三《武帝紀》，第 72 頁；《晉書》卷九十三《杜乂傳》，第 2414 頁。
〔註 93〕《宋志三》荊州南郡太守臨沮伯相條，第 1118 頁。
〔註 94〕《晉書》卷八十一《毛寶傳》，第 2124 頁；《晉書》卷七《成帝紀》，第 174 頁；《晉書》卷八《穆帝紀》，第 204 頁。
〔註 95〕《宋志三》郢州刺史巴陵太守條，第 1127 頁。
〔註 96〕《元和志》卷第二十一山南道復州監利縣條，第 537 頁。
〔註 97〕《宋書》卷五十一《臨川烈武王道規附遵傳》，第 1472 頁、第 1474 頁。

二漢華容縣，屬南郡。晉、宋因之，後省。」〔註 98〕則東晉當有。治今湖北石首市。

（二）南平郡沿革

南平郡，《續漢志》無。《晉志》云：「南平郡，吳置，以為南郡，太康元年改曰南平。統縣四。」《宋志》亦曰：「晉武帝太康元年，分南郡江南為南平郡。」〔註 99〕東晉仍領縣四。治江安縣。永寧元年（301），徙南平王司馬祥為宜都王。〔註 100〕則永寧元年當除國為郡。又，義熙二年，封劉毅為南平郡公；八年，劉毅兵敗，自殺。〔註 101〕則義熙二年至八年為公國。

1、江安，《續漢志》無，《晉志》屬南平郡。《宋志》曰：晉武帝太康元年立江安。〔註 102〕又《水經注》曰：「杜預克定江南，罷華容治之，謂之江安縣，南郡治。」〔註 103〕治今湖北公安縣西北。

2、孱陵，《續漢志》屬武陵郡，《晉志》屬南平郡。治今湖北公安縣西。

3、南安，《續漢志》無，《晉志》屬南平郡。《水經注》云：「澧水又東逕南安縣南，晉太康元年分孱陵立。」〔註 104〕與之不同，《宋志》則曰：晉武帝分江安立。〔註 105〕不知孰是，暫兩存之。又《晉書・阮籍附孚傳》云：「從平王敦，（阮孚）賜爵南安縣侯。」〔註 106〕則當於太寧二年始為侯國，永初元年除國，詳上文南郡華容縣條。治今湖北華容縣。

4、作唐，《續漢志》屬武陵郡，《晉志》屬南平郡。《晉書・桓彝附石虔傳》云：太元十三年（388），桓石虔卒，「進爵作唐侯」。然《晉書・孝武帝紀》曰：桓石虔卒於太元十四年。〔註 107〕今從《孝武帝紀》。則太元十四年

〔註 98〕〔宋〕歐陽忞著，李勇先、王小紅校注：《輿地廣記》卷第二十七荊湖北路上條，四川大學出版社 2003 年版，第 777 頁。

〔註 99〕《晉志下》荊州南平郡條，第 456 頁；《宋志三》荊州刺史南平內史條，第 1118 頁。

〔註 100〕《晉書》卷四《惠帝紀》，第 98 頁。

〔註 101〕《晉書》卷十《安帝紀》，第 259 頁；《晉書》卷十《安帝紀》，第 263 頁。

〔註 102〕《宋志三》荊州刺史南平內史江安侯相條，第 1119 頁。

〔註 103〕《水經注校注》卷三十五，第 801 頁。

〔註 104〕《水經注校注》卷三十七，第 867 頁。

〔註 105〕《宋志三》荊州刺史南平內史條，第 1119 頁。

〔註 106〕《晉書》卷四十九《阮籍附孚傳》，第 1365 頁。

〔註 107〕《晉書》卷七十四《桓彝附石虔傳》，第 1944 頁；《晉書》卷九《孝武帝紀》，第 337 頁。

始為侯國，元興三年（404）除國為縣（按：桓玄兵敗，當盡除桓氏爵位）。又，義熙二年（406）十月，論匡復之功，當以功封檀道濟為作唐縣男；永初元年（420）改封為永修縣公。〔註 108〕則義熙二年至永初元年為男國。治今湖北安鄉縣北。

（三）武寧郡沿革

武寧郡，《續漢志》無。《晉志》曰：桓溫分南郡立武寧郡。〔註 109〕與之相反，《宋志》則云：武寧郡，「晉安帝隆安五年（401），桓玄以沮、漳降蠻立」。《太平寰宇記》亦曰：「晉安帝隆安五年，刺史桓玄於故編縣城立武寧郡。其屬有長林縣，與郡俱立，分編縣所置也。」此外，據《晉書・桓玄傳》載：桓玄「移沮漳蠻二千戶於江南，立武寧郡」。〔註 110〕今從之。《晉志》誤。則隆安五年置武寧郡，領縣二。治樂鄉縣。

1、樂鄉，《續漢志》、《晉志》無。《宋志》曰：晉安帝立樂鄉縣。〔註 111〕《元和志》曰：「樂鄉縣，在漢為若，……晉安帝於此置樂鄉縣，屬武寧郡」。〔註 112〕《寰宇記》云：「晉隆安五年於今城戍置樂鄉縣，屬武寧郡。」〔註 113〕則隆安五年樂鄉縣與郡俱立。《東晉疆域志》曰：「樂鄉一縣當得鄀、孱陵、宜城三縣地。」〔註 114〕從之。治今湖北荊門市北。

2、長林，《續漢志》、《晉志》無。《宋志》曰：晉安帝立長林縣。〔註 115〕《元和志》亦云：「長林縣，本漢江陵縣地，晉安帝時分置長林縣。」〔註 116〕《寰宇記》載：隆安五年分編縣置長林縣，縣與武寧郡俱立，詳上文。從之。治今湖北荊門市。

〔註 108〕《宋書》卷四十三《檀道濟傳》，第 1342 頁。
〔註 109〕《晉志下》荊州後序，第 458 頁。
〔註 110〕《宋志三》荊州刺史武寧太守條，第 1123 頁；〔宋〕樂史撰，王文楚等點校：《太平寰宇記》卷之一百四十六山南東道荊門軍長林縣條（以下文稱中華書局本《寰宇記》），中華書局 2007 年版，第 2846 頁；《晉書》卷九十九《桓玄傳》，第 2590 頁。
〔註 111〕《宋志三》荊州刺史武寧太守樂鄉令條，第 1124 頁。
〔註 112〕《元和志》卷第二十一山南道二襄州樂鄉縣條，第 531 頁。
〔註 113〕中華書局本《寰宇記》卷之一百四十五山南東道四襄州宜城縣廢樂鄉縣條，第 2820 頁。
〔註 114〕《東晉疆域志》卷二荊州武寧郡樂鄉條，第 3609 頁。
〔註 115〕《宋志三》荊州刺史武寧太守長林男相條，第 1124 頁。
〔註 116〕《元和志》逸文卷一山南道江陵府長林縣條，第 1052 頁。

（四）江夏郡沿革

江夏郡，《續漢志》領十四縣，《晉志》領七縣。元康九年，度竟陵、南新市、雲杜三縣屬竟陵郡，詳下文竟陵郡條。又增灄陽、沌陽、惠懷、汝南四縣來屬，詳下文。割平春、鄳二縣屬義陽郡，詳下文義陽郡條。《東晉疆域志》卷二荊州江夏郡條無惠懷、汝南二縣。恐誤。又，太元三年（378），省沙羡縣，詳下文汝南縣條。則太元三年當領縣六。治安陸縣。又，《晉書．衛瓘傳》曰：衛瓘子璪襲蘭陵郡公，「東海王越以蘭陵益其國」，改衛璪為江夏郡公；後晉元帝又「以衛瓘玄孫崇襲爵」。〔註 117〕《謝溫墓誌》誌文曰：「謝溫字長仁……外祖諱準，江夏郡開國公。」〔註 118〕則東晉仍為公國。又《元和志》云：江夏郡在永嘉南遷後，「當苻秦、石趙與東晉犬牙為界，自後魏、周、隋、與宋、齊、梁、陳交爭之地，故江夏前史所載，或移於沙羨，或移於上昶，或移理魯山城」，「曹魏與晉俱理安陸」。〔註 119〕則東晉時仍當治安陸縣。

1、安陸，《續漢志》、《晉志》屬江夏郡。《太平御覽》引《齊諧記》云：「太元元年，江夏郡安陸縣薛道詢年二十二。……忽失蹤跡，遂變作虎，食人不可複數。」〔註 120〕《北堂書鈔》引《齊諧記》曰：「江夏安陸縣，隆安之初（397～401 年），有一姓郭坦者，兄弟三人。」〔註 121〕則東晉當有。治今湖北雲夢縣。

2、曲陵，《續漢志》無，《晉志》屬江夏郡。《宋志》曰：「江夏又有曲陵縣，本名石陽，吳立。晉起居注，太康元年，改江夏石陽曰曲陵。」〔註 122〕《水經注》亦云：「（潼）水出江夏郡之曲陵縣西北潼山。」〔註 123〕則東晉當

〔註 117〕《晉書》卷三十六《衛瓘傳》，第 1066 頁。

〔註 118〕張學鋒：《南京司家山出土謝氏墓誌研究——東晉流寓政府的輓歌》，載《南京曉莊學院學報》2004 年第 3 期。張學鋒據發掘簡報《南京南郊六朝謝溫墓》對謝溫墓誌作了重新校讀；該發掘簡報參見，南京市博物館、雨花區文化局：《南京南郊六朝謝溫墓》，載《文物》1998 年第 5 期。

〔註 119〕《元和志》江南道三安州條，第 649 頁。

〔註 120〕〔宋〕李昉等撰：《太平御覽》卷第八百八十八妖異部四變化下引《齊諧記》，中華書局影印 1960 年版，第 3947 頁。

〔註 121〕〔唐〕虞世南撰，〔明〕陳禹謨補注：《北堂書鈔》卷一百四十三食斛餘米家至罄貧引《齊諧記》，臺灣商務印書館 1983～1987 年影印文淵閣《四庫全書》本第 889 冊，第 730 頁（按：文中標點為筆者所加）。

〔註 122〕《宋志二》司州刺史安陸太守安陸公相條，第 1106 頁。

〔註 123〕《水經注校證》卷三十一，第 736 頁。

有。治今湖北應城縣東南。

3、**灄陽**，《續漢志》、《晉志》無。《宋志》羡陽〔註124〕子相條曰：「晉惠帝世，安陸人朱伺為陶侃將，求分安陸東界」立灄陽。〔註125〕又《晉書・朱伺傳》云：晉惠帝時，安陸人朱伺部曲求別立縣，朝廷「因此遂割安陸東界為灄陽縣而貫焉」〔註126〕。《宋書・符瑞志》曰：晉簡文帝咸安二年（372）正月，「甘露降隨郡灄陽縣界桑木，沾凝十餘里」中。〔註127〕則灄陽縣當和隨郡接壤。此外，《宋書・劉粹傳》載：義熙八年，劉毅平，封劉粹為灄陽縣男。〔註128〕則義熙八年始為男國。治今湖北武漢市黃陂區西南。

4、**沌陽**，《續漢志》、《晉志》無。《宋志》沌陽子相條曰：江左立沌陽縣。〔註129〕《元和志》亦云：「晉於今（沔）州西臨漳山下置沌陽縣，屬江夏郡。」〔註130〕東晉當有。治今湖北武漢蔡甸區臨嶂山下。

5、**惠懷**，《續漢志》、《晉志》無。《宋志》云：江左立惠懷縣。〔註131〕治今湖北仙桃市南。

6、**汝南**，《續漢志》、《晉志》無。《宋志》曰：「汝南侯相，本沙羡土，晉末汝南郡民流寓夏口，因立為汝南縣。沙羡令，……晉武太康元年復立，治夏口。孝武太元三年，省併沙陽，後，以其地為汝南實土。」〔註132〕此外，《紀纂淵海》云：咸和中（326～334年）僑置汝南郡，晉孝武省沙羨，義熙時又以汝南縣屬江夏郡。《元和志》亦云：「東晉以汝南流人僑立汝南郡，後改為汝南縣。」〔註133〕綜上述，汝南先為僑縣，屬僑汝南郡。義熙中，以汝南為實土縣，並度屬江夏郡。治今湖北武漢市武昌區。

〔註124〕胡阿祥認為：「羡陽」當作「灄陽」（《〈宋書〉卷三十七〈州郡三〉獻疑》，載《中國歷史地理論叢》2004年第3期）。從之。
〔註125〕《宋志三》郢州刺史江夏太守條，第1125頁。
〔註126〕《晉書》卷八十一《朱伺傳》，第2120頁。
〔註127〕《宋書》卷二十八《符瑞志中》，第817頁。
〔註128〕《宋書》卷四十五《劉粹傳》，第1379。
〔註129〕《宋志三》郢州刺史江夏太守條，第1124頁。
〔註130〕《元和志》卷二十七江南道三沔州，第647頁。
〔註131〕《宋志三》郢州刺史江夏太守條，第1124頁。
〔註132〕《宋志三》郢州刺史江夏太守條，第1124頁。
〔註133〕〔宋〕潘自牧：《紀纂淵海》卷十四武昌府江夏沿革條，臺灣商務印書館1983～1987年影印文淵閣《四庫全書》本第930冊，第333頁；《元和志》卷第二十七江南道三鄂州江夏縣條，第644頁。

（五）竟陵郡沿革

竟陵郡，《續漢志》無，《晉志下》荊州後序條屬荊州。《宋志》云：晉惠帝元康九年，分江夏西界立竟陵郡。〔註 134〕《水經注》云：「沔水又南逕石城西，……晉惠帝元康九年，分江夏西部置竟陵郡，治此。」〔註 135〕則東晉竟陵郡治所在石城縣。《東晉疆域志》卷二荊州竟陵郡條無石城縣，恐誤。義熙十二年當領縣六。《晉書・司馬整弟竟陵王楙傳》曰：晉懷帝踐祚，改封司馬楙為竟陵王，及洛陽傾覆，楙為亂兵所害。〔註 136〕又，據《晉書・朱伺傳》載：晉愍帝建興中，「以平蜀賊龔高之功」，加朱伺廣威將軍，領竟陵內史。〔註 137〕然《晉書・成帝紀》云：咸和三年九月，「竟陵太守李陽距賊南偏」（按：「距」同「據」，以下文同此）。〔註 138〕不再稱李陽為竟陵內史〔註 139〕。則東晉初當除國為郡。

1、石城，《續漢志》、《晉志》無。石城當於元康九年置，詳上文竟陵郡條。《晉書・成帝紀》曰：咸康五年（339），石虎將夔安等進圍石城，「竟陵太守李陽距戰，破之」。〔註 140〕治今湖北鍾祥市。

2、竟陵，《續漢志》、《晉志》屬江夏郡。如上所及，元康九年分江夏郡立竟陵郡，竟陵縣當於此年度屬。據《晉書・桓宣傳》：建元元年，以桓宣為梁州刺史，「以前後功」，封為竟陵縣男。〔註 141〕則建元元年始為男國，永初元年當除國，詳上文南郡華容縣條。又，《宋書・劉道憐傳》曰：義熙九年（413），改封劉道憐為竟陵縣公〔註 142〕。則義熙九年始又為公國。治今湖北潛江市西北。

3、南新市，《續漢志》、《晉志》屬江夏郡。元康九年度屬竟陵郡。治今湖

〔註 134〕《宋志三》郢州刺史竟陵太守條，第 1125 頁。

〔註 135〕《水經注校證》卷二十八沔水中條，第 669 頁。

〔註 136〕《晉書》卷三十七《宗室・整弟竟陵王楙傳》，第 1089 頁。

〔註 137〕《晉書》卷八十一《朱伺傳》，第 2121 頁。

〔註 138〕《晉書》卷七《成帝紀》，第 173 頁。

〔註 139〕〔清〕錢大昕撰：《十駕齋養新錄》卷六內史太守互稱條曰：「晉則以內史行太守事，國除為郡，則復稱太守。然二名往往混淆，史家亦互稱之。」上海書店 1983 年版，第 136 頁。然筆者認為文中即然稱太守，當除竟陵王國為郡。

〔註 140〕《晉書》卷七《成帝紀》，第 182 頁。

〔註 141〕《晉書》卷八十一《桓宣傳》，第 2117 頁；《通鑒》卷九十七《晉紀十九》康帝建元元年，第 3055 頁。

〔註 142〕《宋書》卷五十一《劉道憐傳》，第 1462 頁。

北京山縣東北。

4、雲杜，《續漢志》、《晉志》屬江夏郡。元康九年度屬竟陵郡。東晉末，治所從沔水北徙沔水南，詳下文新陽縣條。又《晉書・汝南王亮傳》曰：永興初（304～306年），司馬祐「以討劉喬有功」，以江夏雲杜縣益封汝南國，「宋受禪，除國」。〔註143〕治今湖北仙桃市西。

5、霄城，《續漢志》、《晉志》無。《水經注疏》云：「溳水又東南流，注宵城縣南太湖，（楊）守敬按：《宋志》作『宵』，與此同。……晉末置縣，屬竟陵郡，宋、齊、梁因之。」〔註144〕今從之。《宋書・魯爽傳》曰：以功封魯宗之為霄城縣侯，後從劉裕討劉毅，進封南陽郡公。〔註145〕無疑，當於義熙二年「論匡復之功」時，封魯宗之侯爵；九年，又為公爵〔註146〕。則義熙二年至九年為侯國。又，霄城縣當在義熙二年前立。治今湖北天門市東北。

6、新陽，《續漢志》、《晉志》無。《宋志》曰：「新陽男相，《永初郡國》有，何、徐不注置立。」〔註147〕《水經注疏》云：「（溳水）東流逕新陽縣南，（楊）守敬按：晉末置縣，屬晉（按：『晉』字當作『竟』字）陵郡，……（新陽）縣治雲杜故城，守敬按：則（雲杜）縣在沔南，此『故雲杜縣』在沔北，非《經》之縣甚明，……分雲杜立。」〔註148〕《水經注》又曰：沔水「又東南過江夏雲杜縣東，夏水從西來注之。」〔註149〕則故雲杜縣城本位於沔水北（今湖北京山縣），東晉末於故雲杜縣城址置新陽縣，並徙雲杜縣城於沔水南（今湖北仙桃市西）。治今湖北京山縣。

（六）襄陽郡沿革

襄陽郡，《續漢志》無，《晉志》領八縣。《晉志》曰：「漢獻帝建安十三年，魏武盡得荊州之地，分南郡以北立襄陽郡。」〔註150〕《宋志》亦云：「魏

〔註143〕《晉書》卷五十九《汝南王亮傳》，第1593頁。
〔註144〕〔北魏〕酈道元注，楊守敬纂疏，熊會貞參疏：《水經注疏下》卷二十八沔水中，收入《楊守敬集》第四冊，謝承仁主編，湖北人民出版社、湖北教育出版社1997年版，第1744頁。
〔註145〕《宋書》卷七十四《魯爽傳》，第1922頁。
〔註146〕《晉書》卷十《安帝紀》，第264頁。
〔註147〕《宋志三》郢州竟陵太守新陽男相條，第1125頁。
〔註148〕《水經注疏下》卷二十八沔水中條，第1743～1744頁。
〔註149〕《水經注校證》卷二十八沔水中條，第671頁。
〔註150〕《晉志下》荊州序，第454頁。

武帝平荊州，分南郡編縣以北及南陽之山都立襄陽郡，屬荊州。」〔註 151〕後度山陽縣屬新野郡，詳下文新野縣條。又度臨沮縣屬南郡，詳上文臨沮縣條。《晉志》有鄾縣，東晉初當廢省。另，東晉時襄陽郡當仍有鄧城，詳下文鄧城縣條。此外，《東晉疆域志》卷二荊州襄陽郡有臨沮、鄾二縣。《新校晉書地理志》引吳翊寅案曰：鄧城與鄾皆非晉縣也。〔註 152〕恐皆誤。《晉志》漏列上黃縣，詳下文上黃縣條。亦誤。又《晉書・周訪傳》曰：周訪定漢沔，「遷南中郎將、督梁州諸軍事、梁州刺史，屯襄陽」。《通鑑》亦云：建武元年，周「訪以功遷梁州刺史，屯襄陽」。〔註 153〕後，咸和五年，「石勒遣郭敬寇襄陽，南中郎將周撫奔武昌」。〔註 154〕咸和七年（332），陶侃「遣子斌與南中郎將桓宣西伐樊城，擊走石勒將郭敬，使兄子臻、竟陵太守李陽等攻破新野，遂平襄陽」，使桓宣鎮襄陽。〔註 155〕然前秦興起，「督護李伯護密與前秦相應，襄陽遂沒」。如《宋書・朱序傳》載：太元四年，襄陽、順陽、魏興城皆沒於前秦。〔註 156〕太元九年（384）四月，東晉「使竟陵太守趙統伐襄陽，克之」〔註 157〕。如上所述，襄陽在建興四年始復，咸和五年陷於後趙，咸和七年又復，太元四年沒於前秦，太元九年再復。

又《晉書・楚王瑋附子範傳》載：永寧元年，封司馬範為襄陽王，後為石勒所害。〔註 158〕則當於東晉初除國。此外，還可舉兩條史料證明之。第一條：《晉書・甘卓傳》曰：永昌元年，「襄陽太守周慮害甘卓，傳首於王敦」。〔註 159〕第二條：《真誥》云：「（許）副弟名朝，字楊先，勇猛，以氣俠聞。

〔註 151〕《宋志三》雍州刺史襄陽公相條，第 1136 頁。孔祥軍認為，《宋志》所謂「及南陽之山都當誤」，山陽曹魏時屬南陽（《三國政區地理研究》），第 81～82 頁。從之。

〔註 152〕《東晉疆域志》，第 3611 頁；方愷：《新校晉書地理志》，1995 年中華書局影印開明書店《二十五史補編》本，第 3573 頁。

〔註 153〕《晉書》卷五十八《周訪傳》，第 1581 頁；《通鑑》卷九十《晉紀十二》元帝建武元年，第 2850 頁。

〔註 154〕《晉書》卷五十八《周訪附子撫傳》，第 1582 頁；《宋書》卷三十一《五行志二》，第 908 頁。

〔註 155〕《晉書》卷六十六《陶侃傳》，第 1776 頁；《通鑑》卷九十五《晉紀十七》成帝咸和七年，第 2983～2984 頁。

〔註 156〕《晉書》卷八十一《朱序傳》，第 2133 頁；《宋書》卷三十一《五行志二》，第 910 頁。

〔註 157〕《晉書》卷九《孝武帝紀》，第 233 頁。

〔註 158〕《晉書》卷五十九《楚王瑋附子範傳》，第 1597 頁。

〔註 159〕《晉書》卷七十《甘卓傳》，第 1866 頁。

歷為襄陽、新野、南陽、潯陽太守，後與甘卓謀討王敦，事覺，卓死，朝自裁，年五十三。」〔註 160〕上述事件發生於東晉初，均稱襄陽長官為太守，當除國為郡。太元九年當領縣七，治襄陽縣。

1、**襄陽**，《續漢志》屬南郡，《晉志》屬襄陽郡。《晉書．武帝紀》曰：太康元年，封王濬為襄陽侯。〔註 161〕後，王「濬有二孫，過江不見齒錄」，即所謂「襄陽之封，廢而莫續」。桓溫即上表請求「追錄舊勳」，然「卒不見省」。〔註 162〕楊光輝認為：東晉初「停廢無功者西晉封爵」，「愍帝時賜爵進封一皆削除」，「屬於保留範圍的武惠、懷時期的封爵，若無功，亦被停廢」。〔註 163〕從之。則東晉初當除國為縣。治今湖北襄樊市。

2、**宜城**，《續漢志》屬南郡，《晉志》屬襄陽郡。《晉書．鄧嶽傳》曰：「錄前後勳，封（鄧嶽）宜城縣伯。……咸康三年（337），岳遣軍伐夜郎，破之。」〔註 164〕則咸康三年前當為伯國，宋永初元年當除國，詳上文南郡華容縣條。治今湖北宜城市南。

3、**中廬**，《續漢志》屬南郡，《晉志》屬襄陽郡。《晉書．成帝紀》曰：咸康元年，「石季龍將石遇寇中廬，南中郎將王國退保襄陽」。〔註 165〕《晉書．石季龍載記》亦曰：石季龍「遣其征虜石遇寇中廬，遂圍平北將軍桓宣於襄陽」；石「遇攻守二旬，軍中饑疫而還」。〔註 166〕則咸康元年，中廬縣失而復得。治今湖北襄城區西南。

4、**鄀**，《續漢志》、《晉志》屬南郡。《宋志》云：「襄陽公相……《永初郡國》、《何志》並有宜城、鄀、上黃縣。」〔註 167〕隆安五年立武寧郡。以地望論，南郡在武寧郡南，鄀縣在武寧郡北，〔註 168〕則南郡不當統轄鄀縣，應度屬襄陽郡。《東晉疆域志》卷二荊州南郡條有鄀縣，恐誤。治今湖北宜

〔註 160〕〔南朝．梁〕陶弘景：《真誥》卷二十翼真檢第二，商務印書館《叢書集成初編》本 1939 年版，王雲五主編，第 251 頁；又，參見〔日〕吉川忠夫、麥穀邦夫編，朱越利譯：《真誥校注》，中國社會科學出版社 2006 年版，第 587 頁。

〔註 161〕《晉書》卷三《武帝紀》，第 72 頁。

〔註 162〕《晉書》卷四十二《王濬傳》，第 1216～1217 頁。

〔註 163〕《漢唐封爵制度》，第 136 頁。

〔註 164〕《晉書》卷八十一《鄧嶽傳》，第 2131 頁。

〔註 165〕《晉書》卷七《成帝紀》，第 179 頁。

〔註 166〕《晉書》卷一百六《石季龍載記上》，第 2763 頁。

〔註 167〕《宋志三》雍州刺史襄陽公相條，第 1136 頁。

〔註 168〕參見譚其驤主編：《中國歷史地圖集》第四冊，第 34～35 頁、第 36 頁。

城縣東南。

5、上黃，《續漢志》、《晉志》無。《水經注》云：「晉武帝平吳，割臨沮之北鄉、中廬之南鄉立上黃縣，治軨鄉。」又，熊會貞按：「《宋志》晉無上黃縣，誤。《晉志》亦脫此縣。」〔註169〕則晉武帝立上黃縣，屬襄陽郡。《晉志》漏列，恐誤。治今湖北南漳縣東南。

6、邔，《續漢志》屬南郡，《晉志》屬襄陽郡。治今湖北宜城市北。

7、鄧城，《續漢志》作「鄧」屬南陽郡，《晉志》亦屬。《通鑑》云：太元八年（383），苻叡軍於新野，慕容垂軍於鄧城。胡三省注：「鄧城縣，屬襄陽郡，蓋晉置也。」〔註170〕從之。《宋志》所引《永初郡國》、何志無鄧城縣，〔註171〕則東晉末當省。治今湖北襄樊市北。

（七）南陽郡沿革

南陽郡，《續漢志》領三十七縣，《晉志》領十四縣。又，咸寧三年，徙汝南王司馬柬為南陽王，太康十年，改封為秦王。〔註172〕永康元年（300），追封司馬道文為南陽王。〔註173〕光熙元年（306），進平昌公司馬模為南陽王，司馬模子保襲爵；後，司馬保自稱晉王，最終被劉曜所殺。〔註174〕國當除。又，《晉書．魏浚附子該傳》曰：劉曜寇日至，魏該遂單騎走至南，晉元帝任其為雍州刺史，後魏該率部遷於新野。《通鑑》亦云：太興二年（319），「魏該為胡寇所逼，自宜陽率眾南遷新野」，後拜為順陽太守。〔註175〕咸和三年（328）四月，石勒攻宛，南陽太守王國叛降石勒。〔註176〕咸和五年，石勒使其將郭敬寇襄陽，屯於樊城。〔註177〕則南陽郡陷。咸和七年，東晉雖收復襄陽、新

〔註169〕《水經注校證》卷二十八沔水中，第667頁；《水經注疏下》卷二十八沔水中，第1730頁。

〔註170〕《通鑑》卷一百五《晉紀二十七》孝武帝太元八年，第3308頁。

〔註171〕《宋志三》雍州刺史襄陽公相條，第1136頁。

〔註172〕《晉書》卷三《武帝紀》，第68頁、第79頁。

〔註173〕《晉書》卷五十三《閔懷太子傳》，第1463頁。據下文司馬模進封南陽王所述，疑司馬道文之封為虛封，其似無人嗣之。故列於此。

〔註174〕《晉書》卷四《惠帝紀》，第107頁；《晉書》卷三十七《南陽王模附子保傳》，第1098～1099頁。

〔註175〕《晉書》卷六十三《魏浚附子該傳》，第1714頁；《通鑑》卷九十一《晉紀十三》元帝太興二年，第2870頁。

〔註176〕《晉書》卷七《成帝紀》，第172頁；按：此處稱「太守」當為實。

〔註177〕《晉書》卷六《明帝紀》，第175頁。

野二郡，詳本節襄陽郡條。但南陽郡境域仍未全復。如建元元年，庾翼「遂進鎮襄陽，以逼臨宛許」〔註 178〕。則後趙尚控制南陽郡大部。永和五年（349）十月，「石遵將石遇攻宛，陷之，執南陽太守郭啟」。〔註 179〕旋，司馬勳又拔宛城，殺後趙南陽太守元景。〔註 180〕綜上述，南陽郡為東晉、後趙疆埸反覆爭奪之地。《元和志》云：成帝咸康四年（338），南陽郡復歸於晉。〔註 181〕恐誤。

永和七年（351），冉「魏徐州刺史周成、兗州刺史魏統、荊州刺史樂弘、豫州刺史張遇以廩丘、許昌等諸城來降」，高崇、呂護以三河之地來降。〔註 182〕以地望論，南陽郡位上述諸地之南，則當復歸。太和元年（366），「南陽人趙弘、趙億等據宛城反晉，太守桓澹走保新野」。太和二年（367），桓豁擊走趙億，「趙盤退歸魯陽，豁追擊盤於雉城，擒之，留兵戍宛而退」。〔註 183〕太元三年，秦「慕容垂拔南陽，執太守鄭裔」，並與苻丕會於襄陽。〔註 184〕太元九年，晉「竟陵太守趙統攻襄陽，秦荊州刺史都貴奔魯陽」。東晉將軍劉春攻魯陽，都貴奔還長安。〔註 185〕則東晉收復南陽。義熙元年五月，劉裕遣使求和於後秦，姚興遂割南鄉、順陽、新野、舞陰等十二郡歸於晉。胡三省注曰：「隆安二年（398），淮漢以北多降於秦，此十二郡蓋皆在北。」〔註 186〕然《晉書·姚興載記》云：「洛陽即陷，自淮漢以北諸城，多請降送任。」《晉書·安帝紀》亦曰：隆安三年，「冬十月，姚興攻陷洛陽」。〔註 187〕則胡注當誤。又胡三省注云：「晉立順陽郡，以南鄉為縣，蓋其後分立郡也。……舞陰縣屬南陽郡，未知立郡之始。」〔註 188〕恐誤。因為南鄉、舞

〔註 178〕〔東晉〕張望：《江州都督庾翼碑銘一首》，收入《日藏弘仁本文館詞林校證》，〔唐〕許敬宗編，羅國威整理，中華書局 2001 年版，第 180 頁。

〔註 179〕《晉書》卷八《穆帝紀》，第 195 頁。

〔註 180〕《通鑑》卷九十六《晉紀二十》穆帝永和五年，第 3096 頁。

〔註 181〕《元和志》卷二十一山南道二鄧州，第 532 頁。

〔註 182〕《通鑑》卷九十九《晉紀二十一》穆帝永和七年，第 3118 頁。

〔註 183〕《晉書》卷八《海西公紀》，第 311 頁；《通鑑》卷一百一《晉紀二十三》海西公太和二年，第 3206 頁。

〔註 184〕《通鑑》卷一百四《晉紀二十六》孝武帝太元三年，第 3285 頁。

〔註 185〕《通鑑》卷一百五《晉紀二十七》孝武帝太元九年，第 3329～3330 頁。

〔註 186〕《通鑑》卷一百一十四《晉紀三十六》安帝義熙元年，第 3585～3586 頁。

〔註 187〕《晉書》卷一百十七《姚興載記上》，第 2980 頁；《晉書》卷十《安帝紀》，第 252 頁。

〔註 188〕《通鑑》卷一百一十四《晉紀三十六》胡三省注，第 3586 頁。

陰二郡皆是後秦所立，〔註 189〕與東晉無涉。又，後秦雖據有南陽郡舞陰等縣，但並沒全部控制南陽郡。如元興二年（403），「南陽太守庾仄起義兵」反晉，為桓玄所敗〔註 190〕。又，義熙元年正月，「南陽太守魯宗之起義兵，襲破襄陽」〔註 191〕。則東晉當仍據有南陽郡部分境域。如上所述，南陽郡當於咸和三年失，咸康四年復，永和五年至七年為疆埸爭戰之地，永和七年復歸東晉，太和元年失，太和二年復，太元三年又失，太元九年再復，隆安三年至義熙元年分別為後秦、東晉所據。義熙元年，後秦將南陽所佔部分歸還東晉。義熙十二年當領十四縣，治宛縣。

1、**宛**，《續漢志》屬南陽郡，《晉志》屬南陽國。治今河南南陽市。

2、**比陽**，《續漢志》屬南陽郡，《晉志》屬南陽國，西晉為公國。東晉初當除國，詳本節襄陽郡襄陽縣條。治今河南泌陽縣。

3、**魯陽**，《續漢志》屬南陽郡，《晉志》屬南陽國。西晉為公國。東晉初當除國，詳本節襄陽郡襄陽縣條。《晉書・桓彝傳》曰：苻堅遣其將石越寇魯陽。〔註 192〕則東晉仍有。治今河南魯山縣。

4、**堵陽**，《續漢志》屬南陽郡，《晉志》屬南陽國。治今河南方城縣東。

5、**西鄂**，《續漢志》屬南陽郡，《晉志》屬南陽國。《晉書・羅憲傳》曰：泰始六年（269），羅憲卒，追封為西鄂侯。〔註 193〕東晉初當除國，詳本節襄陽郡襄陽縣條。治今河南南陽市北。

6、**犨**，《續漢志》屬南陽郡，《晉志》屬南陽國。治今河南魯山縣西南。

7、**葉**，《續漢志》屬南陽郡，《晉志》屬南陽國，西晉為侯國。東晉初當除國，詳本節襄陽郡襄陽縣條。治今河南葉縣西南。

8、**雉**，《續漢志》屬南陽郡，《晉志》屬南陽國。治今河南南召縣東南。

9、**博望**，《續漢志》屬南陽郡，《晉志》屬南陽國。西晉為公國。東晉初當除國，詳本節襄陽郡襄陽縣條。治今河南南陽市東北。

〔註 189〕〔清〕顧祖禹撰，賀次君、施和金點校：《讀史方輿紀要》卷五十一河南六南陽府南鄉城條（以下文簡稱《方輿紀要》）曰：「姚秦析置南鄉郡，劉宋復故。」又曰：「姚秦置舞陰郡，劉宋復曰舞陰縣。」中華書局 2005 年版，第 2403 頁、第 2410 頁。從之。

〔註 190〕《晉書》卷十《安帝紀》，第 255 頁。

〔註 191〕《晉書》卷十《安帝紀》，第 257 頁。

〔註 192〕《晉書》卷四十四《桓彝附子沖傳》，第 1951 頁。

〔註 193〕《晉書》卷五十七《羅憲傳》，第 1552 頁。

10、涅陽，《續漢志》屬南陽郡，《晉志》屬南陽國。治今河南南陽市西南。

11、雲陽，《續漢志》作「育陽」屬南陽郡，《晉志》作「淯陽」屬南陽國。西晉為公國。東晉初當除國，詳本節襄陽郡襄陽縣條。《水經注》曰：淯陽縣，「故南陽典農治，後以為淯陽郡，省郡復縣，避晉簡文帝諱，更名雲陽焉」。〔註 194〕則當在咸安元年（371）簡文帝即位時更名。治今河南南陽市南。

12、冠軍，《續漢志》屬南陽郡，《晉志》屬南陽國。《晉書·賈充傳》曰：封郭彰為冠軍縣侯。〔註 195〕東晉初當除國，詳本節襄陽郡襄陽縣條。治今河南鄧州市東北。

13、酈，《續漢志》屬南陽郡，《晉志》屬南陽國。治今河南內鄉縣北。

14、舞陰，《續漢志》屬南陽郡，《晉志》屬南陽國，西晉為公國。東晉初當除國，詳本節襄陽郡襄陽縣條。治今河南泌陽縣。

（八）順陽郡沿革

順陽郡，《續漢志》無；《晉志》屬，領縣八。後，又增朝陽、汎陽、脩陽三縣來屬，詳下文。《東晉疆域志》卷二荊州順陽郡條無丹水、朝陽二縣，恐誤。《宋志》云：曹魏分南陽立曰南鄉，晉武帝更名為順陽。《晉志》曰：建安十三年，「魏武帝又分南陽西界立南鄉郡」，及晉武帝平吳，改南鄉為順陽郡。〔註 196〕與之不同，《宋志》則云：太康五年立汎陽縣，並屬南鄉。〔註 197〕今從《宋志》。則太康五年前，仍名南鄉郡。《晉志》誤。太康十年，徙扶風王司馬暢為順陽王。則南鄉當更名為順陽。〔註 198〕東晉初當除國。

太興二年，魏該助周訪討杜曾有功，拜順陽太守。〔註 199〕則東晉初當有

〔註 194〕《水經注校證》卷三十一淯水，第 728 頁。

〔註 195〕《晉書》卷四十《賈充附郭彰傳》，第 1176 頁。

〔註 196〕《宋志三》雍州刺史順陽太守條，第 1137 頁；《晉志下》荊州序，第 454 頁。

〔註 197〕《宋志三》荊州刺史扶風太守汎陽令條，第 1140 頁。

〔註 198〕《晉書》卷三《武帝紀》，第 79 頁；胡運宏、胡阿祥著：《中華本〈晉書·地理志〉考異》，收入《荊楚歷史地理與長江中游開發——2008 年中國歷史地理國際學術研討會論文集》，徐少華主編，湖北人民出版社 2009 年版，第 514 頁。

〔註 199〕《通鑒》卷九十一《晉紀十三》元帝太興二年，第 2870 頁；按：此處稱「太守」當為實。

順陽郡。咸和元年（326），劉曜將黃秀、帛成寇順陽郡治酇縣，平北將軍魏該帥眾奔襄陽。〔註200〕則順陽郡失陷。永和七年，冉魏周成、魏統、樂弘、張遇等以廩丘、許昌等諸城來降，高崇、呂護以三河之地來降。〔註201〕順陽郡在上述諸地之南，以地望論，當復歸東晉。太元四年（379），前秦將軍慕容越拔順陽。〔註202〕太元九年，東晉將軍劉春攻魯陽，前秦荊州刺史都貴奔長安，詳上文南陽郡沿革條，東晉當收復順陽郡。後，東晉順陽太守彭泉以郡降姚興，「興遣楊佛嵩率騎五千」，遂寇陷南鄉。〔註203〕此事發生在隆安三年，詳上文南陽郡條。義熙元年，東晉求南鄉諸郡，姚興許之，遂割南鄉、順陽、新野、舞陰等十二郡屬東晉。〔註204〕

綜上述，太康九年為王國，東晉初除國。咸和元年陷，咸和元年至永和七年為東晉和前、後趙疆場爭奪之地，永和七年復，太元四年失，太元九年又復，隆安二年再失，義熙元年再復。義熙十二年當領縣十一。先治酇縣，後徙治南鄉縣，詳下文南鄉縣條。

1、南鄉，《續漢志》屬南陽郡，《晉志》屬順陽郡。《水經注》曰：「（順陽郡）舊治酇城，永嘉中，丹水浸沒，至永和中（345～356 年），徙治南鄉故城。」〔註205〕然《東晉疆域志》云：「南鄉又別作郡，未知始於何時，或即成帝咸康四年所立也。」〔註206〕此不知何據，恐誤。如上文所及，此南鄉郡當是後秦所立，與東晉無涉。此外，《晉書・王澄傳》曰：及司馬穎敗，東海王越請王澄為司空長吏。以迎大駕勳，又封其為南鄉侯。〔註207〕東晉初當除國，詳本節襄陽郡襄陽縣條。又，「甘卓以前後功，進爵南鄉侯，拜豫章太守，尋遷湘州刺史，復進爵於湖侯。」〔註208〕治今河南淅川縣西南。

2、順陽，《續漢志》屬南陽郡，《晉志》屬順陽郡。治今河南淅川縣東南。

3、朝陽，《續漢志》屬南陽郡，《晉志》屬義陽郡。《宋志》曰：「《永初郡

〔註200〕《晉書》卷七《成帝紀》，第170頁。
〔註201〕《通鑒》卷九十九《晉紀二十一》穆帝永和七年，第3118頁。
〔註202〕《通鑒》卷一百四《晉紀二十六》孝武帝太元四年，第3289頁。
〔註203〕《晉書》卷一百十七《姚興載記上》，第2983頁。
〔註204〕《晉書》卷一百十七《姚興載記上》，第2985頁。
〔註205〕《水經注校證》卷二十丹水，第487頁。
〔註206〕《東晉疆域志》卷二，第3612頁。
〔註207〕《晉書》卷四十三《王澄傳》，第1239頁。
〔註208〕《晉書》卷七十《甘卓傳》，第1862頁。

國》及何志有朝陽……。凡八縣。徐志唯增朝陽。」〔註 209〕則東晉末年當割義陽郡朝陽縣來屬。治今河南新野縣西南。

4、**丹水**，《續漢志》屬南陽郡，《晉志》屬順陽郡。建元元年，庾翼表桓宣為梁州刺史，前趣丹水；建元二年，桓宣為後趙將李羆所敗。〔註 210〕又《晉書・高陽王睦傳》曰：咸寧三年，貶司馬睦為丹水縣侯；太康初，又復其高陽王爵。〔註 211〕治今河南淅川縣東南。

5、**武當**，《續漢志》屬南陽郡，《晉志》屬順陽郡。《晉書・滕修傳》云：太康元年，封騰修為武當侯；後，「以討蘇峻有功」，封滕修孫含為夏陽縣開國侯。〔註 212〕查檢史料，無載騰含後人襲其爵位。則東晉初當除國。治今湖北丹江口市西北。

6、**酇**，《續漢志》屬南陽郡，《晉志》屬順陽郡。《晉書・成帝紀》曰：咸和元年，前趙寇酇，「魏該帥眾奔襄陽」。〔註 213〕治今湖北老河口市西北。

7、**陰**，《續漢志》屬南陽郡，《晉志》屬順陽郡。治今老河口市西北。

8、**汎陽**，《續漢志》、《晉志》無。《水經注》曰：沔水「東逕汎陽故城南，晉分築陽立」。〔註 214〕《宋志》亦云：晉武帝太康五年（284）立汎陽縣。〔註 215〕治今湖北谷城縣西南。

9、**築陽**，《續漢志》屬南陽郡，《晉志》屬順陽郡。治今湖北谷城縣東北。

10、**析**，《續漢志》屬南陽郡，《晉志》屬順陽郡。治今河南西峽縣。

11、**脩陽**，《續漢志》、《晉志》無。《水經注》曰：析水「南流逕脩陽縣故城北，縣，即析之北鄉也」。〔註 216〕又《宋志》云：「《永初郡國》及何志有……析、脩陽。凡八縣。」〔註 217〕《東晉疆域志》亦曰：脩陽縣，晉末所立。〔註 218〕從之。治今河南西峽縣北。

〔註 209〕《宋志三》雍州刺史順陽太守條，第 1136 頁。
〔註 210〕《通鑒》卷九十九《晉紀十九》康帝建元元年，第 3055 頁；《通鑒》卷九十九《晉紀十九》康帝建元二年，第 3060 頁。
〔註 211〕《晉書》卷三十七《高陽王睦傳》，第 1113 頁。
〔註 212〕《晉書》卷五十七《滕修傳》，第 1553～1554 頁。
〔註 213〕《晉書》卷七《成帝紀》，第 170 頁。
〔註 214〕《水經注校證》卷二十八沔水中，第 661 頁。
〔註 215〕《宋志三》雍州刺史扶風太守汎陽令條，第 1140 頁。
〔註 216〕《水經注校證》卷二十丹水，第 487 頁。
〔註 217〕《宋志三》雍州刺史順陽太守條，第 1137～1138 頁。
〔註 218〕《東晉疆域志》卷二，第 3612 頁。

（九）義陽郡沿革

義陽郡，《續漢志》無，《晉志》領十二縣。晉泰始元年（265），封皇從伯父司馬望為義陽王，並封「邑萬戶，給兵二千人」。〔註 219〕胡三省注曰：晉武帝封諸王，以郡為國，「萬戶為次國」。〔註 220〕則泰始元年義陽當立，始為王國。又《水經注》引闞駰言：「晉泰始中，割南陽東鄙之安昌、平林、平氏、義陽四縣，置義陽郡於安昌城。」〔註 221〕則泰始元年，義陽郡當領安昌、平林、平氏、義陽四縣，治安昌。後，如《晉志》曰：及晉武帝平吳，「分南郡為義陽郡」。〔註 222〕當增義陽屬縣。正如石泉、魯西奇所言：新野、穰、鄧、蔡陽、隨、棘陽、厥西、朝陽「八個縣都當是在晉武帝平吳前後劃入義陽的」，但《晉志》義陽郡屬縣仍脫漏鄳、平春二縣。〔註 223〕從之。則平吳前後當領縣十四。又，太康九年度平林、隨二縣屬隨郡，詳下文隨郡條。又度新野、穰、鄧、蔡陽、棘陽五縣屬新野郡，詳下文新野郡條。並省義陽縣於平春縣，詳下文平春縣條。後割朝陽縣屬順陽郡，詳上文順陽郡條。又，永寧元年（301），趙王倫敗，惠帝反正，於是誅義陽王司馬威」〔註 224〕。則永寧元年當除國。

除上述外，據《元和志》載：石城，在義陽（按：東晉稱平陽）「縣西南二十五里石城山上，本晉義陽縣所理」。〔註 225〕《寰宇記》曰：石城山，「晉於此山上置義陽郡」。後「又自石城遷居仁順，即今州是也」。〔註 226〕《方輿紀要》亦云：義陽郡國「治石城。尋為梁希所侵逼，移治於仁順城」。〔註 227〕當在西晉末徙治。《通鑒》曰：石虎將「夔安進據胡亭，寇江夏；義

〔註 219〕《晉書》卷三《武帝紀》，第 52 頁。又，〔宋〕高承撰，〔明〕李果訂，金圓、許沛藻點校：《事物紀原》卷四官爵封爵部第十八郡王條曰：「事始云後魏始封功臣為郡王，以為王封郡之始。按晉書宗室傳：太康九年，益封子邁為隨郡王。則其事自晉始矣」中華書局 1989 年版，第 196 頁。其實在泰始元年，西晉即始以王封郡。

〔註 220〕《晉書》卷三十七《司馬邕附弟義城王望傳》，第 1086～1087 頁；《通鑒》卷七十九《晉紀一》武帝泰始元年胡三省注，第 2493 頁。

〔註 221〕《水經注校證》卷三十淮水，第 702 頁。

〔註 222〕《晉志下》荊州刺史序，第 454 頁。

〔註 223〕《魏晉南朝義陽郡沿革與地望考辨》，第 77 頁；又《晉書》卷九十二《文苑傳》仍稱泰始、太康時的鄒湛為南陽新野人，第 2389 頁。

〔註 224〕《晉書》卷三十七《河間平王洪附子威傳》，第 1088 頁。

〔註 225〕《元和志》卷九河南道五申州義陽縣條，第 245 頁。

〔註 226〕《寰宇記》卷一百三十二淮南道十信陽軍條，第 2603 頁、第 2599 頁。

〔註 227〕《方輿紀要》卷五十河南五信陽州平陽城條，第 2376 頁。

陽將軍黃沖、義陽太守鄭進皆降於趙」。「竟陵太守李陽據戰，破之」，夔安乃退。胡三省注引《續漢志》認為，胡亭當在汝南汝陰縣，縣西北有胡城。〔註 228〕則東晉仍有義陽郡大部境域。東晉前期，任都督、督、監義陽之軍事長官或義陽太守之職的人物常見於史書。如：王敦以兄含為都督沔南軍事、荊州刺史，並以義陽太守任愔督河北諸軍事、南中郎將。〔註 229〕庾亮西鎮，請毛寶為輔國將軍、江夏相、督隋（按：「隋」又可寫作「隨」，以下文同之）義陽二郡，鎮上明。〔註 230〕咸康五年，庾亮以陶稱為監江夏隋義陽三郡軍事、南中郎將、江夏相。〔註 231〕又，謝尚轉督江夏義陽隋三郡軍事、江夏相，將軍如故。〔註 232〕桓沖從溫征伐有功，遷督荊州之南陽襄陽新野義陽順陽雍州之京兆揚州之義成七郡軍事。〔註 233〕桓溫伐蜀前（346 年），袁喬任督沔中諸戍江夏隨義陽三郡軍事、建武將軍、江夏相。〔註 234〕然《寰宇記》曰：晉元帝遷都，義陽郡「淪陷劉、石」。〔註 235〕恐誤。又，永和七年，冉魏周成、魏統、樂弘、張遇等以廩丘、許昌等諸城來降，高崇、呂護以三河之地來降，詳上文南陽郡條。義陽郡在上述諸地之南，則當復歸東晉。

綜上述，建武元年至永和七年義陽郡成為東晉和前、後趙爭奪的疆場之地。永和七年後，東晉當有義陽郡大部地區。西晉末徙治平陽縣，義熙十二年當領縣五。

1、平陽，《續漢志》、《晉志》作「平春」屬江夏郡。後割屬義陽國，詳上文義陽郡條。《宋志》云：平陽縣，「前漢無，後漢屬江夏曰平春。《晉太康地志》屬義陽，晉孝武改」。〔註 236〕又《元和志》曰：「江左省義陽縣地入平春縣，晉

〔註 228〕《通鑑》卷九十六《晉紀十八》成帝咸康五年，第 3034 頁。

〔註 229〕《晉書》卷九十八《王敦傳》，第 2560 頁。又《通鑑》卷九十二《晉紀》十四元帝永昌元年（322）亦云：以「王含都督沔南諸軍事，領荊州刺史。」第 2908 頁。

〔註 230〕《晉書》卷八十一《毛寶傳》，第 2124 頁。又《通鑑》卷九十六《晉紀十八》成帝咸康五年曰：「（以陶稱）為南中郎將、江夏相。」第 3026 頁。

〔註 231〕《晉書》卷六十九《陶侃附子稱傳》，第 1780 頁。又《通鑑》卷九十五《晉紀十七》咸和九年（334）云：庾亮西「鎮武昌」。第 2996 頁。

〔註 232〕《晉書》卷七十九《謝尚傳》，第 2070 頁。又《通鑑》卷九十六《晉紀十八》咸康六年（340）曰：庾翼「代亮鎮武昌」。第 3036 頁。

〔註 233〕《晉書》卷七十四《桓彝附子沖傳》，第 1948 頁。

〔註 234〕《晉書》卷八十三《袁瓌附子喬傳》，第 2168 頁。

〔註 235〕《寰宇記》卷之一百三十二淮南道西十信陽軍條，第 2599 頁。

〔註 236〕《宋志二》司州刺史義陽太守平陽侯相條，第 1104 頁。

孝武帝改平春為平陽。」〔註 237〕此外，《晉書・胡威傳》曰：晉武帝時，以功封胡威為平春侯。〔註 238〕當於東晉初除國，詳本節襄陽郡襄陽縣條。治今河南信陽市。

2、鄳，《續漢志》、《晉志》屬江夏郡。後度屬義陽國，詳上文義陽郡條。《宋志》亦曰：鄳縣，「二漢屬江夏，《晉太康地志》屬義陽」。〔註 239〕治今河南羅山縣西。

3、厥西，《續漢志》無，《晉志》屬義陽郡。《水經注》曰：「㵐水東南逕㵐西縣西。」〔註 240〕則「厥西」又作「㵐西」。治今湖北隨州市西北。

4、安昌，《續漢志》無，《晉志》屬義陽郡。據《晉書・潘岳附從子尼傳》載：永寧元年（301），平趙王倫，封潘尼為安昌公；「洛陽將沒」，潘尼欲還鄉里，「病卒於塢壁」。〔註 241〕當於東晉初除國，詳本節襄陽郡襄陽縣條。治今湖北棗陽市南。

5、平氏，《續漢志》屬南陽郡，《晉志》屬義陽郡。治今河南唐河縣西南。

（十）隨郡沿革

隨郡，《續漢志》、《晉志》無。《晉書・司馬洪弟隨穆王整傳》曰：晉武帝割義陽國一縣追封司馬整為隨縣王，「其子邁嗣。太康九年，以義陽之平林益邁為隨郡王」。〔註 242〕《宋志》亦云：晉武帝太康九年，「又分義陽為隨國，屬荊州」。〔註 243〕則太康九年始為王國。東晉初除國。與上述不同，《晉志》則曰：晉惠帝又分義陽立隨郡。〔註 244〕恐誤。又《晉書・苻堅傳》曰：「初，慕容暐屯鄖城，姜成等守漳口，晉隨郡太守夏侯澄攻姜成，斬之，暐棄其眾奔還。」〔註 245〕東晉當有。義熙十二年領縣二，治隨縣。

1、隨，《續漢志》屬南陽郡，《晉志》屬義陽郡。治今湖北隨州市。

2、平林，《續漢志》無，《晉志》屬義陽郡。治今湖北隨州市東北。

〔註 237〕《元和志》卷第九河南道五申州義陽縣條，第 244 頁。
〔註 238〕《晉書》卷九十《胡威傳》，第 2330 頁。
〔註 239〕《宋志二》司州刺史義陽太守鄳令條，第 1104 頁。
〔註 240〕《水經注校注》卷三十一溳水，第 735 頁。
〔註 241〕《晉書》卷二十五《潘岳附從子尼傳》，第 1515～1516 頁。
〔註 242〕《晉書》卷三十七《司馬洪弟隨穆王整傳》，第 1088 頁。
〔註 243〕《宋志三》司州刺史隨陽太守條，第 1105 頁。
〔註 244〕《晉志下》荊州刺史後序，第 458 頁。
〔註 245〕《晉書》卷一百十四《苻堅下》，第 2029 頁。

（十一）新野郡沿革

新野郡，《續漢志》、《晉志》無。《晉志》云：晉惠帝分南陽立新野郡。〔註 246〕又《元和志》曰：「晉惠帝立新野郡。」〔註 247〕又，以平趙王倫勳，封司馬歆為新野郡王，後為張昌所害，「以兄子劭為後，永嘉末沒於石勒」。〔註 248〕當除國。《水經注》云：晉咸寧二年（276），封司馬歆新野郡公。楊守敬認為咸寧二年當為永寧元年。〔註 249〕今從楊氏。則《水經注》誤。大興二年，魏該南遷新野縣，詳上文順陽郡條。咸和五年襄陽失陷，詳上文襄陽郡條。新野位於襄陽北，以地望論，當亦陷沒。咸和七年，「竟陵太守李陽拔新野、襄陽，因而戍之」。〔註 250〕太和元年，苻堅將攻南鄉，桓豁救之，師次新野；時南陽人趙弘、趙憶等據宛城反晉，「太守桓澹走保新野」。〔註 251〕則東晉當有新野大部。太元四年，襄陽、順陽二郡失陷，詳上文襄陽郡條。則新野郡亦當全失。據《晉書·苻堅傳》載：苻堅遣其子征南將軍叡，救襄陽；苻叡次新野，慕容垂次鄧城，「桓沖懼，退還上明」。〔註 252〕

綜上述，新野郡當在咸和五年失，咸和七年復，太元四年復全陷，太元九年東晉收復魯陽，詳上文順陽郡條，新野當全復。隆安二至義熙元年為後秦所佔，義熙元年後秦還新野屬東晉，詳上文南陽郡條。義熙十二年當領縣六，治新野縣。

1、新野，《續漢志》屬南陽郡，《晉志》屬義陽郡。西晉為侯國，東晉初當除國，詳本節襄陽郡襄陽縣條。又《晉書·成帝紀》曰：太康十年，封司馬歆為新野公。〔註 253〕則太康十年始為公國。當於東晉初除國，詳本節襄陽郡襄陽縣條。治今河南新野縣。

2、棘陽，《續漢志》屬南陽郡，《晉志》屬義陽郡。《高僧傳》曰：釋曇戒是東「晉外兵部棘陽令潛之弟也。居貧務學，遊心墳典」，臨川王甚知重。〔註 254〕

〔註 246〕《晉志下》荊州刺史後序，第 458 頁。
〔註 247〕《元和志》卷第二十一山南道鄧州新野縣條，第 534 頁。
〔註 248〕《晉書》卷三十八《扶風王駿附子歆傳》，第 1127 頁。
〔註 249〕《水經注疏》卷三十一淯水，第 1903 頁。
〔註 250〕《晉書》卷七《成帝紀》，第 177 頁。
〔註 251〕《晉書》卷八《海西公紀》，第 211 頁。
〔註 252〕《晉書》卷一百十四《苻堅下》，第 2916 頁。
〔註 253〕《晉書》卷三《武帝紀》，第 79 頁。
〔註 254〕〔南朝·梁〕釋慧皎撰，湯用彤校注：《高僧傳》卷第五義解二晉長沙寺釋曇戒條，中華書局 1992 年版，第 204 頁。

則東晉當有。又，永寧元年，誅義陽王司馬威，〔註 255〕復立司馬奇為棘陽王以嗣司馬望。〔註 256〕則永寧元年始為王國，當於東晉初除國，詳本節襄陽郡襄陽縣條。治今河南新野縣東北。

3、**蔡陽**，《續漢志》屬南陽郡，《晉志》屬義陽郡。治今湖北棗陽市西南。

4、**鄧**，《續漢志》屬南陽郡，《晉志》屬義陽郡。治今湖北襄樊市北。

5、**穰**，《續漢志》屬南陽郡，《晉志》屬義陽郡。治今河南鄧州市。

6、**山都**，《續漢志》屬南陽郡，《晉志》屬襄陽郡。《水經注》云：晉咸寧二年（按：當為永寧元年，詳上文新野郡條），「封大司馬扶風王少子歆為新野郡公，割南陽五屬棘陽、蔡陽、穰、鄧、山都封焉」。〔註 257〕則永寧元年度山都縣屬新野郡。又《晉書・王恂傳》曰：永平元年（291），「以討楊駿勳」，封王愷為山都縣公。〔註 258〕當於東晉初國除，詳本節襄陽郡襄陽縣條。治今湖北襄樊市西北。

（十二）建平郡沿革

建平郡，《續漢志》無，《晉志》領八縣。增置歸鄉、新鄉、南陵、永新四縣來屬，詳下文。又《晉書・元帝紀》云：永昌元年，「蜀賊張龍寇巴東，建平太守柳純擊走之」。〔註 259〕《宋書・五行志》曰：咸和五年，「李雄使李壽寇建平，建平太守楊謙奔宜都」。《晉書・成帝紀》亦云：咸和五年十月，「李雄將李壽寇巴東、建平，監軍毌丘奧、太守楊謙退歸宜陽」。〔註 260〕則咸和五年建平、巴東二郡當失。咸康五年，「庾亮遣參軍趙松擊成漢巴郡、江陽（治今四川瀘州市）」。〔註 261〕建平郡在巴郡以東，則咸康五年東晉當復建平郡。又，苻堅眾寇蜀漢，益州刺史周仲孫奔退，桓沖使毛穆之領建平太守、假節，戍巴郡；後毛穆之討伐苻堅，「至於巴西郡，以糧運乏少，退屯巴東，病卒」。〔註 262〕則前秦時，東晉仍據有建平郡。義熙十二年當領縣十四，治巫縣。

〔註 255〕《晉書》卷四《惠帝紀》，第 98 頁。
〔註 256〕《晉書》卷三十七《宗室列傳》，第 1087 頁。
〔註 257〕《水經注校注》卷三十一淯水，第 729 頁。
〔註 258〕《晉書》卷九十三《王恂附弟愷傳》，第 2412 頁。
〔註 259〕《晉書》卷六《元帝紀》，第 156 頁。
〔註 260〕《宋書》卷三十一《五行志二》，第 908 頁；《晉書》卷七《成帝紀》，第 175 頁。
〔註 261〕《晉書》卷七《成帝紀》，第 181 頁。
〔註 262〕《晉書》卷八十一《毛寶傳》，第 2125～2127 頁。

1、巫，《續漢志》屬南郡，《晉志》屬建平郡。治今重慶市巫山縣。

2、秭歸，《續漢志》屬南郡，《晉志》屬建平郡。據《晉書·袁瓌附耽傳》載：蘇峻平，封袁耽為秭歸男，拜建威將軍、歷陽太守。〔註263〕又，咸和四年，平蘇峻之亂，「封拜各有差」，袁耽當於此年授封。永初元年當除國，詳上文南郡華容縣條。治今湖北秭歸縣西北。

3、歸鄉，《續漢志》、《晉志》無。《晉書·劉弘傳》云：劉弘以仇勃為歸鄉令。〔註264〕《宋志》曰：歸鄉縣，「何志，故屬秭歸，吳分。按《太康地志》云，秭歸有歸鄉，故夔子國，楚滅之，而無歸鄉縣，何志所言非也」。〔註265〕然從上述可知，何志不誤，《宋志》恐誤。又，義熙中，論討桓玄功，追封毛璩為歸鄉公。〔註266〕義熙二年，「論匡復之功」，封劉裕為豫章郡公，「自余封賞各有差」。〔註267〕毛璩當於此年被封。則義熙二年始當為公國。治今湖北秭歸縣西。

4、北井，《續漢志》無，《晉志》屬建平郡。《宋志》云：北井縣，「《晉太康地志》有。先屬巴東，晉武帝泰始五年（269）度屬建平」。〔註268〕《宋書·符瑞志》亦曰：「太康四年七月丙辰，白虎見建平北井。」〔註269〕治今重慶市巫山縣北。

5、泰昌，《續漢志》無，《晉志》屬建平郡。治今重慶市巫山縣北。

6、沙渠，《續漢志》無，《晉志》屬建平郡。《宋志》引《晉起居注》云：太康元年立沙渠縣。又曰：「按沙渠是吳建平郡所領，吳平不應方立，不詳」。〔註270〕則太康元年當復置。治今湖北恩施市。

7、新鄉，《續漢志》、《晉志》無。《宋志》曰：「《永初郡國》有南陵、建始、信陵、興山、永新。永寧、平樂七縣，今並無。按《太康地志》無南陵、永新、永寧、平樂、新鄉五縣，疑是江左所立。」〔註271〕則東晉時當置。確址無考。

8、南陵，《續漢志》、《晉志》無。東晉時當立，詳上文新鄉縣條。又《方

〔註263〕《晉書》卷八十三《袁瓌附耽傳》，第2170頁。
〔註264〕《晉書》卷六十六《劉弘傳》，第1765頁。
〔註265〕《宋志三》荊州刺史建平太守歸鄉公相條，第1123頁。
〔註266〕《晉書》卷八十一《毛寶附孫璩傳》，第2128頁。
〔註267〕《晉書》卷十《安帝紀》，第259頁。
〔註268〕《宋志三》荊州建平太守條，第1123頁。
〔註269〕《宋書》卷二十八《符瑞志中》，第808頁。
〔註270〕《宋志三》荊州建平太守沙渠令條，第1123頁。
〔註271〕《宋志三》荊州建平太守條，第1122頁。

輿紀要》云：南陵城在縣南大江的北岸，晉南渡後置縣，屬建平郡，劉宋初廢。〔註 272〕《一統志》亦曰：東晉時置南陵縣，「屬建平郡。劉宋元嘉中（424～453 年）廢」。〔註 273〕治今重慶市巫山縣南。

9、**建始**，《續漢志》無，《晉志》屬建平郡。《宋志》曰：「吳孫休永安三年（260），分宜都立建平郡，領信陵、興山、秭歸、沙渠四縣。晉又有建平郡尉，領巫、北井、泰昌、建始四縣。」又云：「吳、晉各有建平郡。太康元年平吳，併合。五年，省建始縣，後復立。《永初郡國》有南陵、建始。」〔註 274〕則東晉當有。治今湖北建始縣。

10、**信陵**，《續漢志》無，《晉志》屬建平郡。《宋志》曰：「《永初郡國》有南陵、建始、信陵……信陵、興山、沙渠疑是吳所立。」〔註 275〕又《文選》李善注引臧榮緒《晉書》曰：「建平郡有信陵縣。」〔註 276〕則東晉當有。治今湖北秭歸縣西南。

11、**興山**，《續漢志》無，《晉志》屬建平郡。《寰宇記》云：興山縣，「本漢秭歸縣地，三國時其地屬吳。至景帝永安三年，分秭歸縣之北界，立為興山縣，屬建平郡」。〔註 277〕治今湖北興山縣北。

12、**永新**，《續漢志》、《晉志》無。東晉時當置，詳上文新鄉縣條。確址乏考。

13、**永寧**，《續漢志》、《晉志》無。東晉時當置，詳上文新鄉縣條。《方輿紀要》引《志》云：「永安城，在縣治西，或曰東晉置永寧縣，屬建平郡，劉宋初廢，即此城也。後訛為永安」。〔註 278〕從之。確址乏考，當治今重慶市巫山縣東北。

14、**平樂**，《續漢志》、《晉志》無。東晉時當置，詳上文新鄉縣條。確址乏考。

〔註 272〕《方輿紀要》卷六十九四川四夔州府巫山縣巫城條，第 3254 頁。

〔註 273〕《一統志》第二十五冊卷三百九十八夔州府二古蹟南陵廢縣條，第 19989 頁。

〔註 274〕《宋志三》荊州刺史建平太守序，第 1122 頁。

〔註 275〕《宋志三》荊州刺史建平太守序，第 1122 頁。

〔註 276〕《文選》卷十二賦《海賦》，參見〔南朝・梁〕蕭統編，〔唐〕李善注：《文選》，中華書局 1977 年版，第 184 頁。

〔註 277〕〔宋〕樂史撰：《宋本太平寰宇記》卷一百四十八山南東道歸州興山縣條（以下文簡稱《宋本寰宇記》），中華書局 2000 年版，第 280 頁（按：文中標點為筆者所加，以下文同此）。

〔註 278〕《方輿紀要》卷六十九四川四夔州府大寧縣大寧城條，第 3257 頁。

（十三）宜都郡沿革

宜都郡，《續漢志》無。《晉志》屬，領三縣。後增置宜昌縣，詳下文宜昌縣條。《晉志》曰：「蜀分南郡，立宜都郡。」〔註279〕《宋志》曰：「習鑿齒云，魏武平荊州，分南郡枝江以西為臨江郡。建安十五年（210），劉備改為宜都。」〔註280〕從之。永嘉四年（310），「流氐隗伯等襲宜都，太守嵇晞奔建業」；後甘卓乃與宜都太守譚該等十餘人，率所統致討王敦。〔註281〕則東晉仍屬。《方輿紀要》云：「漢夷道縣，屬南郡，後漢因之。……吳亦為宜都郡治。晉仍舊。」〔註282〕從之。義熙十二年當領縣四，治夷道縣。又，泰始八年（272），東吳西陵督步闡來降，封為宜都公。〔註283〕永寧元年，徙南平王司馬祥為宜都王。〔註284〕則永寧元年又升王國。東晉初當除國，詳本節襄陽郡襄陽縣條。

1、**夷道**，《續漢志》屬南郡，《晉志》屬。《晉書·孝懷紀》曰：晉孝懷時（307～321年），「宜都夷道山崩，荊湘二州地震」。〔註285〕又，義熙中，以斬桓玄功，封毛祐之為夷道縣侯。〔註286〕如上文所及，義熙二年，「論匡復之功」，毛祐之當於此時封爵。永初元年當除國，詳上文南郡華容縣條。治今湖北宜都市。

2、**佷山**，《續漢志》作「很山」屬南郡，《晉志》屬。《宋志》云：佷山縣，「前漢屬武陵，後漢屬南郡，晉武帝太康元年改為興山，後復舊」。〔註287〕又，義熙中，以軍功封到彥之為佷山子；後宋武帝受命，又進爵為侯。〔註288〕治今湖北長陽縣西。

3、**夷陵**，《續漢志》屬南郡，《晉志》屬。《華陽國志》云：永嘉二年（308），詔書錄羅尚討李特功，「進爵夷陵侯」。〔註289〕東晉初當除國，詳本節襄陽郡

〔註279〕《晉志下》荊州序，第454頁。

〔註280〕《宋志三》荊州刺史宜都太守條，第1119頁。

〔註281〕《晉書》卷五《孝懷帝紀》，第121頁；《晉書》卷七十《甘卓傳》，第1863～1865頁。

〔註282〕《方輿紀要》卷六十八湖廣四夷陵州宜都縣條，第3685頁。

〔註283〕《晉書》卷三《武帝紀》，第62頁。

〔註284〕《晉書》卷四《惠帝紀》，第98頁。

〔註285〕《晉書》卷五《孝懷紀》，第119頁。

〔註286〕《晉書》卷八十一《毛寶傳》，第2128頁。

〔註287〕《宋志三》荊州刺史宜都太守條，第1119頁。

〔註288〕《南史》卷二十五《到彥之傳》，第674頁。

〔註289〕〔晉〕常璩著，任乃強校注：《華陽國志校補圖注》卷八《大同志》，上海古籍出版社1987年版，第471頁。

襄陽縣條。治今湖北宜昌市西南。

4、**宜昌**，《續漢志》、《晉志》無。《宋志》曰：宜昌縣，「何志云晉武帝立宜昌。按《太康》、《永寧地志》並無，疑是此後所立」。〔註 290〕從之。又《方輿紀要》引《志》云：「宜昌廢城，在縣東，晉末置，屬宜都郡。宋、齊因之。梁改為宜都縣。」〔註 291〕《東晉疆域志》卷二荊州宜都郡條無宜昌縣，恐誤。治今湖北宜昌市西北。

（十四）武陵郡沿革

武陵郡，《續漢志》屬，領縣十二。《晉志》屬，領縣十。又，晉惠帝時，改封司馬澹為武陵王，其子哀王司馬喆立，無子；晉元帝立子晞為武陵王，「以封澹祀」；〔註 292〕司馬晞於大興元年被封。〔註 293〕後，咸安元年（371），桓溫奏廢武陵王晞及子綜；〔註 294〕太元十二年，復新寧王司馬遵為武陵王。〔註 295〕綜上述，建興四年始為王國，太和六年當除國為郡，太元十二年復置王國。義熙十二年當領縣十，治臨沅縣。

1、**臨沅**，《續漢志》、《晉志》屬。《宋書・符瑞志》曰：隆安三年（399），「武陵臨沅獻安石榴，一蔕六實」。〔註 296〕又，劉裕伐南燕，孟龍符眾寡不敵，遂見害，追封為臨沅縣男〔註 297〕。義熙五年（409），劉裕伐南燕。則男國當於此年後置。治今湖南常德市。

2、**龍陽**，《續漢志》無，《晉志》屬。《宋志》云：龍陽縣，「《晉太康地理志》、《何志》吳立」。〔註 298〕又，咸康元年，「荊州之長沙攸、醴陵，武陵之龍陽，三縣雨水」。〔註 299〕則東晉當有。治今湖南漢壽縣。

3、**漢壽**，《續漢志》、《晉志》屬。《宋書・王鎮惡傳》曰：「以討劉毅功」，封王鎮惡為漢壽縣子；後，劉裕受命，又追封為龍陽縣侯。〔註 300〕義熙八

〔註 290〕《宋志三》荊州宜都太守條，第 1120 頁。
〔註 291〕《方輿紀要》卷六十九湖廣四夷陵州宜都縣夷道城條，第 3685 頁。
〔註 292〕《晉書》卷三十八《武陵王澹傳》，第 1123 頁。
〔註 293〕《晉書》卷六《元帝紀》，第 150 頁。
〔註 294〕《晉書》卷九《簡文帝紀》，第 220 頁。
〔註 295〕《晉書》卷九在《孝武帝紀》，第 236 頁。
〔註 296〕《宋書》卷二十九《符瑞志下》，第 836 頁。
〔註 297〕《宋書》卷四十七《孟懷玉附弟龍符傳》，第 1408 頁。
〔註 298〕《宋志三》郢州刺史武陵太守龍陽侯相條，第 1126 頁。
〔註 299〕《晉書》卷二十七《五行志上》，第 822 頁。
〔註 300〕《宋書》卷四十五《王鎮惡傳》，第 1368～1371 頁。

年討伐劉毅，子國當於此年後置。永初元年當還為縣。治今湖南常德市東北。

4、**沅南**，《續漢志》、《晉志》屬。治今湖南桃源縣東。

5、**遷陵**，《續漢志》、《晉志》屬。據《晉書・毛寶附毛德祖傳》載：義熙十一年（415），「伐司馬休之」，賜毛德祖爵為遷陵縣侯。〔註 301〕又，永初元年，賜毛德祖爵為觀陽縣伯，詳下章湘州零陵郡觀陽縣條。則義熙十一年至永初元年為侯國。治今湖南保靖縣東北。

6、**舞陽**，《續漢志》無，《晉志》屬。《宋志》云：舞陽縣，「前漢作無陽，後漢無，《晉太康地志》有」。〔註 302〕《水經注疏》卷三十七沅水引《箋》曰：「《漢志》武陵郡有無陽縣，後漢廢省，……（楊）守敬按：晉復置，仍屬武陵郡。至義熙中徙。」又卷三十七浪水云：「水出無陽縣，縣，故鐔成也。晉義熙中，改從今名。（楊）守敬按：……此云『義熙中』，改鐔城曰『無陽』，蓋是時廢『鐔成』，移置縣東北。」〔註 303〕《元和志》亦云：「漢鐔城縣之地，晉安帝省。」〔註 304〕又《東晉疆域志》曰：義熙中鐔城併入舞陽，並徙舞陽於鐔城故地。〔註 305〕從之。治今湖南保靖縣南。

7、**酉陽**〔註 306〕，《續漢志》、《晉志》屬。治今湖南永順縣東南。

8、**黚陽**，《續漢志》無，《晉志》屬。《宋志》曰：二漢無黚陽縣，「《晉太康地志》有」。〔註 307〕又《水經注疏》卷三十六延江水云：「酉水北岸有黚陽。（楊）守敬按：吳分酉陽置縣屬武陵郡，……晉、宋、齊、梁因。在今龍山縣境。」〔註 308〕從之。治今湖南龍山縣南。

9、**沅陵**，《續漢志》、《晉志》屬。治今湖南沅陵縣西南。

10、**辰陽**，《續漢志》屬，《晉志》無。《水經注疏》卷三十七沅水曰：「沅水又東，逕辰陽縣南，……（熊）會貞按：漢舊縣，屬武陵郡。後漢、吳、晉

〔註 301〕《晉書》卷八十一《毛寶附德祖傳》，第 2129 頁。

〔註 302〕《宋志三》荊州刺史武陵太守漢壽伯相舞陽令條，第 1126 頁。

〔註 303〕《水經注疏》，第 2245 頁、第 2256 頁。

〔註 304〕《元和志》卷第三十江南道六敘州朗溪縣條，第 751 頁。

〔註 305〕《東晉疆域志》卷二荊州武陵郡條，第 3614 頁。

〔註 306〕張春龍認為：「（『酉陽丞印』封泥）說明酉陽縣在秦朝就已存在。」氏著《湘西里耶秦簡「復活」秦國歷史》，載《中國國家地理雜誌》2002 年第 9 期。

〔註 307〕《宋志三》荊州刺史武陵太守條，第 1126 頁。

〔註 308〕《水經注疏》，第 2173 頁。

(《志》脫)、宋、齊、梁同。」〔註309〕《中國歷史地圖集》亦有辰陽。〔註310〕《經典釋文》卷第一序錄有：王愆期為東晉散騎常侍、辰陽伯。〔註311〕又《晉書·成帝紀》載：咸和三年，晉遣都督王愆期等人為前鋒，抵禦蘇峻。〔註312〕推測當在咸和四年平蘇峻後，封王愆期為辰陽伯。與之不同，《輿地廣記》則云：「二漢時辰陽縣屬武陵郡，晉省之。」〔註313〕《記纂淵海》亦曰：「辰溪，本漢武陵郡辰陽縣，晉省之。」〔註314〕《東晉疆域志》卷二荊州武陵郡條也無辰陽縣。皆誤。治今辰溪縣西南。

（十五）天門郡沿革

天門郡，《續漢志》無；《晉志》屬，領縣五。《晉志》有充縣。與此不同，胡運宏、胡阿祥則認為：「《水經注・澧水注》：『充縣廢省，臨澧縣即其地，臨澧縣之故治臨側澧水，即為縣名，晉太康四年置。』又《宋志》荊州刺史天門太守：『充縣有松梁山，……充縣後省。』其下臨澧令：『晉武帝太康四年立。』是太康四年，於廢充縣（充縣或於此時，或於以前廢省）地置臨澧縣，故充縣，臨澧二縣不得共存。今《晉志》充、臨澧二縣並列，誤。」〔註315〕又《宋本寰宇記》曰：「晉省充縣，立臨澧縣。」〔註316〕從之。《晉志》曰：「孫休分武陵立天門郡。」〔註317〕《宋志》亦云：天門郡，「吳孫休永安六年（263），分武陵立」。〔註318〕又《宋書・檀道濟傳》曰：「盧循寇逆，群盜互起，郭奇生等聚作唐，以（檀）道濟為揚武將軍、天門太守討平之。」〔註319〕東晉仍領縣五，治澧陽縣。

1、澧陽，《續漢志》無，《晉志》屬。《宋志》曰：晉武帝太康四年立澧陽縣。〔註320〕《水經注》亦云：「澧水又東，逕澧陽縣南，晉太康四年，立天門

〔註309〕《水經注疏》，第2246～2247頁。
〔註310〕《中國歷史地圖集》第三冊西晉圖組，第53～54頁。
〔註311〕〔唐〕陸德明撰：《經典釋文》，黃焯斷句，中華書局1983年版，第14頁。
〔註312〕《晉書》卷六《成帝紀》，第172頁。
〔註313〕《輿地廣記》卷二十八荊湖北路下下辰州下辰溪縣條，第811頁。
〔註314〕《記纂淵海》卷十四荊湖北路辰州縣沿革辰溪條，第341頁。
〔註315〕《中華本〈晉書・地理志〉考異》，第515頁。
〔註316〕《宋本寰宇記》卷第一百一十八江南西道十六澧州澧陽縣條，第219頁。
〔註317〕《晉志下》荊州序，第454頁。
〔註318〕《宋志三》荊州刺史條，第1119頁。
〔註319〕《宋書》卷四十三《檀道濟傳》，第1341頁。
〔註320〕《宋志三》荊州刺史天門太守條，第1119頁。

郡治也。」〔註 321〕治今湖南石門縣。

2、臨澧，《續漢志》無，《晉志》屬。《宋志》曰：晉武帝太康四年立臨澧縣。〔註 322〕《輿地廣記》亦云：「晉太康四年置，屬天門郡。」〔註 323〕又《宋書》卷四十五《王鎮惡傳》曰：「廣固之役，或薦（王）鎮惡於劉裕，時鎮惡為天門臨澧令，即遣召之。」〔註 324〕則東晉仍屬。治今湖南桑植縣。

3、零陽，《續漢志》屬武陵郡，《晉志》屬天門郡。治今湖北慈利縣東北。

4、漊中，《續漢志》無，《晉志》屬。《宋志》曰：二漢無漊中縣，「《晉太康地志》有，疑是吳立」。〔註 325〕又《水經注疏》云：「（澧水）東逕天門郡婁中縣北。……（熊）會貞按：吳因，置漊中縣，屬天門郡。」〔註 326〕孔祥軍認為，漊中縣當置於永安六年前置。〔註 327〕從之。治今湖北慈利縣西。

5、漊陽，《續漢志》、《晉志》無。《水經注疏》曰：「（澧水）東逕漊陽縣南。晉太康中置。（楊）守敬按：《晉志》脫『漊陽縣』，畢氏《補正》亦不載。《宋志》無此縣。蓋晉置，後省。」〔註 328〕《東晉疆域志》卷二荊州天門郡條有漊陽縣。從之。治今湖北石門縣西北。

（十六）巴東郡沿革

巴東郡，《續漢志》無。《晉志》屬梁州，領縣三。又，《晉志》漏列漢平縣，詳下文漢平縣條。《華陽國志》云：「漢獻帝初平六年（195），劉璋以朐忍至魚復為固陵郡，巴遂分矣。建安六年（201），……以固陵郡為巴東郡。」〔註 329〕後劉備入益州，改巴東郡為江關都尉。建安二十一年（216），劉備以朐忍、魚復、北井等六縣為固陵郡。章武元年（221），「先主聽復為巴東郡」。〔註 330〕則建安六年當置巴東郡，後省，章武元年復力。《晉志》與《宋志》皆

〔註 321〕《水經注校注》卷三十七澧水，第 867 頁。

〔註 322〕《宋志三》荊州刺史天門太守條，第 1119 頁。

〔註 323〕《輿地廣記》卷二十七荊湖北路上上澧州望澧陽縣條，第 787 頁。

〔註 324〕《宋書》卷四十五《王鎮惡傳》，第 1366 頁。

〔註 325〕《宋志三》荊州刺史天門太守條，第 1119 頁。

〔註 326〕《水經注疏》卷三十七澧水，第 2240 頁。

〔註 327〕《三國政區地理研究》，第 214 頁。

〔註 328〕《水經注疏》卷三十七澧水，第 2240～2241 頁。

〔註 329〕任乃強認為：「舊本皆作『初平元年』。劉昭《郡國志》注引譙周《巴記》作『初平六年』。茲據改。」《華陽國志校補圖注》卷一《巴志》，第 26 頁。從之。

〔註 330〕〔晉〕常璩撰，劉琳校注：《華陽國志校注》卷一《巴志》，巴蜀書社 1984 年版，第 71 頁。

云：「建安六年，劉璋改永寧為巴東郡。」〔註331〕恐誤。又，永昌元年五月，「蜀賊張龍寇巴東，建平太守柳純擊走之」。〔註332〕咸和五年，巴東郡陷於成漢。咸康五年，東晉收復建平、巴東二郡，詳上文建平郡條。旋，巴東又陷沒，如《晉書‧成帝紀》曰：咸康五年十二月，李「壽將李奕寇巴東，守將勞揚戰敗，死之」。〔註333〕又建元元年，「益州刺史周撫、西陽太守曹據討伐李壽，敗其將李恒於江陽（治今四川瀘州市）。」〔註334〕則巴東郡淪為東晉與成漢政權相爭奪的疆埸之地。又，永和三年，桓溫攻成都，「李勢降，益州平」。〔註335〕東晉再復巴東郡。《渚宮舊事》亦云：「太元元年，桓凱為巴東太守，家在江陵。」〔註336〕《晉志》云：以益州之巴東度屬荊州。《宋志》亦曰：「晉穆帝永和初平蜀，度（巴東）屬荊州。」〔註337〕如前文所及，當於永和三年度屬。後，義熙六年（410）十一月，譙縱再陷巴東郡。義熙九年，朱齡石平益州，〔註338〕復巴東郡。

綜上述，咸和五年巴東郡陷沒，永和三年復，義熙六年再失，義熙九年再復。義熙十二年當領縣四，治魚復縣。

1、魚復，《續漢志》屬巴郡，《晉志》屬。《宋志》曰：魚復，「漢舊縣，屬巴郡，劉備章武二年（222），改為永安縣，晉武帝太康元年復舊」。〔註339〕《華陽國志》則曰：魚復，「章武二年改曰永安，曹魏咸熙初（264～265年）復置」。〔註340〕不知孰是，暫兩存之。治今重慶市奉節縣東。

2、朐䏰，《續漢志》作「朐忍」，屬巴郡；《晉志》屬。治今重慶市雲陽縣西。

3、南浦，《續漢志》屬巴郡，《晉志》屬。《宋志》云：「南浦令，劉禪建興八年（230）十月，益州牧閻宇表改羊渠立。羊渠不詳，何志吳立。」〔註341〕

〔註331〕《晉志上》梁州序，第436頁；《宋志三》荊州刺史巴東公相條，第1120頁。
〔註332〕《晉書》卷六《元帝紀》，第156頁。
〔註333〕《晉書》卷七《成帝紀》，第182頁。
〔註334〕《晉書》卷七《康帝紀》，第185頁。
〔註335〕《晉書》卷八《穆帝紀》，第193頁。
〔註336〕〔唐〕余知古：《渚宮舊事》卷五，《叢書集成初編》本，王雲五主編，商務印書館1939年版，第58頁。
〔註337〕《晉志下》荊州後序，第458頁；《宋志三》荊州刺史巴東公相條，第1120頁。
〔註338〕《晉書》卷十《安帝紀》，第262頁、第264頁。
〔註339〕《宋志三》荊州刺史巴東公相條，第1120頁。
〔註340〕《華陽國志校注》卷一《巴志》巴東郡條，第77頁。
〔註341〕《宋志三》荊州刺史巴東公相條，第1120頁。

又《華陽國志》曰：「羊渠縣，漢末置，平吳後省入南浦。」〔註342〕則建興八年分羊渠置南浦，太康元年省羊渠並於南浦。治今重慶市萬州區東。

4、漢豐，《續漢志》、《晉志》無。《華陽國志》云：建安二十一年置漢豐縣。〔註343〕《宋志》曰：「《太康地志》巴東有漢昌縣，疑是（漢豐）。」〔註344〕胡運宏、胡阿祥亦認為，《晉志》梁州巴東郡下缺漢豐縣。〔註345〕從之。《水經注疏》亦云：「（江水）東南流，逕漢豐縣東，（楊）守敬按：蜀先主置縣，屬固陵郡，後屬巴東郡，晉、宋、齊、梁因之。」〔註346〕《東晉疆域志》卷二荊州巴東郡條亦有漢豐縣。治今重慶市開縣南。

（十七）臨賀郡沿革

臨賀郡，《續漢志》無。《晉志》屬廣州，領縣六。東晉末，度蒼梧郡寧新縣來屬，詳下文寧新縣條。《晉志》曰：孫權分蒼梧立臨賀郡。〔註347〕咸和四年，度臨賀郡屬荊州，詳本節荊州條。《晉書・穆帝紀》曰：永和四年（348）八月，封桓溫為臨賀郡公。〔註348〕又《晉書・桓溫傳》載：升平中（357～361年），桓溫改封為南郡公，「降臨賀為縣公，以封其次子濟」。〔註349〕與之相反，《晉書・穆帝紀》則曰：升平四年，以桓溫子濟為臨賀郡公。〔註350〕此條恐誤，今從《晉書・桓溫傳》。則永和四年為公國，升平四年當除國為郡。義熙十二年當領縣七，治臨賀縣。

1、臨賀，《續漢志》屬交州蒼梧郡，《晉志》屬。升平五年始為公國。元興三年（404）桓玄篡晉被誅，當削桓氏爵位。〔註351〕當除國。治今廣州賀州市東南。

2、馮乘，《續漢志》屬交州蒼梧郡，《晉志》屬。治今湖南江華縣西南。

3、富川，《續漢志》屬交州蒼梧郡，《晉志》屬。治今廣西鍾山縣。

4、封陽，《續漢志》屬交州蒼梧郡，《晉志》屬。治今廣西賀州市東南。

〔註342〕《華陽國志校補圖注》卷一《巴志》巴東郡，第37頁。
〔註343〕《華陽國志校注》卷一《巴志》巴東郡，第81頁。
〔註344〕《宋志三》荊州刺史巴東公相漢豐令條，第1120頁。
〔註345〕《中華本〈晉書・地理志〉考異》，第514頁。
〔註346〕《水經注疏》卷三十三江水一，第2036頁。
〔註347〕《晉志下》荊州序，第454頁。
〔註348〕《晉書》卷八《穆帝紀》，第194頁。
〔註349〕《晉書》卷九十八《桓溫傳》，第2572頁
〔註350〕《晉書》卷八《穆帝紀》，第204頁。
〔註351〕《晉書》卷十《安帝紀》，第256頁。

5、興安，《續漢志》無此縣，《晉志》屬。孔祥軍認為：「似東吳分臨賀縣置建興縣，而始置確年乏考，入晉後改為興安縣，隋開皇十八年改名桂嶺。」〔註352〕從之。治今廣西賀州市東北。

6、謝沐，《續漢志》屬交州蒼梧郡，《晉志》屬。治今湖南江永縣西南。

7、寧新，《續漢志》、《晉志》無。《宋志》屬臨賀郡。《宋志》曰：寧新縣，「二漢無，當是吳所立，名新寧，屬蒼梧」，晉武帝太康元年乃改新寧曰寧新；又云：「《永初郡國》屬蒼梧郡，《徐志》無。」〔註353〕當於東晉末度屬臨賀郡。《東晉疆域志》卷二臨賀郡條無。恐誤。又《宋書‧沈演之傳》曰：義熙中，「以平蜀全涪之功」，封沈叔任為寧新縣男。〔註354〕確址乏考。

（十八）始興郡沿革

始興郡，《續漢志》無。《晉志》屬廣州，領縣七。《晉志》云：孫皓分桂陽置始興郡。〔註355〕《宋志》曰：「吳孫皓甘露元年（265），分桂陽南部都尉，立為始興郡。」〔註356〕咸和四年度始興郡屬荊州，詳本節荊州條。又，太寧二年，封司徒王導為始興郡公〔註357〕；永初元年，詔曰：「可降始興公封始興縣公，……以奉晉故丞相王導」。〔註358〕則太寧二年至永初元年為公國。東晉仍領縣七，治曲江縣。

1、曲江，《續漢志》屬桂陽郡，《晉志》屬。治今廣東韶關市西南。

2、桂陽，《續漢志》屬桂陽郡，《晉志》屬。《宋書‧武帝紀》曰：義熙九年，封劉裕次子義真為桂陽縣公；永初三年（422），改封為廬陵王。〔註359〕則義熙九年至永初三年為公國。治今廣東連江市。

3、湞陽，《續漢志》屬桂陽郡，《晉志》屬。治今廣東英德市東南。

4、含洭，《續漢志》屬桂陽郡，《晉志》屬。治今廣東英德是西北。

5、始興，《續漢志》無，《晉志》屬。《宋志》云：吳立始興縣。〔註360〕

〔註352〕《三國政區地理研究》，第227頁。

〔註353〕《宋志三》湘州刺史臨慶內史條，第1134頁；《宋志四》廣州刺史蒼梧太守條，第1190頁。

〔註354〕《宋書》卷六十三《沈演之傳》，第1684頁。

〔註355〕《晉志下》荊州序，第454頁。

〔註356〕《宋志三》湘州刺史廣興公相條，第1133頁。

〔註357〕《晉書》卷六《明帝紀》，第162頁。

〔註358〕《宋書》卷三《武帝紀下》，第53頁。

〔註359〕《宋書》卷二《武帝紀中》，第31頁；《宋書》卷三《武帝紀下》，第53頁。

〔註360〕《宋志三》湘州刺史廣興公相條，第1134頁。

治今廣東曲江縣東北。

6、中宿，《續漢志》屬交州南海郡，《晉志》屬。《宋書・符瑞志》曰：「太康七年（286）六月，木連理生始興中宿，南陽築陽。」〔註361〕治今廣東清遠市西北。

7、陽山，《續漢志》無，《晉志》屬。《舊唐志・地理志》云：「陽山，漢縣，屬桂陽郡。後漢省。晉平吳，分浛洭縣復置。」〔註362〕《元和志》亦云：後漢省陽山縣，晉又重置。〔註363〕與上述所載不同，《水經注》則云：陽山縣，「故含洭縣之桃鄉，孫皓分立為縣也」。〔註364〕不知孰是，暫兩存之。又，義熙中，封胡藩為陽山縣男。〔註365〕治今廣州陽山縣南。

（十九）始安郡沿革

始安郡，《續漢志》無；《晉志》屬廣州，領縣七。如《晉志》云：孫皓分零陵立始安郡。〔註366〕《宋志》曰：「吳孫皓甘露元年，分零陵南部都尉立始安郡，屬廣州。」〔註367〕咸和四年度始安郡屬荊州，詳本節荊州條。《東晉疆域志》卷二荊州始安郡條有始陽縣，然《宋志》三湘州刺史始建內史條無，當於東晉末省。此外，據《晉書・成帝紀》載：咸和四年，封溫嶠為始安郡公。〔註368〕又《南京北郊東晉溫嶠墓》誌文曰：「（溫嶠）祖濟南太守恭……使持節侍中大將軍始安忠武公」并州太原祁縣都鄉仁義里溫嶠」字泰真……息女光。」〔註369〕永初元年，降「始安公封荔浦縣侯」，以奉大將軍溫嶠。〔註370〕則咸和四年至永初元年為公國。義熙十二年當領縣五，治始安縣。

1、始安，《續漢志》屬零陵郡，《晉志》屬。治今廣西桂林市。

2、熙平，《續漢志》無，《晉志》屬。《水經注》曰：熙平縣，「本始安之

〔註361〕《宋書》卷二十九《符瑞志下》，第855頁。

〔註362〕〔後晉〕劉昫等撰：《舊唐書》卷四十《地理志三》江南道七江南西道潭州中都督府連州條（以下文簡稱《舊唐志》），中華書局1975年版，第1619頁。

〔註363〕《元和志》卷第二十九江南道五連州陽山縣條，第712頁。

〔註364〕《水經注校注》卷三十九洭水，第912頁。

〔註365〕《宋書》卷五十《胡藩傳》，第1445頁。

〔註366〕《晉志下》荊州序，第454頁。

〔註367〕《宋志三》湘州刺史始建內史條，第1135頁。

〔註368〕《晉書》卷七《成帝紀》，第174頁。

〔註369〕南京市博物館：《南京北郊東晉溫嶠墓》，載《文物》2002年第7期。

〔註370〕《宋書》卷三《武帝紀下》，第53頁。

扶鄉也，孫皓割以為縣」。〔註 371〕治今廣西陽朔縣東北。

3、**永豐**，《續漢志》無，《晉志》屬。《宋志》云：吳立永豐縣。〔註 372〕治今廣西荔浦西北。

4、**荔浦**，《續漢志》屬蒼梧郡，《晉志》屬。治今廣西荔浦西。

5、**平樂**，《續漢志》無，《晉志》屬。《宋志》曰：吳立平樂縣。〔註 373〕治今廣西平樂縣東北。

（二十）長沙郡沿革

長沙郡，《續漢志》屬，領縣十三；《晉志》屬，領縣十。又，晉安帝隆安五年十一月，白鹿見長沙，荊州刺史桓玄以聞。〔註 374〕則東晉仍屬。太康十年，立皇子司馬乂為長沙王；永平元年，徙為常山王；永寧元年，復為長沙王；太安二年（303）十一月，為張方所害。〔註 375〕當除國。永嘉二年，復立長沙王司馬乂之子碩為長沙王。〔註 376〕東晉初當除國，詳本節襄陽郡襄陽縣條。咸和四年，封陶侃長沙郡公；永初元年，劉宋受禪。〔註 377〕當還為郡。則咸和四年至永初元年為公國。東晉仍領縣十，治所臨湘縣。

1、**臨湘**，《續漢志》、《晉志》屬。如《宋書・符瑞志》云：「咸和九年（334）八月已未，白鹿見長沙臨湘。」〔註 378〕則東晉仍屬。《晉書・紀瞻傳》曰：「以討陳敏功」，封紀瞻為臨湘縣侯；晉明帝時，「論討王含之功」，又追封紀瞻為華容子。〔註 379〕太寧二年當還為縣，詳本節南郡華容縣條。《晉書・車胤傳》云：車胤進爵為臨湘侯。〔註 380〕永初元年當除國，詳本節南郡華容縣條。治今湖南長沙市。

2、**醴陵**，《續漢志》、《晉志》屬。《宋書・五行志》載：「晉成帝咸康元年

〔註 371〕《水經注校證》卷三十八漓水，第 899 頁。
〔註 372〕《宋志三》湘州刺史始建內史條，第 1135 頁。
〔註 373〕《宋志三》湘州刺史始建內史條，第 1135 頁。
〔註 374〕《宋書》卷二十八《符瑞志中》，第 804 頁。
〔註 375〕《晉書》卷三《武帝紀》，第 79 頁；《晉書》卷四《惠帝紀》，第 91 頁、第 98 頁、第 101 頁。
〔註 376〕《晉書》卷五《孝懷帝紀》，第 118 頁。
〔註 377〕《晉書》卷七《成帝紀》，第 174 頁；《晉書》卷六十六《陶侃傳》，第 1780 頁。
〔註 378〕《宋書》卷二十八《符瑞志中》，第 804 頁。
〔註 379〕《晉書》卷六十八《紀瞻傳》，第 1820～1823 頁。
〔註 380〕《晉書》卷八十三《車胤傳》，第 2178 頁。

八月乙丑，荊州之長沙攸、醴陵、……三縣，雨水浮漂屋室，殺人，傷損秋稼。」〔註 381〕則東晉仍屬。治今湖南灃陵縣。

3、瀏陽，《續漢志》無，《晉志》作「劉陽」屬。《輿地廣記》云：瀏陽，「本漢臨湘縣地，吳置瀏陽縣，屬長沙郡，晉、宋因之，後省」。〔註 382〕又《晉書·易雄傳》載：「易雄字興長，長沙瀏陽人也。」〔註 383〕治今湖南瀏陽市東北。

4、吳昌，《續漢志》無此縣，《晉志》屬。《宋志》云：吳昌，「後漢立曰漢昌，吳更名」。〔註 384〕又《晉書·孫盛傳》曰：孫盛從桓溫入關平洛，以功進封為吳昌縣侯。〔註 385〕永和十二年（356），東晉收復洛陽，孫盛當於此時封爵。永初元年當除國，詳上文南郡華容縣條。治今湖南平江縣西南。

5、羅，《續漢志》、《晉志》屬。治今湖南汨羅市北。

6、攸，《續漢志》、《晉志》屬。治今湖南攸縣東北。

7、建寧，《續漢志》無，《晉志》屬。《宋志》云：吳立建寧縣。〔註 386〕孫健梅以為，建寧縣為孫權所置。〔註 387〕從之。又，太寧二年，論平王敦功，封溫嶠為建寧縣公；〔註 388〕咸和四年，又進封始安公，詳本節始安郡條。則公國當除為縣。治今湖南株洲縣南。

8、下雋，《續漢志》、《晉志》屬。治今湖北通城縣西北。

9、蒲圻，《續漢志》無，《晉志》作「蒲沂」屬。《宋志》曰：太康元年，晉武帝立蒲圻縣。〔註 389〕治今湖北嘉魚縣西。

10、巴陵，《續漢志》、《晉志》屬。《宋志》云：巴陵，「晉武帝太康元年立，屬長沙。本領度支校尉，立郡省」。〔註 390〕治今湖南省岳陽市。

（二十一）衡陽郡沿革

衡陽郡，《續漢志》無；《晉志》屬，領縣九。《晉志》曰：吳孫權分長沙

〔註 381〕《宋書》卷三十《五行志一》，第 885 頁。
〔註 382〕《輿地廣記》卷二十六荊湖南路上潭州中瀏陽縣條，第 748 頁。
〔註 383〕《晉書》卷八十九《易雄傳》，第 2314 頁。
〔註 384〕《宋志三》湘州刺史長沙內史條，第 1129 頁。
〔註 385〕《晉書》卷八十二《孫盛傳》，第 2148 頁。
〔註 386〕《宋志三》湘州刺史長沙內史條，第 1129 頁。
〔註 387〕《孫吳政區地理研究》，第 191 頁。
〔註 388〕《晉書》卷六《明帝紀》，第 162 頁。
〔註 389〕《宋志三》郢州刺史江夏太守條，第 1125 頁。
〔註 390〕《宋志三》郢州刺史巴陵太守條，第 1126 頁。

立衡陽郡。〔註 391〕又《宋志》云：吳孫亮太平二年（257），分長沙西部都尉立衡陽郡。〔註 392〕此外，《東晉疆域志》卷二荊州衡陽郡條有烝陽縣。然《方輿紀要》載：承陽城，「後漢曰烝陽，屬零陵郡。三國吳改屬衡陽郡，晉因之，太元中省」。〔註 393〕則孝武帝太元年間（376～396 年），當省烝陽。《東晉疆域志》不考其沿革。恐誤。則太元二十一年當領縣八，治湘南縣。〔註 394〕

1、**湘南**，《續漢志》屬長沙郡，《晉志》屬。《晉書·明帝紀》曰：太寧二年，論平王敦功，封「建武將軍趙胤為湘南縣侯」。〔註 395〕永初元年當除國，詳本節南郡華容縣條。治今湖南株洲縣西南。

2、**湘西**，《續漢志》無，《晉志》屬衡陽郡。《宋志》曰：吳立湘西縣。〔註 396〕又，永和三年，袁喬從桓溫平蜀，受封為湘西伯。〔註 397〕永初元年當除國，詳本節南郡華容縣條。治今湖南株洲縣西南。

3、**益陽**，《續漢志》屬長沙郡，《晉志》屬。《晉書·明帝紀》曰：太寧二年，以平王敦功，封「右將軍卞敦益陽縣侯」。〔註 398〕永初元年當除國，詳本節南郡華容縣條。治今湖南益陽市。

4、**湘鄉**，《續漢志》屬零陵郡，《晉志》屬。《元和志》云：「後漢立湘鄉縣，屬零陵郡。自吳至陳並屬衡陽郡。」〔註 399〕從之。治今湖南湘鄉市。

5、**新康**，《續漢志》無，《晉志》屬，《宋志》曰：吳曰新陽，晉武帝太康元年更名為新康。〔註 400〕此外，咸和四年，平蘇峻之亂後，封陸曄次子嘏為新康子。〔註 401〕永初元年當除國，詳上文南郡華容縣條。又，義熙十一年，追封劉虔之為新康縣男。〔註 402〕則義熙十一年始為男國。治今湖南寧鄉縣西南。

〔註 391〕《晉志下》荊州序，第 454 頁。
〔註 392〕《宋志三》湘州刺史條，第 1130 頁。
〔註 393〕《方輿紀要》卷八十湖廣六衡州府衡陽縣條，第 3781 頁。
〔註 394〕孔祥軍據《永樂大典》所鈔《水經注》所載認為，吳時衡陽郡治所為湘南縣，至宋元嘉徙治湘西縣（《三國政區地理研究》），第 218 頁。從之。
〔註 395〕《晉書》卷六《明帝紀》，第 162 頁。
〔註 396〕《宋志三》湘州刺史衡陽內史條，第 1130 頁。
〔註 397〕《晉書》卷八十三《袁喬傳》，第 2169 頁；《晉書》卷八《穆帝紀》，第 193 頁。
〔註 398〕《晉書》卷六《明帝紀》，第 162 頁。
〔註 399〕《元和志》江南道五潭州湘鄉縣條，第 703～704 頁。
〔註 400〕《宋志三》湘州刺史衡陽內史條，第 1130 頁。
〔註 401〕《晉書》卷七十七《陸曄傳》，第 2024 頁。
〔註 402〕《宋書》卷五十《劉康祖傳》，第 1446 頁。

6、**重安**，《續漢志》屬零陵郡，《晉志》屬。《宋志》云：「前漢曰鍾武，後漢順帝永建三年更名『為重安』，屬零陵郡。」〔註 403〕又，《華陽國志》曰：東晉明、成帝時，李陽為雍州刺史、南中郎將、重安開國侯。〔註 404〕永初元年當除國，詳本節南郡華容縣條。治今湖南衡陽縣北。

7、**衡山**，《續漢志》無，《晉志》屬，《宋志》曰：吳立曰衡陽，晉惠帝更名為衡山。〔註 405〕《元和志》亦云：「吳分立衡陽縣，晉惠帝更名衡山，歷代並屬衡陽郡，隋改屬潭州。」〔註 406〕治今湖南衡山縣南。

8、**連道**，《續漢志》屬長沙郡，《晉志》屬。湖南雙峰縣西北。

（二十二）湘東郡沿革

湘東郡，《續漢志》無，《晉志》屬領縣七。《晉志》曰：孫權分長沙立衡陽、湘東二郡。〔註 407〕又《宋志》云：「吳孫亮太平二年，分長沙東部都尉立」湘東郡；「晉世（郡領）七縣，孝武太元二十年（395），省酃、利陽、新平縣」。〔註 408〕此外，《嘉靖重修一統志》（以下文簡稱《一統志》）曰：「晉初湘東郡治酃縣。太元時移郡治於臨烝，故省酃縣入之。」〔註 409〕從之。則太元二十年當領縣四，治臨烝縣。

1、**臨烝**，《續漢志》無，《晉志》屬湘東郡，《宋志》云：臨烝縣，「吳屬衡陽，《晉太康地記》屬湘東」。〔註 410〕西晉初當度屬。《水經注》曰：耒水北逕酃縣東。縣有酃湖，「湖邊尚有酃縣故治，西北去臨承縣（按：即臨烝縣）十五里」。〔註 411〕又《紀纂淵海》曰：「吳置湘東郡及臨烝縣，晉省酃入臨烝縣。」〔註 412〕則太元二十年，省併酃縣於臨烝縣。治今湖南衡陽市。

2、**新寧**，《續漢志》無，《晉志》屬。《宋志》云：吳立新寧縣。〔註 413〕

〔註 403〕《宋志三》湘州刺史衡陽內史條條，第 1130 頁。
〔註 404〕《華陽國志校注》卷十二益梁寧三州兩晉以來人士目錄，第 954 頁。
〔註 405〕《宋志三》湘州刺史衡陽內史條，第 1130 頁。
〔註 406〕《元和志》江南道五潭州湘潭縣條，第 704 頁。
〔註 407〕《晉志下》荊州序，第 454 頁。
〔註 408〕《宋志三》湘州刺史湘東太守條，第 1132 頁。
〔註 409〕〔清〕穆彰阿等纂修：《一統志》第二十三冊卷三百六十二衡州府一古蹟酃縣故城條，中華書局 1986 年影印本，第 18388 頁。
〔註 410〕《宋志三》湘州刺史湘東太守條，第 1132 頁。
〔註 411〕《水經注校證》卷三十九耒水條，第 916 頁。
〔註 412〕《紀纂淵海》卷十三荊湖南路衡州縣沿革衡陽條，第 322 頁。
〔註 413〕《宋志三》湘州刺史湘東太守條，第 1132 頁。

《輿地廣記》亦曰：「吳分涞陽置新寧縣。晉屬湘東郡。宋、齊、梁、陳皆因之。」〔註414〕從之。義熙中，平司馬休之，劉裕「錄其前後功勞」，封蒯恩為新寧縣男。〔註415〕治今湖南常寧市西南。

3、**茶陵**，《續漢志》作「荼陵」屬長沙郡，《晉志》屬。治今湖南茶陵縣東北。

4、**陰山**，《續漢志》屬桂陽郡，《晉志》屬。《宋志》曰：「陰山乃是漢舊縣，而屬桂陽，吳湘東郡有此陰山縣，疑是吳所立。」〔註416〕然胡阿祥以為：「當是吳立湘東郡時度屬。又漢晉陰山並治今湖南攸縣西南。是則兩漢、吳、晉、宋陰山為一地，《宋志》此處誤，依志例，作『陰山令，漢舊縣，屬桂陽，吳度湘東』可矣。」〔註417〕從之。治今湖南攸縣西南。

5、**酃**，《續漢志》屬長沙郡，《晉志》屬。太元二十年省入臨烝，詳上文臨烝縣條。

6、**利陽**，《續漢志》無，《晉志》屬。《宋志》引張勃《吳錄》云：有利陽、新平二縣，「利作梨，晉作利音」。〔註418〕東吳時當置。太元二十年當省，詳上文湘東郡條。

7、**新平**，《續漢志》無，《晉志》屬。《元和志》曰：「吳分耒陽置新平縣。」〔註419〕太元二十年當省，詳上文湘東郡條。

（二十三）零陵郡沿革

零陵郡，《續漢志》屬，領縣十三；《晉志》屬，領縣十一。《晉志》曰：漢武帝分長沙為零陵郡；東晉穆帝時，又分零陵立營陽郡。〔註420〕又《宋志》云：江左分零陵立營陽郡。〔註421〕營浦、營道、舂陵、泠道四縣原皆屬零陵郡，詳下文營陽郡條。上述四縣當在升平五年前度屬營陽郡。則升平五年當領縣七。治泉陵縣。

1、**泉陵**，《續漢志》、《晉志》屬。《宋書・符瑞志中》曰：「晉武帝太康元

〔註414〕《輿地廣記》卷第二十六荊湖南路上衡州中下常寧縣條，第751頁。
〔註415〕《宋書》卷四十九《蒯恩傳》，第1437頁。
〔註416〕《宋志三》湘州刺史湘東太守條，第1132頁。
〔註417〕胡阿祥：《〈宋書・州郡志〉匯釋》，安徽教育出版社2006年版，第196頁。
〔註418〕《宋志三》湘州刺史湘東太守條，第1132頁。
〔註419〕《元和志》卷第二十九江南道五衡州常寧縣條，第706頁。
〔註420〕《晉志下》荊州後序，第454頁、第458頁。
〔註421〕《宋志三》湘州刺史營陽太守條，第1131頁。

年三月，白鹿見零陵泉陵。」〔註 422〕則東晉仍屬。又，太寧二年，論平王敦功，封北中郎將劉遐為泉陵縣公，宋受禪，國除。〔註 423〕則太寧二年至永初元年為公國。治今湖南永州市。

2、洮陽，《續漢志》、《晉志》屬。治今廣西全州縣西北。

3、零陵，《續漢志》、《晉志》屬。《晉書・禮志》曰：「咸康二年（336），零陵李繁姊先適南平郡陳詵為妻，產四子而遭賊。」〔註 424〕則東晉仍屬。又，《晉書・虞潭傳》云：晉成帝即位（325 年），「以討沈充功」，虞潭進爵為零陵縣侯；後，平蘇峻之亂，「以前後功」，又進爵為武昌縣侯。〔註 425〕則咸和四年當還為縣。治今廣西全州縣西南。

4、祁陽，《續漢志》無，《晉志》屬。《宋志》曰：吳立祁陽縣。〔註 426〕治今祁東縣東南。

5、應陽，《續漢志》無，《晉志》屬。《宋志》云：晉惠帝分觀陽立應陽。〔註 427〕與之相反，《水經注》則曰：「晉分觀陽立（應陽），（熊）會貞按：……《宋志》『觀』當為『洮』之誤，而酈氏沿之。」〔註 428〕不知孰是，暫兩存之。治今湖南東安縣東北。

6、觀陽，《續漢志》無，《晉志》屬。《宋志》曰：吳立觀陽縣。〔註 429〕又《晉書・華表傳》載：五等建，封華表觀陽伯；惠帝即位，進華表子廙爵為公，廙子混嗣父爵，混子陶嗣，後，陶沒於石勒。〔註 430〕東晉初當除國。又，太寧二年，論平王敦功，封護軍將軍應詹為觀陽縣侯。〔註 431〕永初元年當除國，詳本節南郡華容縣條。治今廣西全州縣西北。

7、永昌，《續漢志》無，《晉志》屬。《宋志》曰：吳立永昌縣。〔註 432〕

〔註 422〕《宋書》卷二十八《符瑞志中》，第 804 頁。

〔註 423〕《晉書》卷六《明帝紀》，第 162 頁；《晉書》卷八十一《劉遐傳》，第 2131 頁。

〔註 424〕《晉書》卷二十《禮志中》，第 642 頁。

〔註 425〕《晉書》卷七十六《虞潭傳》，第 2013～2014 頁。

〔註 426〕《宋志三》湘州刺史零陵內史條，第 1131 頁。

〔註 427〕《宋志三》湘州刺史零陵內史條，第 1131 頁。

〔註 428〕《水經注疏》卷三十八湘水，第 2289 頁。

〔註 429〕《宋志三》湘州刺史零陵內史條，第 1131 頁。

〔註 430〕《晉書》卷四十四《華表傳》，第 1260 頁。按：咸熙元年（264），始建五等爵，《晉書》卷二《文帝紀》，第 44 頁。

〔註 431〕《晉書》卷六《明帝紀》，第 162 頁。

〔註 432〕《宋志三》荊州刺史湘東太守條，第 1132 頁。

又，太寧二年，論平王敦功，封中書監庾亮為永昌縣公。〔註 433〕永初元年當除國，詳本節南郡華容縣條。治今湖南祁東縣西北。

（二十四）邵陵郡沿革

邵陵郡，《續漢志》無。《晉志》屬，領縣六。晉武帝時增武剛縣來屬，詳下文。《晉志》曰：孫皓分零陵立邵陵郡。〔註 434〕《宋志》云：吳孫皓寶鼎元年（266），分零陵北部都尉置邵陵郡。〔註 435〕東晉領縣七，治邵陵縣。

1、**邵陵**，《續漢志》作「昭陵」，屬長沙郡。《晉志》屬。《水經注》曰：「孫皓寶鼎元年，孫皓分零陵北部，立邵陵郡于邵陵縣，縣，故『昭陵』也。」〔註 436〕與之不同，《宋志》則云：邵陵縣，「何志屬長沙。按二漢無，《吳錄》屬邵陵」。〔註 437〕胡阿祥認為：《宋志》云「二漢無」，誤。《宋志》本條當作：「邵陵子相，漢舊縣曰昭陵，屬長沙。後度零陵。晉武帝更名」。「何志屬長沙」，疑誤。不然，則何志前曾廢邵陵郡入長沙郡，故邵陵縣「何志屬長沙」。〔註 438〕從之。又，太寧二年，論平王敦功，封奮武將軍蘇峻邵陵縣公；咸和二年（327），蘇峻起兵反晉。〔註 439〕當除國。治今湖南邵陽市。

2、**武剛**，《續漢志》、《晉志》無。《宋志》云：晉武帝分都梁立武剛。〔註 440〕又《輿地廣記》曰：「晉武帝分置武岡縣並屬邵陵郡。」〔註 441〕此外，太元十年（385），論淮肥之功，「封拜各有差」，乃賜劉牢之為武岡縣男。則太元十年始當為男國。宋受禪，當除國。〔註 442〕治今湖南武岡市北。

3、**高平**，《續漢志》無，《晉志》屬。《宋志》曰：吳立高平縣。「晉武帝太康元年，改曰南高平，後更曰高平」。〔註 443〕治今湖南隆回縣東北。

4、**都梁**，《續漢志》屬零陵郡，《晉志》屬。治今湖南隆回縣。

〔註 433〕《晉書》卷六《明帝紀》，第 162 頁。
〔註 434〕《晉志下》荊州序，第 454 頁。
〔註 435〕《宋志三》湘州刺史邵陵太守條，第 1132 頁。
〔註 436〕《水經注校注》卷三十八資水，第 889 頁。
〔註 437〕《宋志三》湘州刺史邵陵太守條，第 1132 頁。
〔註 438〕《〈宋書〉卷三十七〈州郡三〉嫌疑》。
〔註 439〕《晉書》卷六《明帝紀》，第 162 頁；《晉書》卷七《成帝紀》，第 171 頁。
〔註 440〕《宋志三》湘州刺史邵陵太守條，第 1133 頁。
〔註 441〕《輿地廣記》卷二十六荊湖南路同下州武岡軍中武岡縣條，第 760 頁。
〔註 442〕《晉書》八十四《劉牢之傳》，第 2188 頁；《晉書》卷九《孝武帝紀》，第 235 頁；《宋書》卷四十七《劉敬宣傳》，第 1411 頁。
〔註 443〕《宋志三》湘州刺史邵陵太守條，第 1133 頁。

5、建興，《續漢志》無，《晉志》屬。《宋志》曰：晉武帝分邵陵立建興縣。〔註444〕又，太寧二年，論平王敦功，封尚書卞壼為建興縣公。〔註445〕永初元年當除國，詳本節南郡華容縣條。治今湖南武岡市東北。

6、邵陽，《續漢志》作「昭陽」屬零陵郡，《晉志》屬。《宋志》曰：「吳立曰昭陽。」〔註446〕此條記載恐誤。〔註447〕《元和志》云：「晉武帝改為邵陽，在邵水之陽，故名。」〔註448〕從之。治今湖南邵東縣東北。

7、扶，《續漢志》作「夫夷」，屬零陵郡，《晉志》亦作「夫夷」，屬。《宋志》云：扶縣，「漢舊縣，至晉曰夫夷。漢屬零陵，晉屬邵陵。案今云扶者，疑是避桓溫諱去『夷』，『夫』不可為縣名，故為『扶』云。」〔註449〕從之。治今湖南邵陽縣西南。

（二十五）營陽郡沿革

營陽郡，《續漢志》、《晉志》無。《晉志》云：晉穆帝時分零陵立營陽郡。〔註450〕又《宋志》曰：江左分零陵立營陽。領縣四。〔註451〕升平五年當仍領縣四，治營浦縣。

1、營浦，《續漢志》、《晉志》屬零陵郡。晉穆帝置營陽郡時度屬之。治今湖南道縣東北。

2、營道，《續漢志》、《晉志》屬零陵郡。晉穆帝置營陽郡時度屬之。治今湖南寧遠縣東南。

3、舂陵，《續漢志》、《晉志》屬零陵郡。《宋志》曰：舂陵，「前漢舊縣，舂陵侯徙國南陽，省。吳復立，屬零陵。」〔註452〕晉穆帝立營陽郡度屬之。治今湖南寧遠縣西。

4、泠道，《續漢志》、《晉志》屬零陵郡。晉穆帝立營陽郡時度屬之。治今湖南寧遠縣東南。

〔註444〕《宋志三》湘州刺史邵陵太守條，第1132頁。

〔註445〕《晉書》卷六《明帝紀》，第162頁。

〔註446〕《宋志三》湘州刺史邵陵太守條，第1133頁。

〔註447〕胡阿祥認為，《續漢志》零陵郡已有昭陽縣，《宋志》誤（《〈宋書〉卷三十七〈州郡三〉嫌疑》）。從之。

〔註448〕《元和志》卷二十九江南道五邵州邵陽縣條，第714頁。

〔註449〕《宋志三》湘州刺史邵陵太守條，第1133頁。

〔註450〕《晉志下》荊州後序，第458頁。

〔註451〕《宋志三》湘州刺史營陽太守條，第1131頁。

〔註452〕《宋志三》湘州刺史營陽太守條，第1132頁。

（二十六）桂陽郡沿革

桂陽郡，《續漢志》屬，領縣十一；《晉志》屬，領縣六。《晉書・庾胤傳》曰：咸和二年，左遷庾胤為桂陽太守。〔註 453〕則東晉仍屬。《元和志》曰：漢便縣，「晉省，陳復置，至隋唐入郴縣」。〔註 454〕《寰宇記》亦云：「有古便城，即漢為邑理所，……晉初省。陳復置。」〔註 455〕與上述所載不同，《晉志》則曰：荊州桂陽郡有便縣。又《輿地廣記》曰：漢編縣，「東漢、吳、晉因之，宋省焉」。〔註 456〕則《元和志》、《寰宇記》所載恐誤。今從《晉志》、《輿地廣記》。後增汝城、平陽二縣來屬，詳下文。又，元興元年（402），以平殷仲堪、楊佺期功，封桓玄為桂陽郡公；「後以桂陽郡公賜其兄子濬，降為西道縣公」。〔註 457〕則公國僅置一年即除。綜上述，桂陽郡在元康元年度屬江州，永嘉元年割屬湘州，咸和四年還屬荊州，義熙八年再度屬湘州，義熙十二年又還屬荊州，詳本節荊州條。義熙十二年當領縣七，治郴縣。

1、郴，《續漢志》、《晉志》屬。據《晉書・陶侃附子旗傳》載：陶「旗歷位散騎常侍，郴縣開國伯」；後「宋受禪，國除」。〔註 458〕則咸和中（326～334年）當為伯國。治今湖南郴州市。

2、汝城，《續漢志》、《晉志》無。《元和志》曰：汝城，「本漢郴縣地，至東晉分置汝城縣，屬桂陽郡」。〔註 459〕又《輿地廣記》云：「漢郴縣地。東晉分置汝城縣，屬桂陽郡。」〔註 460〕與上述所載不同，《宋本寰宇記》引《輿地志》則曰：「晉泰始元年，分郴縣置汝城。」〔註 461〕恐誤。今從《元和志》、《輿地廣記》。治今湖南汝城縣西南。

3、平陽，《續漢志》、《晉志》無。《元和志》曰：平陽，「本漢郴縣地，東晉陶侃於今理南置，屬平陽郡。至陳俱廢」。〔註 462〕《宋本寰宇記》引《桂陽記》云：「東晉太興三年（320），陶侃於今理縣南九里置平陽郡及縣，陳太建

〔註 453〕《晉書》卷九十三《庾胤傳》，第 2413 頁。
〔註 454〕《元和志》卷第二十九江南道五郴州高亭縣條，第 709 頁。
〔註 455〕《宋本寰宇記》第一百一十七卷江南西道十五郴州高亭縣條，第 213 頁。
〔註 456〕《輿地廣記》卷第二十六荊湖南路中郴州中永興縣條，第 757 頁。
〔註 457〕《晉書》卷九十九《桓玄傳》，第 2592 頁。
〔註 458〕《晉書》卷六十六《陶侃附子旗傳》，第 1780 頁。
〔註 459〕《元和志》卷第二十九江南道五郴州義昌縣條，第 708 頁。
〔註 460〕《輿地廣記》卷第二十六荊湖南路中郴州中桂陽縣條，第 757 頁。
〔註 461〕《宋本寰宇記》卷一百一十七江南西道十五郴州義昌縣條，第 213 頁。
〔註 462〕《元和志》卷第二十九江南道五郴州平陽縣條，第 708 頁。

十二年郡縣俱廢。」〔註463〕則太興三年當置平陽縣。又，《宋志》、《南齊志》無平陽郡，《寰宇記》以為陳廢省平陽郡，恐皆誤。《東晉疆域志》卷二荊州桂陽郡條有平陽縣。從之。《宋志三》湘州刺史桂陽太守條無平陽縣，則東晉末當廢省。治今湖南桂陽縣。

4、耒陽，《續漢志》、《晉志》屬。《輿地紀勝》曰：耒陽，「二漢屬桂陽郡。晉、宋以後因之。隋平陳，改曰淶陰，屬衡州」。〔註464〕從之。治今湖南耒陽市。

5、南平，《續漢志》、《晉志》屬。治今湖南藍山縣東北。

6、臨武，《續漢志》、《晉志》屬。《元和志》云：臨武，「本漢舊縣，因南臨臨武溪水，以為名。歷代屬桂陽郡」。〔註465〕從之。治今湖南臨武縣東。

7、晉寧，《續漢志》作「漢寧」屬桂陽郡，《晉志》屬。《元和志》曰：晉寧，「本漢郴縣地，後漢於此置漢寧縣，吳改曰陽安，晉改為晉寧」。〔註466〕《宋本寰宇記》引《輿地志》云：「晉泰始元年，分郴縣置」晉寧縣。〔註467〕從之。則泰始元年置晉寧縣。又《晉書·謝安傳》載：「吳興太守晉寧侯張玄之亦以才學顯，自吏部尚書與（謝）玄同年之郡，而玄之名亞於玄，時人稱為『南北二玄』，論者美之。」〔註468〕侯國當在晉孝武帝時（373～396年）置。治今湖南資興市南。

表1.1：東晉義熙十二年（416）荊州行政區劃表

統縣政區	所屬縣	郡（或國）治所今地	備注
南郡公國	江陵、華容、當陽、臨沮、編、枝江、州陵、監利、旌陽、石首	湖北荊州市荊州區	
南平郡	江安、孱陵、南安、作唐	湖北公安縣西北	
武寧郡	樂鄉、長林	湖北荊門市北	

〔註463〕《宋本寰宇記》卷一百一十七江南西道十五郴州平陽縣條，第213頁。

〔註464〕〔南宋〕王象之撰：《輿地紀勝》荊湖南路上衡州中耒陽縣條，江蘇廣陵古籍刻印社1991年版，第751頁。

〔註465〕《元和志》卷第二十九江南道五郴州臨武縣條，第709頁。

〔註466〕《元和志》卷第二十九江南道五郴州資興縣條，第708頁。

〔註467〕《宋本寰宇記》卷一百一十七江南西道十五郴州義昌縣條，第213頁。

〔註468〕《晉書》卷七十九《謝安傳》，第2085頁。

江夏公國	安陸、曲陵、灄陽、沌陽、惠懷、汝南	湖北雲夢縣	義熙中（405～418年），汝南縣為實土縣
竟陵郡	石城、竟陵、南新市、雲杜、宵城、新陽	湖北鍾祥市	新陽縣於東晉末置，416年當有
襄陽郡	襄樊、宜城、中廬、鄀、上黃、邔、鄧城	湖北襄樊市	鄧城縣東晉末省，416年當有
南陽郡	宛、比陽、魯陽、堵陽、西鄂、犨、葉、雉、博望、涅陽、雲陽、冠軍、酈、舞陰	河南南陽市	
順陽郡	南鄉、順陽、朝陽、丹水、武當、酇、陰、汎陽、築陽、析、脩陽	河南淅川縣西南	脩陽、朝陽二縣東晉末來屬，416年當有
義陽郡	平陽、鄳、厥西、安昌、平氏	河南信陽市	
隨郡	隨、平林	湖北隨州市	
新野郡	新野、棘陽、蔡陽、鄧、穰、山都	河南新野縣	
建平郡	巫、秭歸、歸鄉、北井、泰昌、沙渠、新鄉、南陵、建始、信陵、興山、永新、永寧、平樂	重慶市巫山縣	
宜都郡	夷道、佷山、夷陵、宜昌	湖北宜都市	宜昌縣東晉末置，416年當有
武陵國	臨沅、龍陽、漢壽、沅南、遷陵、舞陽、酉陽、黚陽、沅陵、辰陽	湖北常德市	
天門郡	澧陽、臨澧、零陽、漊中、溇陽	湖南石門縣	
巴東郡	魚復、朐忍、南浦、漢豐	重慶市奉節縣東	
臨賀郡	臨賀、馮乘、富川、封陽、興安、謝沐、寧新	治今廣州賀州市東南	寧新縣東晉末年來屬，416年當有
始興公國	曲江、桂陽、湞陽、含洭、始興、中宿、陽山	治今廣東韶關市西南	
始安公國	始安、熙平、永豐、荔浦、平樂	治今廣西桂林市	
長沙公國	臨湘、澧陵、瀏陽、吳昌、羅、攸、建寧、下雋、蒲圻、巴陵	治今湖北長沙市	
衡陽郡	湘南、湘西、益陽、湘鄉、新康、重安、衡山、連道	湖南株洲縣西南	
湘東郡	臨烝、新寧、茶陵、陰山	湖南衡陽市	

零陵郡	泉陵、洮陽、零陵、祁陽、應陽、觀陽、永昌	治今湖南永州市	
邵陵郡	邵陵、武剛、高平、都梁、建興、邵陽、扶	治今湖南邵陽市	
營陽郡	營浦、營道、舂陵、泠道	治今湖南道縣東北	
桂陽郡	郴、汝城、平陽、耒陽、臨武、晉寧	治今湖南郴州市	

二、荊州的僑州、僑郡領僑縣（含實縣）沿革

西晉末的永嘉之亂導致大批北方流民逃亡南方地區（通常指的是白龍江—秦嶺—淮河以南地區）。東晉時期，北方漢人逃亡南方共有四次高潮。譚其驤專門撰文論述之，澄清了北方流民逃亡南方的主要路線（包括荊州政區）。安田二郎認為北方難民遷往襄陽地方共有四次高潮，〔註 469〕其中主要有兩個時期，即永嘉之亂和苻秦氐亂。同時東晉王朝為了安置這些流民，設置了僑州郡縣。學界關於東晉荊州僑州郡縣的研究成果頗多。如洪亮吉《東晉疆域志》，徐文範《東晉南北朝輿地表》，胡孔福《南北朝僑置州郡考》，班書閣《東晉襄陽郡僑州郡縣考》，石泉、魯西奇《東晉南朝長江中游地區僑州郡縣地望新探》，張琳《東晉南朝時期襄宛地方社會的變遷與雍州僑置始末》，譚其驤《晉永嘉喪亂後之民族遷移》，周一良《南朝境內之各種人及政府對待之政策》，夏日新《東晉南朝長江中游地區僑州郡縣考》〔註 470〕等。其中胡阿祥對東晉南朝的僑州郡縣做了窮盡式的研究，從而使以前的同類成

〔註 469〕譚氏的四個時期為，「永嘉初亂」、「成帝初的內亂」、「康帝、穆帝以後的『胡亡氐亂』」、「宋少帝失司州，文帝時魏人南侵、氐人數相攻擊時，明帝失淮北四州及豫州、淮西時。」譚其驤著：《晉永嘉喪亂後之民族遷徙》，收入《長水集（上）》，人民出版社 2009 年版，第 205～229 頁（原載於《燕京學報》第十五期，1934 年 6 月）。安田二郎以為，「永嘉大亂之際」、「四世紀中葉，後趙政權的解體和桓溫北伐時期」、「前秦苻堅政權解體時期」、「東晉末年，劉裕平定關中之際」 為四次高潮。安田二郎著：《晉宋革命和雍州（襄陽）的僑民——從軍政統治到民政統治》，收入《日本中青年學者論中國史・六朝隋唐卷》，劉俊文主編，上海古籍出版社 1995 年版，第 118～119 頁（原載《東洋史研究》第 42 卷第 1 號，1983 年）。其中譚氏與安田氏在第一和第三時期所分的時間相同。

〔註 470〕《東晉南朝時期襄宛地方社會的變遷與雍州僑置始末》，第 36～49 頁；《東晉南朝長江中游地區僑州郡縣考》，第 265～280 頁。

果相形見絀，〔註 471〕包括僑州郡縣產生的背景、原因及其機構設置，胡阿祥已論述詳盡。〔註 472〕餘論無多。

在上述論著中，安田二郎、夏日新認為僑置在荊州的僑郡（縣）在名義上仍隸屬於本州，但實屬襄陽地區的軍府管理。〔註 473〕安田氏提道：僑置當初無實土的僑縣不過是流住的單位鄉里性質的集團，即「鄉族」集團，給這些集團加上本地的縣名，行政上就看作是「縣」。所以，統轄這些僑縣的僑郡也不可能有其自身的境域，而且其郡治也只能寄於當地的政治、軍事中心地的襄陽，這種寄治於襄陽的郡治，就像漁夫控制魚鷹那樣統轄著散於各地的僑縣（鄉族集團）。所謂飼養魚鷹方式的寄治體制，形成了無實土僑郡縣行政上的特徵。在永初元年之前，僑雍州下的僑郡（縣）是接受軍府的總體管理和支配的。〔註 474〕夏日新指出：東晉政權僑置僑州郡縣安置流民集團，主要利用其作為軍事基礎，因而對僑州郡縣實際進行管理的，不是僑郡縣所屬州，而是僑置地區的軍府。〔註 475〕石泉、魯西奇認為：但以情理論，諸郡流民不可能都處於襄陽一城之中，應當是郡治寄於襄陽，而所屬之流民則分居於襄陽周圍地區，大概就是後來割為各郡實土的地方。〔註 476〕上述觀點，對研究僑郡縣的行政特點、僑郡寄治所在地和確定僑縣的地理位置，提供了新的線索和思路。本書在先賢今人研究基礎上，主要參考胡阿祥的研究成果，將荊州境內的僑州、僑郡統僑縣沿革考證如下：

（一）司州沿革

司州，《續漢志》作「司隸」領郡七，縣一百零六，治所雒陽。《晉志》領郡一十二，縣一百，治所洛陽。又《晉書・桓宣傳》曰：後庾亮為荊州，以桓「宣為都督沔北前鋒征討軍事、平北將軍、司州刺史、假節，鎮襄陽」。〔註 477〕

〔註 471〕《論東晉南朝的僑州郡縣》。

〔註 472〕《東晉南朝僑州郡縣與僑流人口研究》。

〔註 473〕《晉宋革命和雍州（襄陽）的僑民——從軍政統治到民政統治》；夏日新：《關於東晉僑州郡縣的幾個問題》，收入《魏晉南北朝隋唐史資料》第 11 期《唐長孺教授八十大壽紀念專輯》，武漢大學出版社 1993 年版，第 36～49 頁。

〔註 474〕《晉宋革命和雍州（襄陽）的僑民——從軍政統治到民政統治》，第 138 頁、第 122 頁。

〔註 475〕《關於東晉僑州郡縣的幾個問題》，第 42 頁。

〔註 476〕《東晉南朝長江中游地區僑州郡縣地望新探》，第 76 頁。

〔註 477〕《晉書》八十一《桓宣傳》，第 2117 頁。

《通鑒》云：咸康五年，「征西將軍庾亮欲開復中原，表桓宣都督沔北前鋒諸軍事、司州刺史，鎮襄陽。又表其弟臨川太守庾懌為監梁、雍二州諸軍事、梁州刺史，鎮魏興」。〔註 478〕則咸康五年，司州僑置於襄陽縣。胡三省認為司州既然僑置於襄陽縣，故梁州當徙治魏興縣。〔註 479〕從之。建元元年，庾翼「表桓宣為都督司、雍、梁三州，荊州之四郡諸軍事、梁州刺史，前趣丹水」。〔註 480〕太元二年（377）「三月，以兗州刺史朱序為南中郎將、梁州刺史、監沔中諸軍，鎮襄陽」。〔註 481〕又，據吳廷燮考證，寧康元年（373），東晉失梁州（治漢中）；寧康二年（374），梁州當徙治襄陽縣，以毛穆之為刺史。〔註 482〕從之。則司州當在寧康二年前徙於他州或廢省。

（二）河南郡沿革

河南郡，《續漢志》作「河南尹」，領縣二十一，屬司隸，治雒陽；《晉志》，領縣十二，屬司州，治洛陽。據《晉書・簡文帝紀》載：咸安元年，以冠軍將軍毛武生（按：又名穆之）都督荊州之沔中、揚州之義城（按：又寫作『成』字，以下文同此）諸軍事。〔註 483〕《晉書・毛穆之傳》亦云：太和六年（371），平袁真之亂〔註 484〕，「俄而徙毛穆之督揚州之義成荊州五郡雍州之京兆軍事、襄陽義成河南三郡太守，冠軍將軍如故」〔註 485〕。則太和六年前當置河南郡。太元四年沒於前秦，詳上文襄陽郡條。又《晉志》曰：「晉孝武始於襄陽僑立雍州，仍立京兆、……河南、……七郡，並屬襄陽。」〔註 486〕《宋志》亦云：「僑立（河南郡），始治襄陽，……《永初郡國》及何志並又有陽城、緱氏縣，徐無此二縣，而有僑洛陽。……洛陽，當是何志後立。」〔註 487〕石泉、魯西

〔註 478〕《通鑒》卷九十六《晉紀十八》成帝咸康五年，第 3027 頁。然《東晉南朝長江中游地區僑州郡縣地望新探》依吳廷燮《東晉方鎮年表》梁州刺史條認為：「咸康二年（336）庾懌出任梁州刺史，則鎮魏興。」恐誤。今從《通鑒》。

〔註 479〕《通鑒》卷九十六《晉紀十八》成帝咸康五年胡三省注，第 3027 頁。

〔註 480〕《通鑒》卷九十九《晉紀十九》康帝建元元年，第 3055 頁。

〔註 481〕《晉書》卷九《孝文帝紀》，第 228 頁。

〔註 482〕吳廷燮：《東晉方鎮年表》，《二十五史補編》本第三冊，第 3494 頁。

〔註 483〕《晉書》卷九《簡文帝紀》，第 221 頁。

〔註 484〕《晉書》卷八《海西公紀》云：太和六年，「桓溫克壽陽，斬（袁真子）瑾」。第 213 頁。

〔註 485〕《晉書》卷八十一《毛穆之傳》，第 2125 頁。

〔註 486〕《晉志上》雍州後序，第 432 頁。

〔註 487〕《宋志三》雍州刺史河南太守，第 1140 頁。

奇認為：「宋省陽城、緱氏二縣，新立洛陽。」〔註488〕夏日新提出：東晉僑河南郡「領陽城、緱氏、河南、新城、河陰五僑縣」。〔註489〕從之。則雍州當於太元十一年（386）復僑置，詳下文僑雍州條。河南郡與雍州俱立。綜上述，太元十一年雍州當領僑縣五，僑寄今湖北襄樊市。

1、**河南**，《續漢志》、《晉志》屬。僑寄今河南南陽市東南。

2、**新城**，《續漢志》、《晉志》屬。確址乏考，當僑寄今河南唐河、社旗二縣境。

3、**河陰**，《續漢志》作「平陰」屬，《晉志》屬。僑立確址乏考，當僑寄今河南南陽市周邊一帶。

4、**陽城**，《續漢志》陽城屬潁川，《晉志》屬。確址乏考，疑當僑寄今河南南陽市周邊一帶。

5、**緱氏**，《續漢志》、《晉志》屬。確址乏考，疑當僑寄今河南南陽市周邊一帶。

（三）上洛郡沿革

上洛郡，《續漢志》無；《晉志》屬司州，領縣三。《晉志》曰：，泰始二年（266），分京兆南部置上洛郡。〔註490〕又《宋志》曰：「北上洛，晉孝武立，領上洛、北商、豐陽、陽亭、北拒陽五縣。……豐陽、陽亭、北拒陽，並云安帝僑立。餘縣不注置立。」〔註491〕胡阿祥認為上洛郡僑寄於襄陽縣。〔註492〕從之。則義熙十二年當領僑縣五，僑寄今湖北襄樊市。

1、**上洛**，《續漢志》作「上雒」，屬京兆郡，《晉志》屬。當與郡俱置。僑寄今湖北襄樊市。

2、**北商**，《續漢志》作「商」，屬京兆郡，《晉志》亦作「商」屬。當與郡

〔註488〕《東晉南朝長江中游地區僑州郡縣地望新探》，第81頁。

〔註489〕《東晉南朝長江中游地區僑州郡縣考》，第269頁。

〔註490〕《晉志上》司州上洛郡，第416頁。

〔註491〕《宋志三》雍州刺史序，第1135頁。又，錢大昕：《十駕齋養新錄附餘錄》余錄卷中晉書地理志之誤條云：「（晉）安帝義熙之世，劉裕滅南燕，收復徐、兗、青故土，於是有北徐、北青、北兗之名。而僑置之名，猶如故也。」陳文和、孫顯軍點校，江蘇古籍出版社2000年版，第498頁。則此時上洛郡即當加「北」字。

〔註492〕《六朝疆域與政區研究》第三節《東晉僑置州郡縣（含僑郡領實縣）建製表》，第434頁。然《東晉南朝長江中游地區僑州郡縣地望新探》、《關於東晉僑州郡縣的幾個問題》無，恐誤。

俱置確址乏考。

3、**豐陽**，《續漢志》、《晉志》無。東晉泰始三年（267），分商縣之地置豐陽縣。因豐陽川以為名，尋廢。〔註 493〕則晉安帝時（382～419 年）僑立。確址乏考。

4、**陽亭**，《續漢志》、《晉志》無。晉安帝時僑立。確址乏考。

5、**北拒陽**，《續漢志》、《晉志》無。晉泰始三年，分上洛地於今縣東北八十里置拒陽縣，屬上洛郡，旋省。〔註 494〕則當僑立於晉安帝時。確址乏考。

（四）河東郡沿革

河東郡，《續漢志》領縣二十，屬司隸，治安邑；《晉志》領縣九，屬司州，治安邑。《宋志》曰：「晉成帝咸康三年，征西將軍庾亮以司州僑戶立（河東郡）。宋初有八縣。」〔註 495〕又，前秦將領梁成走保襄陽，桓石虔復領河東太守，進據樊城。〔註 496〕則義熙十二年當領僑縣八，僑寄今湖北松滋縣西北長江南岸。

1、**安邑**，《續漢志》、《晉志》屬。當與郡俱僑立。確址乏考，當僑寄今湖北公安縣一帶。

2、**聞喜**，《續漢志》、《晉志》屬。當與郡俱僑立。僑寄今湖北松滋市西北。

3、**永安**，《續漢志》屬，《晉志》屬平陽郡。當與郡俱僑立。僑寄今湖北公安縣西南。

4、**臨汾**，《續漢志》屬，《晉志》屬平陽郡。當與郡俱僑立。確址乏考，當僑寄今湖北松滋市一帶。

5、**弘農**，《續漢志》、《晉志》屬弘農郡。《宋志》曰：江左立僑弘農郡，後並省為縣。〔註 497〕則咸康三年當度屬河東郡。確址乏考，當僑寄今湖北松滋市一帶。

6、**譙**，《續漢志》屬沛國。《晉志》屬譙郡，皆屬豫州。當與郡俱僑立。確址乏考，當僑寄今湖北松滋市一帶。

〔註 493〕《宋本太平寰宇記》卷一百四十一山南西道九商州豐陽縣條，第 263～264 頁。

〔註 494〕《宋本太平寰宇記》卷一百四十一山南西道九商州洛南縣條，第 264 頁。

〔註 495〕《宋志三》荊州刺史南河東太守條，第 1122 頁。

〔註 496〕《晉書》卷七十四《桓彝附石虔傳》，第 1944 頁。

〔註 497〕《宋志三》荊州刺史河東太守條，第 1122 頁。

7、**松滋**，《續漢志》無。《晉志》屬安豐郡，屬豫州。《太平寰宇記》曰：「咸康三年，以松滋流浪戶在荊土者立松滋縣，以隸河東郡邑也。」〔註 498〕則咸康三年僑置。僑寄今湖北松滋市西北。

8、**廣戚**，《續漢志》、《晉志》屬徐州彭成國。當與郡俱僑立。確址乏考，當僑寄今湖北松滋市一帶。

（五）廣平郡沿革

廣平郡，《續漢志》無；《晉志》領縣十五，治廣平，屬司州。《晉志》云：曹魏置廣平郡。〔註 499〕又《宋志》曰：江左僑立廣平郡，治襄陽。〔註 500〕此外，《晉書・劉毅傳》載：義熙八年，「俄進（劉）毅為都督荊寧秦雍四州之河東河南廣平揚州之義成四郡諸軍事、……荊州刺史」。〔註 501〕又《晉志》曰：「（晉）孝武始於襄陽僑立雍州，仍立京兆、……廣平……七郡，並屬襄陽。」〔註 502〕綜上述，東晉時當僑置廣平郡。《宋志》云：「《永初郡國》及何志並又有易陽、曲周、邯鄲，無酇、比陽。」〔註 503〕則太元十一年當領僑縣四，僑寄今湖北襄樊市。

1、**廣平**，《續漢志》屬冀州鉅鹿郡，《晉志》屬。《宋志》曰：「徐志，南度以朝陽縣境立廣平縣。」〔註 504〕太元十一年，當與郡俱僑立。僑寄今河南鄧州市東南。

2、**易陽**，《續漢志》屬冀州趙國，《晉志》屬。太元十一年，當與郡俱僑立。確址乏考。

3、**曲周**，《續漢志》屬冀州鉅鹿郡，《晉志》無。《輿地廣記》云：「漢武帝建元四年置，屬廣平國，東漢屬鉅鹿郡，晉省之。」〔註 505〕則西晉初當省。太元十一年當與郡俱僑立。確址乏考。

4、**邯鄲**，《續漢志》屬冀州趙國，《晉志》屬。太元十一年當與郡俱僑立。

〔註 498〕中華書局本《寰宇記》卷之一百四十六山南東道五荊州松滋縣引《晉太康地志》條，第 2842 頁。

〔註 499〕《晉志上》司州廣平郡條，第 417 頁。

〔註 500〕《宋志三》雍州刺史廣平太守條，第 1141 頁。

〔註 501〕《晉書》卷八十五《劉毅傳》，第 2209 頁。

〔註 502〕《晉志上》雍州後序，第 432 頁。

〔註 503〕《宋志三》雍州刺史廣平太守條，第 1141 頁。

〔註 504〕《宋志三》雍州刺史廣平太守廣平令條，第 1141 頁。

〔註 505〕《輿地廣記》卷十一河北西路望洺州上曲周縣條，第 299 頁。

確址乏考。

（六）新興郡沿革

新興郡，《續漢志》無；《晉志》領縣六，治九原，屬并州。《晉志》曰：曹魏置新興郡。〔註 506〕又《宋志》云：「《魏志》建安二十年，省雲中、定襄、五原、朔方四郡，郡立一縣，合為新興郡，屬并州。晉江左僑立。……宋初六縣。」《晉志》亦云：晉元帝渡江，僑立新興、南河東二郡。〔註 507〕關於六縣，據《方輿紀要》載：「江左僑立新興郡，領廣牧、定襄、雲中、九原、宕渠、新豐六縣。」〔註 508〕義熙十二年當領僑縣六。治定襄縣。

1、定襄，《續漢志》無，《晉志》屬。《隋書》卷三十一《地理志下》（以下文簡稱《隋志》）曰：「安興（縣），舊置廣牧縣，……又有定襄縣，大業初廢入。」〔註 509〕當與郡俱僑立。確址乏考，僑寄今湖北荊州市荊州區東北。

2、廣牧，《續漢志》屬朔方郡，《晉志》屬。當與郡俱僑立。僑寄今湖北荊州市荊州區東。

3、新豐，《續漢志》屬司隸京兆尹，《晉志》屬雍州京兆郡。當與郡俱僑立。確址乏考，當僑寄今湖北荊州市荊州區內。

4、雲中，《續漢志》屬雲中郡，《晉志》屬。當與郡俱僑立。確址乏考。

5、九原，《續漢志》屬五原郡，《晉志》屬。當與郡俱僑立。確址乏考，當僑寄今湖北荊州市荊州區一帶。

6、宕渠，《續漢志》屬益州巴郡，《晉志》屬梁州巴西郡。當與郡俱僑立。確址乏考，當僑寄今湖北荊州市荊州區一帶。

（七）雍州沿革

雍州，《續漢志》無；《晉志》領郡七，縣三十九。據《晉書・魏該傳》載：魏該單騎走至南陽，晉元帝「以其為前鋒都督、平北將軍、雍州刺史」。〔註 510〕又《晉志》云：「然自（晉）元帝渡江，所置州亦皆遙領。初以魏該

〔註 506〕《晉志上》并州條，第 429 頁。
〔註 507〕《宋志三》荊州刺史新興太守條，第 1121 頁；《晉志下》荊州後序，第 458 頁。
〔註 508〕《方輿紀要》卷七十八湖廣四荊州府江陵縣安興城條，第 3656 頁。
〔註 509〕〔唐〕魏徵等撰：《隋志下》南郡安興縣條，中華書局 1973 年版，第 888 頁。
〔註 510〕《晉書》卷六十三《魏該傳》，第 1714 頁。

為雍州刺史，鎮酇城，尋省。」〔註 511〕則此雍州刺史乃遙領也，其後設置稀聞於史。〔註 512〕至晉孝武帝時，始僑立雍州於襄陽。如《宋志》曰：「晉江左立。胡亡氐亂，雍、秦流民多南出樊、沔，晉孝武始於襄陽僑立雍州，並立僑郡縣。」〔註 513〕又《晉志》云：「秦雍流人多南出樊沔，（晉）孝武始於襄陽僑立雍州，仍立京兆、始平、扶風、河南、廣平、義城、北河南七郡，並屬襄陽。」〔註 514〕《太平御覽》亦曰：「永嘉之亂，三輔豪族流於漢沔，僑於漢側，立雍州。因人所思以安百姓也。宋文帝因之，置南雍州焉。」〔註 515〕史書無載僑立雍州的確年。日本學者安田二郎認為：正式僑置雍州及其郡縣的時間大約是在東晉孝武帝時代，首郡京兆郡被復立在太元十一年（386）前後。〔註 516〕張琳經考證也認為：雍州的僑置可能始自太元十一年。〔註 517〕從之。雍州初僑寄於酇城縣，後徙寄治於襄陽縣。

（八）京兆郡沿革

京兆郡，《續漢志》屬司隸，領縣十；《晉志》屬雍州，領縣九。《宋志》云：「初僑立京兆太守，寄治襄陽。朱序沒氐。（晉）孝武太元十一年復立。」〔註 518〕又《晉書・哀帝紀》載：興寧三年（365），以「桓豁監荊州揚州之義城雍州之京兆諸軍事」。〔註 519〕綜上述，興寧三年前，當僑立京兆郡，太元四年當陷於前秦，太元十一年復僑置。《宋志》曰：「《永初郡國》有藍田、鄭、池陽、南霸城、新康五縣。何志無新康而有新豐。徐無。」〔註 520〕《東晉疆域志》有杜、新康二僑縣。〔註 521〕則東晉復僑置時，當有僑縣六。義熙十二

〔註 511〕《晉志上》雍州刺史後序，第 458 頁。

〔註 512〕田餘慶認為：「《世說新語・識鑒》『王大將軍始下』條引王隱《晉書》，謂楊朗仕至雍州刺史。《華陽國志・序志》有雍州刺史李陽。案楊朗、李陽為（晉）明帝、成帝時人，今本《晉書》未著錄他們曾為雍州刺史的仕履。」（《東晉門閥政治》，北京大學出版社 1989 年版）第 109 頁。然楊朗、李陽二人亦為遙領刺史。

〔註 513〕《宋志三》雍州刺史條，第 1135 頁。

〔註 514〕《晉志上》雍州後序，第 432 頁。

〔註 515〕《太平御覽》卷一六八州郡部一四襄州引《南雍州記》，第 819 頁。

〔註 516〕《晉宋革命和雍州（襄陽）的僑民——從軍征統治到民政統治》，第 119 頁。

〔註 517〕《東晉南朝時期襄宛地方社會的變遷與雍州僑置始末》。

〔註 518〕《宋志三》雍州刺史京兆太守條，第 1138 頁。

〔註 519〕《晉書》卷八《哀帝紀》，第 209 頁。

〔註 520〕《宋志三》雍州刺史京兆太守條，第 1138～1139 頁。

〔註 521〕《東晉疆域志》卷四雍州京兆郡條，第 3646～3647 頁。

年，當領僑縣七。僑寄今湖北襄樊市西。石泉、魯西奇、夏日新等學者認為東晉無杜、新康二僑縣，〔註 522〕恐誤。

1、杜，《續漢志》作「杜陵」屬，《晉志》亦作「杜陵」屬。《宋志》：二漢曰杜陵，曹魏改為杜。〔註 523〕當復與郡俱僑置。僑寄今湖北襄陽縣西。

2、新豐，《續漢志》、《晉志》屬。《宋志》：「何志無新康而有新豐。徐無。」〔註 524〕則東晉末當僑置新豐縣。《東晉疆域志》卷四雍州京兆郡條無，恐誤。確址乏考，當僑寄今湖北襄樊市、襄陽縣一帶。

3、藍田，《續漢志》、《晉志》屬。《宋志》曰：「《永初郡國》有藍田、鄭、池陽、南霸城。新康五縣。」〔註 525〕當復與郡俱僑立。確址乏考，當僑寄今湖北襄樊市、襄陽縣一帶。

4、鄭，《續漢志》、《晉志》屬。當復與郡俱僑立。僑寄今湖北襄陽縣西北。

5、池陽，《續漢志》屬左馮翊，《晉志》屬扶風郡。當復與郡俱僑立。確址乏考，當僑寄今湖北襄樊市、襄陽縣一帶。

6、南霸城，《續漢志》作「霸陵」屬，《晉志》作「霸城」屬。《宋志》曰：「本霸陵，漢舊縣。」〔註 526〕僑置時當改為南霸城。當復與郡俱僑立。確址乏考，當僑寄今湖北襄樊市、襄陽縣一帶。

7、新康，《續漢志》、《晉志》無。《宋志》曰：「新康疑是晉末所立。」〔註 527〕確址乏考。

（九）扶風郡沿革

扶風郡，《續漢志》作「右扶風」屬司隸，領縣十五；《晉志》屬雍州，

〔註 522〕《晉南朝長江中游地區僑州郡縣地望新探》，第 77 頁；《關於東晉僑州郡縣的幾個問題》，第 267 頁。

〔註 523〕《宋志三》雍州刺史京兆太守條，第 1139 頁。又胡阿祥認為：「及魏受禪，惡『陵』字而多改之，如改『杜陵』為『杜』。」《〈宋書〉州郡志匯釋》，第 213 頁。孔祥軍以為，《宋志》「魏改」之「魏」似當作後魏解（《三國政區地理研究》），第 97 頁。

〔註 524〕《宋志三》雍州刺史京兆太守，第 1139 頁。又胡阿祥認為：「所謂『徐志』，指徐爰《宋書・州郡志》，『徐志』起東晉義熙元年，訖於劉宋大明（457～464）之末。」《〈宋書・州郡志〉脫漏試補》，載《安徽史學》，2004 年第 4 期。

〔註 525〕《宋志三》雍州刺史京兆太守，第 1138 頁。

〔註 526〕《宋志三》雍州刺史京兆太守，第 1138 頁。

〔註 527〕《宋志三》雍州刺史京兆太守條，第 1139 頁。

領縣六。《晉志》曰：曹魏文帝即位，「馮翊、扶風各除左右」。〔註 528〕又《宋志》云：僑立扶風郡，治襄陽。〔註 529〕《晉志》曰：「秦雍流人多南出樊沔，（晉）孝武始於襄陽僑立雍州，仍立京兆、……扶風、……，並屬襄陽。」〔註 530〕太元九年當領僑縣二，詳下文。僑寄今湖北襄樊市。

1、郿，《續漢志》屬「右扶風」，《晉志》屬。《宋志》云：「《永初郡國》及何志唯有郿、魏昌縣。」〔註 531〕當與郡俱僑立。《東晉疆域志》卷四雍州扶風郡條無，恐誤。僑寄今湖北谷城縣一帶。

2、魏昌，《續漢志》作「漢昌」屬冀州中山國，《晉志》冀州。《宋志》曰：「曹魏立魏昌，屬中山。」〔註 532〕當與郡俱僑立，詳上文郿縣條。確址乏考，當僑寄今湖北谷城縣一帶。

（十）始平郡沿革

始平郡，《續漢志》無；《晉志》屬雍州，領縣五。《晉志》曰：晉泰始二年置始平郡。《宋志》亦云：「晉武帝泰始二年」，分京兆、扶風二郡立始平郡。〔註 533〕又《晉志》曰：「初以魏該為雍州刺史，鎮酇城，尋省，僑立始平郡，寄居武當城。」〔註 534〕則東晉初當僑置始平郡於武當縣，太元四年沒於前秦。後，復僑立。如《晉志》云：「秦雍流人多南出樊沔，孝武始於襄陽僑立雍州，仍立……始平……七郡，並屬襄陽。」〔註 535〕《元和志》亦云：「永嘉之亂，雍州始平郡流人出襄陽者，江左因僑立始平郡以領之，寄理襄陽。」〔註 536〕又《宋志》曰：後分京兆、扶風二郡僑立始平郡，治襄陽。〔註 537〕則太元九年，當復與雍州俱僑置。〔註 538〕此外，《宋志》引《永初郡國》云：始平郡唯

〔註 528〕《晉志上》雍州序，第 430 頁。

〔註 529〕《宋志三》雍州刺史扶風太守條，第 1139 頁。

〔註 530〕《晉志上》雍州後序，第 432 頁。

〔註 531〕《宋志三》雍州刺史扶風太守條，第 1139～1140 頁。

〔註 532〕《宋志三》雍州刺史扶風太守，第 1140 頁。又，胡阿祥曰：「魏昌，漢舊縣曰漢昌，屬中山，魏改名」（《東晉南朝僑州郡縣與僑流人口研究》）第 423 頁。從之。

〔註 533〕《晉志上》雍州始平郡條，第 431 頁；《宋志三》雍州刺史始平太守條，第 1139 頁。

〔註 534〕《晉志上》雍州後序，第 432 頁。

〔註 535〕《晉志上》雍州後序，第 432 頁。

〔註 536〕《元和志》卷二十一山南道二均州條，第 543 頁。

〔註 537〕《宋志三》雍州刺史始平太守條，第 1139 頁。

〔註 538〕《東晉南朝長江中游地區僑州郡縣地望新探》，第 78 頁。

有始平、平陽、清水三縣。〔註 539〕槐里縣詳下文。則義熙十二年，當領僑縣四。僑寄今湖北襄樊市。

1、**始平**，《續漢志》作「平陵」，屬司隸右扶風。《晉志》屬雍州。《宋志》屬。《元和志》云：始平，「本漢平陵縣，屬右扶風。曹魏文帝改為始平。」〔註 540〕太元九年，當復與郡俱僑立。確址乏考，當僑寄今湖北丹江口市一帶。

2、**平陽**，《續漢志》司隸河東郡，《晉志》屬司州平陽郡。《宋志》曰：「江左平陽郡民流寓」，因僑置平陽縣。〔註 541〕又《水經注疏》云：漢水東南逕武當縣故城北，「南歷平陽川，逕平陽故城下」。楊守敬按：「平陽」下當有「縣」字。東晉置縣，屬始平郡，宋、齊同。〔註 542〕從之。則太元九年，當復與郡俱僑立。僑寄今丹江口市西北。

3、**清水**，《續漢志》無，《晉志》屬秦州略陽郡。《宋志》云：前漢清水縣屬天水郡，「《晉太康地志》屬略陽，僑立後屬始平」。〔註 543〕太元九年，當復與郡俱僑立。確址乏考，當僑寄今湖北丹江口市一帶。

4、**槐里**，《續漢志》屬司隸右扶風，《晉志》屬雍州始平郡。《宋志》曰：槐里縣，「《晉太康地志》屬始平。僑立亦屬始平」。〔註 544〕又云：「何志有槐里」。〔註 545〕當於東晉末僑置。確址乏考，當僑寄今湖北丹江口市一帶。

（十一）義陽郡沿革

義陽郡，《續漢志》無；《晉志》屬荊州，領十二縣。《晉志》曰：晉穆帝時，「以義陽流人在南郡者立為義陽郡」。〔註 546〕領僑縣無考。僑寄今湖北江陵縣。

（十二）義陽郡沿革

義陽郡，《宋志》曰：晉安帝（397～418 年）立義陽郡，「領平氏、襄鄉

〔註 539〕《宋志三》雍州刺史始平太守條，第 1139 頁。
〔註 540〕《元和志》卷第二關內道二京兆下興平縣條，第 25 頁。
〔註 541〕《宋志三》雍州刺史始平太守條，第 1139 頁。
〔註 542〕《水經注疏》卷二十八沔水中，第 1705 頁。
〔註 543〕《宋志三》雍州刺史順陽太守條，第 1138 頁。
〔註 544〕《宋志三》雍州刺史順陽太守條，第 1138 頁。
〔註 545〕關於《何志》著作時間，詳前文京兆郡沿革新豐縣條；《宋志三》雍州刺史始平太守條，第 1139 頁。
〔註 546〕《晉志下》荊州後序，第 458 頁。

二縣」。〔註 547〕則義熙十二年當領僑縣二。當僑寄今湖北襄樊市一帶。

1、平氏，《續漢志》屬南陽郡，《晉志》屬義陽郡。當與郡俱僑立。確址乏考，當僑寄於湖北襄樊市一帶。

2、**襄鄉**，《續漢志》屬南陽郡，《晉志》無。孔祥軍認為：《晉志》漏載襄鄉縣。屬郡無考。〔註 548〕從之。據上所述，當與郡俱僑立。確址乏考，當僑寄於湖北襄樊市一帶。

（十三）南義陽郡沿革

南義陽郡，《晉志》云：晉安帝僑立南義陽郡。〔註 549〕《水經注疏》云：「灃水又東，逕故郡城南，（楊）守敬按：……『故郡』上當有『義陽』二字。」〔註 550〕又《隋志》曰：「安鄉，舊置義陽郡。隋平陳，郡廢。」〔註 551〕此外，《宋志》曰：「晉末以義陽流民僑立，宋初有四縣。」〔註 552〕義熙十二年，當領僑縣三。僑寄今湖北安鄉縣西南。

1、平氏，當與郡俱僑立。確址乏考，當僑寄今湖北安鄉縣西南。

2、厥西，《續漢志》無，《晉志》屬義陽郡。當與郡俱僑立。確址乏考，當僑寄今湖北安鄉縣西南。

3、平陽，《晉志》云：「平陽郡，故屬河東，魏分立。」平陽郡原領有平陽縣，屬司州。〔註 553〕《宋志》曰：「平陽本為郡，江左僑立。……晉末省為縣。」〔註 554〕則晉安帝時當廢省平陽郡為縣。當與南義陽郡俱僑立。確址乏考，當僑寄今湖北安鄉縣一帶。

（十四）東義陽郡沿革

東義陽郡，《晉志》曰：晉安帝僑立南義陽、東義陽、長寧三郡。〔註 555〕領僑縣無考。僑寄今湖北江陵縣。

〔註 547〕《宋志三》雍州刺史條，第 1136 頁。
〔註 548〕《三國政區地理研究》，第 82 頁。
〔註 549〕《晉志下》荊州後序，第 458 頁。
〔註 550〕《水經注疏》卷三十七灃水，第 2242 頁。
〔註 551〕《隋志下》澧陽郡條，第 895 頁。
〔註 552〕《宋志三》荊州刺史南義陽太守條，第 1121 頁。
〔註 553〕《晉志上》司州平陽郡條，第 416 頁。
〔註 554〕《宋志三》荊州刺史南義陽太守條，第 1121 頁。
〔註 555〕《晉志下》荊州後序，第 458 頁。

（十五）長寧郡沿革

長寧郡，《宋志》云：晉安帝僑立長寧郡。《晉志》亦云：晉安帝僑立長寧郡。〔註 556〕義熙十二年當領實土縣四。僑寄今湖北荊門市西北。

1、綏安，《續漢志》、《晉志》無。《宋志》曰：晉安帝立綏安。又云：宋明帝泰始四年（468），「以綏安縣并州陵」。〔註 557〕當與郡俱立。確址無考，當治在湖北仙桃市東南。

2、僮陽，《續漢志》、《晉志》無。《宋志》云：晉安帝立潼陽、長寧二縣。〔註 558〕則當與郡俱立。確址無考，當治今湖北荊門市西北。

3、綏寧，《續漢志》、《晉志》無。《宋志》曰：晉安帝立綏寧和上黃二縣。〔註 559〕當與郡俱立。確址無考，當治今湖北南漳縣東南。

4、長寧，《續漢志》、《晉志》無。《宋志》云：晉安帝立長寧縣。〔註 560〕當與郡俱立。治今湖北荊門市西北。

（十六）綏安郡沿革

綏安郡，《續漢志》、《晉志》無。《晉書・桓玄傳》云：桓玄「移沮漳蠻二千戶於江南，立武寧郡；更招集流人，立綏安郡」。〔註 561〕又《宋志》曰：「晉安帝隆安五年，桓玄以沮、漳降蠻立」武寧郡。〔註 562〕則綏安郡當約在隆安五年前後僑置。《南齊志》引何無忌表，云：「竟陵去治遼遠，去江陵正三百里，荊州所立綏安郡民戶，參入此境，郡治常在夏口左右。」〔註 563〕則綏安郡當僑寄今湖北武漢市武昌區。又《晉書・何無忌傳》載：義熙二年，「遷（何無忌）都督江荊二州江夏隨義陽綏安豫州西陽新蔡汝南潁川八郡軍事、江州刺史」。〔註 564〕郡領僑縣無考。《東晉疆域志》卷二荊州綏安郡條有長寧、綏安、潼陽、綏寧四縣，〔註 565〕甚誤。如上所述，四縣屬長寧郡，

〔註 556〕《宋志三》荊州刺史永寧太守條，第 1123 頁；《晉志下》荊州後序，第 458 頁。
〔註 557〕《宋志三》荊州刺史永寧太守條，第 1123 頁；《宋志三》郢州刺史巴陵太守條，第 1127 頁。
〔註 558〕《宋志三》荊州刺史永寧太守條，第 1123 頁。
〔註 559〕《宋志三》荊州刺史永寧太守條，第 1123 頁。
〔註 560〕《宋志三》荊州刺史永寧太守條，第 1123 頁。
〔註 561〕《晉書》九十九《桓玄傳》，第 2590 頁。
〔註 562〕《宋志三》荊州刺史武寧太守條，第 1123 頁。
〔註 563〕《南齊志上》江州序，第 260～261 頁。
〔註 564〕《晉書》卷八十五《何無忌傳》，第 2215 頁。
〔註 565〕《東晉疆域志》，第 3609 頁。

詳上文。

（十七）北河南郡沿革

北河南郡，《宋志》曰：「晉孝武太元十年立北河南郡，後省。……（宋）明帝泰始末復立。寄治宛中。」〔註 566〕《晉志》亦云：秦雍流人多南出樊沔，晉孝武帝始於襄陽僑立雍州，仍立京兆、北河南郡等七郡，並屬襄陽。〔註 567〕則太元九年僑置北河南郡。東晉末當省。領僑縣乏考。僑寄今湖北襄樊市。

（十八）義成郡沿革

義成郡，《續漢志》、《晉志》無。《晉書‧桓宣傳》曰：「（桓）宣與（李）陽遂平襄陽。（陶）侃使宣鎮之，以其淮南部曲立義城郡。」〔註 568〕咸和七年，東晉收復襄陽郡，詳上文襄陽郡條。則義成郡當置。太元四年，襄陽郡為前秦所佔，詳上文襄陽郡條，義成郡當失。《晉志》云：秦雍流人多南出樊沔，晉孝武帝始於襄陽僑立雍州，乃立京兆、義城、北河南等七郡，並屬襄陽。又《宋志》云：晉孝武帝立義成郡，治襄陽。〔註 569〕則太元九年當領僑縣四。僑寄今湖北襄樊市。

1、義成，《續漢志》屬揚州九江郡，《晉志》作「義城」屬揚州淮南郡。《宋志》云：晉孝武帝僑立義成郡。〔註 570〕《輿地廣記》亦曰：「（晉）孝武置義城縣及義城郡。」〔註 571〕太元九年當與郡俱僑置。僑寄今湖北丹江口市北。

2、下蔡，《續漢志》屬揚州九江郡，《晉志》屬揚州淮南郡。《宋志》曰：「《永初郡國》又有下蔡、平阿縣，何同。……（下蔡）始亦流寓立也。」〔註 572〕太元九年當與郡復僑置。確址乏考，當僑寄今湖北丹江口市一帶。

3、平阿，《續漢志》屬揚州九江郡，《晉志》屬揚州淮南郡。太元九年當與郡復僑置。確址乏考，當僑寄今湖北丹江口市一帶。

〔註 566〕《宋志三》雍州刺史北河南太守條，第 1143 頁。
〔註 567〕《晉志上》雍州後序，第 432 頁。
〔註 568〕《晉書》卷八十一《桓宣傳》，第 2117 頁。
〔註 569〕《晉志上》雍州後序，第 432 頁；《宋志三》雍州刺史條，第 1141 頁。
〔註 570〕《宋志三》雍州刺史義成太守條，第 1141 頁。
〔註 571〕《輿地廣記》卷八河西南路望襄州緊谷城縣條，第 170 頁。
〔註 572〕《宋志三》雍州刺史義成太守，第 1141 頁。

4、萬年，《續漢志》屬司隸作馮翊郡，《晉志》屬雍州京兆郡。太元九年當與郡俱僑立。僑寄今湖北丹江口市境。

（十九）梁州沿革

梁州，《續漢志》無；《晉志》領郡八，縣四十四。《宋志》曰：「曹魏元帝景元四年（263），平蜀，復立梁州，治漢中南鄭。」〔註573〕從之。《晉書．元帝紀》曰：建武元年，梁州刺史周訪大破杜曾。〔註574〕又《通鑒》載：建武元年，周訪「以功遷梁州刺史，屯襄陽」。〔註575〕則梁州始僑置於襄陽縣。後，甘卓續鎮襄陽。咸和五年至七年襄陽陷，僑梁州當即失。咸和七年當復置。如《宋志》曰：「（成漢）李氏（306～346年）據梁、益，江左於襄陽僑立梁州。李氏滅，復舊。」〔註576〕期間，陶侃當委任陳覲、蔣巽二人先後繼任梁州刺史。〔註577〕又《通鑒》曰：咸康五年，庾亮表其弟臨川太守庾懌為「監梁、雍二州諸軍事、梁州刺史，鎮魏興」。〔註578〕則咸康五年，梁州當徙治於魏興縣。如前所述，永和二年梁州復治漢中縣。寧康元年（373），東晉再失梁州（治漢中縣）。寧康二年遷梁州治襄陽，並以毛穆之為刺史。〔註579〕《通鑒》亦曰：寧康元年十一月，前秦遂取梁、益二州，以毛當為梁州刺史，鎮漢中。〔註580〕又《晉書．孝武帝紀》曰：太元二年，「以兗州刺史朱序為南中郎將、梁州刺史、監沔北諸軍，鎮襄陽」。〔註581〕然據《晉書．孝武帝紀》載：太元四年，苻堅子丕攻陷襄陽，「執南中郎將朱序」。〔註582〕此後，梁州不再僑置於襄陽。綜上述，建武元年至咸康五年、寧康二年至太元四年，梁州當僑寄今湖北襄樊市。

〔註573〕《宋志三》梁州刺史序，第1144頁。
〔註574〕《晉書》卷六《元帝紀》，第149頁。
〔註575〕《通鑒》卷九十《晉紀十二》，第2850頁。
〔註576〕《宋志三》梁州刺史序，第1144頁。
〔註577〕《晉書》卷七十一《陳覲傳》，第1894頁；《東晉方鎮年表》，第3493頁。
〔註578〕《通鑒》卷九十六《晉紀十八》成帝咸康五年，第3027頁。
〔註579〕《東晉方鎮年表》，第3494頁。
〔註580〕《通鑒》卷一百三《晉紀二十五》孝武帝寧康元年，第3265頁。
〔註581〕《晉書》卷九《孝武帝紀》，第228頁。
〔註582〕《晉書》卷九《孝武帝紀》，第229頁。

表 1.2：東晉義熙十二年荊州僑州、僑郡領僑縣（含實縣）行政區劃表

僑州，僑郡	僑郡所屬僑縣（含實縣）	僑州或僑郡僑寄地	備注
河南郡	河南、新城、河陰、陽城、緱氏	湖北襄樊市	
上洛郡	上洛、北商、豐陽、陽亭、北拒陽	湖北襄樊市	豐陽、陽亭、北拒陽為晉安帝立，則416年當有
河東郡	安邑、聞喜、永安、臨汾、弘農、譙、松滋、廣威	湖北松滋縣西北長江南岸	
廣平郡	廣平、易陽、曲周、邯鄲	湖北襄樊市	
新興郡	定襄、廣牧、新豐、雲中、九原、宕渠	湖北荊門市荊州區東北	
雍州		湖北襄樊市	
京兆郡	杜、新豐、藍田、鄭、池陽、南霸城、新康	湖北襄樊市西	新豐、新康為東晉末立，疑416年當有
扶風郡	郿、魏昌	湖北襄樊市	
始平郡	始平、平陽、清水、槐里	湖北襄樊市	
義陽郡	平氏、襄鄉	湖北襄樊市一帶	
南義陽郡	平氏、厥西、平陽	湖北安鄉縣	
東義陽郡	乏考	湖北江陵縣	晉安帝立，416年當有
長寧郡	綏安、僮陽、綏寧、長寧	湖北荊門市西北	四縣皆為實土縣
綏安郡	乏考	湖北武漢市武昌區	
北河南郡	乏考	湖北襄樊市	晉孝武帝立，416年當有
義成郡	義成、下蔡、平阿、萬年	湖北襄樊市	

圖 1.1：東晉義熙十二年（416）荊州政區圖

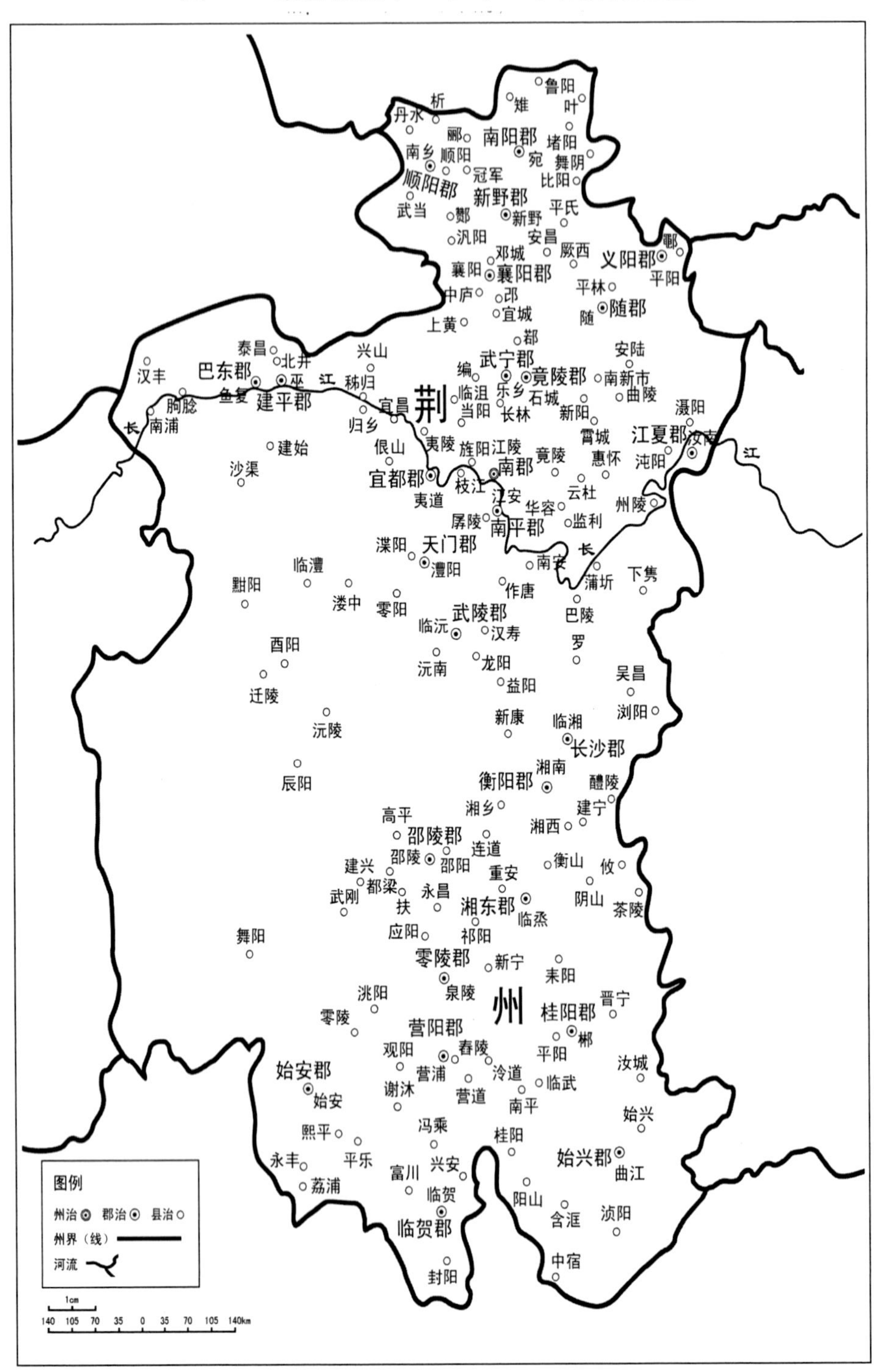

第三節　東晉荊州封爵屬地地理分布的特點與政治原因

從上一節的討論中，可知兩晉在荊州政區多有封爵。因封爵屬地和政區歷史沿革緊密相關，現從政治地理的角度，論述兩晉時期封爵屬地地理分布與政治原因，包括始封爵者及其與政治之間的關係。東晉末期、南朝時的五等爵無封國與食邑。〔註583〕故不在本書討論範圍之內。

一、東晉荊州封爵情況與其屬地地理分布的特點

據下表1.3中，西晉荊州政區始封爵者共有30人，其中不詳姓氏者7人。宗室司馬氏共有12人封爵，在有姓氏可查者中佔據1/2強。說明西晉時期，由於國家統一、君主集權，皇族牢牢控制著中央政權。即使在「八王之亂」、「永嘉之亂」時，司馬氏依然掌握國家軍政大權，他族無法涉足權力中心。〔註584〕又依下表1.3，西晉在荊州政區先後共置有13個王國。其中2個縣王國，即隨縣王國，太康九年（288）升隨郡王國；棘陽縣國，封司馬奇為棘陽縣王，以嗣司馬望。永平元年（291）改封南平郡王司馬祥為宜都郡王。因此，至永嘉元年，實置10個王國。周品儒以為：「西晉早期荊州督區長官的人選標準之高近似於曹魏，非晉氏之佐命元勳，即和晉室有親戚關係者，不同之處，僅魏多血親宗室而晉多姻親。然晉室另有宗室分封之制，故晉宗室之權實遠超曹魏。至晉惠帝晚期，諸王相爭局面混亂，荊州都督逐漸以親信居之，多為東宮舊屬，直訖愍帝被弒，西晉滅亡而止。」〔註585〕這也正是司馬氏始

〔註583〕如《廿二史考異》卷二十四宋書二條曰：「五等之封，當假虛號，未有戶邑，蓋出一時權宜之制。」第409頁。關於這個問題，還可參見周一良：《〈宋書〉劄記》「五等爵無食邑」，《魏晉南北朝史劄記》，第157頁。又，臺灣學者王安泰對這個問題論證較詳盡，參見氏著《再造封建——魏晉南北朝的爵制與政治秩序》第三章第二節東晉南朝的「開國」與「五等」，臺灣大學出版中心2013年版，第140～165頁。

〔註584〕福原啟郎著、陸帥譯：《晉武帝司馬炎》，南京：江蘇人民出版社，2020年版。

〔註585〕周品儒：《六朝荊州的發展——以地域政治為中心》，臺灣私立東海大學2009年碩士學位論文，第94頁。此外，關於西晉滅亡的原因，除已為人詳知的政治原因外，由於氣候變冷導致糧食產量下降，從而誘發各種矛盾衝突，最終促使國家分裂，也當是主因之一（參見王錚、張丕遠、周清波：《歷史氣候變化對中國社會發展的影響——兼論人地關係》，載《地理學報》1991年第4期）。

終實控荊州政局的原因，並導致其宗室成員在荊州廣有封爵屬地。西晉時期，先後被封的王國中，有 9 個位於長江以北，4 個位於長江以南地區，即長沙、武陵、南平、宜都四個郡王國。其他郡公、縣（公、侯、伯、子）國共 18 個，其中位於長江以南的僅有觀陽縣，即華表先封觀陽縣伯，後改為縣公。長江北岸封爵爵地多達 17 個，包括長江北岸的夷陵縣。無需多言，因政治、經濟和文化中心仍位於長江以北地區。

相對西晉，東晉在荊州僅封有 1 個郡王，即武陵郡。究其原由：當是，東晉王朝作為司馬氏與北來高門士族共天下的政權，即所謂「王與馬共天下」政治格局〔註 586〕。此也可概括為「皇帝垂拱」、「士族當權」〔註 587〕和「流民禦邊」的政權〔註 588〕。這種政治格局的形成原因，當是：雖然高級士族「也必須在維護皇統的基礎上才能保證家族利益，但他們仍然不希望微弱的宗室力量壯大起來，改變當時的政治格局」。〔註 589〕此外，逃亡到南方的司馬氏宗室成員寥寥無幾。如魯力認為：先後南渡的司馬氏宗室實際上有 12 人。從人數上看，東晉宗室成員的數量大大少於西晉。將時間因素考慮在內，東晉宗室的數量大約只有西晉的 1/4。〔註 590〕故東晉無力也沒條件賜封更多的司馬氏宗室。此外，封爵屬地在長江以北的郡縣僅有南陽郡、竟陵縣、霄城縣、宜城縣、當陽縣五處。這是因為長江以北大部地區，由於經受流民之亂與前（後）趙、前（後）秦政權的侵擾與佔領，多已淪為疆場爭奪之地，經濟發展已基本停滯，自然無法分封。〔註 591〕

〔註 586〕田餘慶：《東晉門閥政治》。

〔註 587〕汪清：《東晉士族世襲領州制初探》，載《史學月刊》2010 年第 2 期。關於「六朝士族或世族」的形成，參見孟思明：《六朝世族形成的經過》，載《文史雜誌》第一卷第九期，第 1～15 頁；蘇紹興：《兩晉南朝的士族》，臺灣聯經出版事業公司 1987 年版，第 3～5 頁。

〔註 588〕閻步克編著：《波峰與波谷——秦漢魏晉南北朝的政治文明》第八章，北京大學出版社 2009 年版，第 145 頁。此外，還可參見毛漢光：《五朝軍權轉移及其對政局之影響》，收入《中國中古政治史論》，上海書店出版社 2002 年版，第 307～348 頁（原刊於《清華學報》新 8 卷第 1、2 期合刊）。

〔註 589〕張興成：《兩晉宗室管理制度論述》，載《文史哲》2001 年第 2 期。

〔註 590〕魯力：《魏晉南朝宗王問題研究》，武漢大學出版社 2013 年版，第 74～79 頁。另外，張興成亦對兩晉時期宗室強弱的原因進行了分析，參見氏著《兩晉宗室制度差異及其形成原因探析》，載《中州學刊》2011 年第 1 期。

〔註 591〕關於荊州長江以北經濟發展的狀況，參見魯西奇：《論地區經濟發展不平衡——以漢江流域開發史為例》，載《中國社會經濟史研究》1997 年第 1 期。

二、東晉荊州封爵地理分布與政治之間的關係

為說明封爵地理分布和政治之間的關係。現將東晉荊州封爵的時段分為四個時期，並茲此分別論述之。

一，晉元帝時期（317～322 年）。據表 1.3，僅有 5 人受封，其中王導、甘卓、紀瞻三人對東晉有再造之功〔註 592〕，其封爵屬於特例。司馬晞、衛崇二人為襲爵。之所以出現這種情況的主要原因是，東晉建國初期政權不穩定，既有內憂，更有外患。如《世說新語》云：晉元帝始過江，謂顧驃騎曰：「寄人國土，心常懷慚」。〔註 593〕這一時期的荊州為王敦所控制，中央與方鎮的矛盾日益加深。王敦的跋扈及之後的叛亂，拉開了荊揚之爭的序幕〔註 594〕。總之，在東晉初期，下游的建康中央政權在與王敦的對抗中，明顯處於劣勢。在客觀政治環境的限制下，晉元帝自然無暇顧及封爵的事情。

二，晉明、成二帝時期（322～342 年）。平定王敦、蘇峻之亂後，明、成二帝大封功臣，共有 25 人受封。北方士族人數是 18 人，比例很高。南方士族僅有 7 人，他們是陸曄、紀瞻、車胤、李陽、虞潭、陶侃與其子陶旗。其中李陽是益州人，車胤是荊州人，陶侃父子是江州人，其他 3 人籍貫都是揚州人。他們所佔封爵比例低，並在政治上多受排擠。如紀瞻生前為臨湘縣侯（按：為列侯），死後才被晉成帝追封為華容子。子爵位在五等爵末。據《晉書·陶侃傳》載：晉明帝曰：「社稷之臣，欲無復十人，如何？」因屈指曰：你紀瞻就是其中的一個。史載紀瞻才兼文武，朝廷稱其忠亮雅正。但出身南人的紀瞻，終受排擠，爵不過子。又，陶侃忠於晉室。如《晉書》引史臣曰：陶士行望非士族，俗異諸華，拔萃陬落之間，比肩髦俊之列。布澤懷邊，則嚴城靜柝；釋位匡主，則淪鼎再寧。從而駁斥了陶侃潛有包臧之志，顧思折翼之祥的悖論和謠言；並稱讚侃曰：「長沙勤王，擁旆戎場。任隆三事，功宣一匡。」〔註 595〕余遜亦云：陶侃折翼灑血之說，為出諸庾亮輩所虛構，於史傳無明徵，誠未必盡合當時事

〔註 592〕《晉書》卷六十五《王導傳》，第 1745～1750 頁；《晉書》卷七十《甘卓傳》，第 1862～1863 頁；《晉書》卷六十八《紀瞻傳》，第 1820～1823 頁。

〔註 593〕〔南朝·宋〕劉義慶撰，徐震堮著：《世說新語校箋》，中華書局 1984 年版，第 49 頁。

〔註 594〕王仲犖：《魏晉南北朝史》，上海人民出版社 1979 年版，第 231 頁。

〔註 595〕《晉書》卷六十六《陶侃傳》第 1782 頁。

實。〔註 596〕陶侃雖盡忠晉室，卻一直面臨被打擊的政治地位。如其早年受王敦的排擠，僅幸免被害。如王敦曾經披甲持矛，將殺侃。後因顧忌周訪，方才罷手。其後再遭庾亮的猜忌，死後，其子陶稱被庾亮所害。〔註 597〕紀瞻、陶侃父子的政治經歷說明，在東晉南方士族、寒族始終處於被排斥的狀況。

除上述外，北人南來的流民帥中，有劉遐、蘇峻二人封爵於荊州。但流民帥在東晉所遭遇的政治經歷有很大不同。如：「值天下大亂，（劉）暇為鄔主，每擊賊，率壯士陷堅摧鋒，冀方比之張飛、關羽。」其驍勇之名，早聞於冀州。但由於東晉政府對流民帥防備甚嚴，不許他們過江。劉遐雖助東晉平定王敦之亂，最後仍被任為徐州刺史一職，鎮淮陰，不得南渡。咸和元年，劉遐去世後，他的母親、妻子、參佐將士都被遷徙到建康，部曲則被郭默收編。〔註 598〕還有蘇峻因討王敦功，被封爵。然常受庾亮嫉防。後，庾亮下詔欲徵之，蘇峻遂上書乞補青州界一荒郡，以展鷹犬之用，但為朝廷所拒。最後他被迫起兵反叛，終遭殺害。〔註 599〕總之，流民帥終不被東晉朝廷所信用，大多處境尷尬，往往得到的是始用終棄的政治命運。〔註 600〕

北人南來的低級士族〔註 601〕中有 3 人封爵爵地在荊州，即毛寶、趙胤和劉超。以下分述之：初，毛寶〔註 602〕效力於王敦處。王敦死後，又為溫嶠平南參軍。後預平蘇峻之亂，為溫嶠、陶侃二人所信任，並因功得以封爵。庾亮舉毛寶為豫州刺史，使鎮江北的邾城。後為石勒所破，毛寶死之。〔註 603〕又，先世以將顯的趙胤應是低級士族出身。他欲圖騰達，遂投奔於王導門下，王導引為從事中郎。終因平王敦功，得以封爵。後南頓王司馬宗反，趙胤殺宗，

〔註 596〕余遜：《南朝之北士地位》，載《輔仁學誌》十二卷一二期，1943 年，第 51 頁。又，參見李培棟：《陶侃評傳》，載《上海師院學報》1980 年第 3 期。

〔註 597〕《晉書》卷六十六《陶侃傳》，第 1772～1773 頁、第 1780 頁。

〔註 598〕《晉書》卷八十一《劉遐傳》，第 2130～2131 頁。

〔註 599〕《晉書》卷一百《蘇峻傳》，第 2628～2631 頁。

〔註 600〕田餘慶：《東晉門閥政治》，第 35～45 頁。

〔註 601〕祝總斌認為：「陳寅恪先生將渡江之北方士族分為上層、次等和下層士族，……但從東晉的社會制度看，似乎直到東晉末年士族仍只有兩等，即高級和低級，或『高門』與『次門』。」（氏著《劉裕門第考》，收入《材不材齋史學叢稿》，中華書局 2009 年版；原載《北京大學學報》1982 年第 1 期）第 324～325 頁。今從祝總斌的分法。

〔註 602〕《晉書》卷八十一《毛寶傳》載：「王敦以（毛寶）為臨湘令。」則毛寶當出身於低級士族。第 2122 頁。

〔註 603〕《晉書》卷五十一《毛寶傳》，第 2122～2124 頁。

於是王導、庾亮並倚重之〔註 604〕。劉超的父親曾為琅邪國上軍將軍。劉超本人為縣小吏，出身低級士族。劉超「以忠謹清慎為元帝所拔，恒親侍左右」，後為明、成二帝禁衛軍將領並從明帝徵錢鳳。事平後，以功封零陵伯。最終他被蘇峻部將所害。〔註 605〕無需多言，北人之低級士族只有依靠親近皇帝或當權者，才能得到重用，以致封爵榮身。

三，桓溫當政時期（345～373 年）。桓溫繼庾翼之後，坐鎮荊州。他憑藉平定成漢政權的功績和三次北伐的軍事活動，〔註 606〕樹立了威信，最終實際控制了東晉朝政，形成了「桓與馬共天下」的政局。〔註 607〕需要說明的是，荊州的桓氏勢力尤其強盛。如周品儒以為：桓氏之於荊州，累恩數世，故至晉末桓玄為亂，荊楚景從，其得人心一般歸之於桓沖，桓沖以荊州人士為州府高位，並皆親往造訪禮聘，遂能得到荊州人群的傾心支持。〔註 608〕此外，封爵屬地在荊州的桓氏家族成員有 4 人，即桓溫、桓濟、桓石虔和桓玄。無疑，此點也凸顯出荊州對於桓氏家族的重要性。又，袁喬、孫盛二人隨桓溫征伐，多所立功，其封爵屬地也在荊州。後，孫盛雖著《晉陽秋》，書中多有暴露桓溫枋頭之敗的經過。但觀其政治經歷和桓溫緊密相關，故他和袁喬都屬於桓氏集團的成員。〔註 609〕

四，義熙時期（405～418 年）。以劉裕、劉毅為代表的北府軍將領，都出身於北來善鬥的武力次族。後來，他們趁桓玄篡晉之機，起義兵，逐漸控制了朝政。〔註 610〕最終，劉裕滅劉毅，破敗荊州司馬休之和土著魯宗之等人的

〔註 604〕《晉書》卷五十七《趙胤附子趙胤傳》，第 1566～1577 頁。

〔註 605〕《晉書》卷七十《劉超傳》，第 1875～1876 頁。

〔註 606〕王仲犖認為：「東晉統治階級內部矛盾——荊、揚之爭的持續和擴大，牽制著桓溫，甚至破壞桓溫的北伐，成為他北伐不能獲勝利的主要原因；當然，桓溫本身的弱點——企圖在勝利以後做皇帝，也使他的北方事業受到不利的影響。」（《魏晉南北朝史》）第 339 頁。

〔註 607〕《東晉門閥政治》，第 137～162 頁；此外，關於桓溫政治與江南地方社會的問題，參見李濟滄：《東晉貴族政治史論》，江蘇人民出版社 2016 年版，第 187～200 頁。

〔註 608〕《六朝荊州的發展——以地域政治為中心》，第 136～137 頁。

〔註 609〕《晉書》卷八十三《袁喬傳》，第 2167～2169 頁；《晉書》卷八十二《孫盛傳》，第 2147～2148 頁。此外，錢穆將「門生」「故吏」既隸屬於「國家」，又隸屬於同屬「國家」者的「故主」的關係稱為「二重的君主觀」（《國史大綱》，商務印書館 1991 年版），第 217～218 頁。錢氏觀點或可解釋上述現象。

〔註 610〕陳寅恪：《述東晉王導之功業》，載《金明館叢稿初編》，生活 · 讀書 · 新知三聯書店 2001 年版，第 66～69 頁。

勢力。隨著魯宗之的出走，雍州僑舊力量遂為北府所控制，雍州刺史的角色也由雍州武人換成了北府武人。〔註 611〕最終，荊州落入劉裕之手。此外，東晉末劉裕集團成員多在荊州封爵。如劉裕的弟弟劉道規和劉道憐。又，毛德祖和毛璩本是荊州次等士族，後轉而投靠劉裕，他們是武人集團的代表。孟龍符、到彥之、劉粹、王鎮惡、檀道濟、劉遵、劉虔之等是劉裕的鄉里〔註 612〕和元從故將。南人中僅胡藩、沈叔任的封爵屬地在荊州。〔註 613〕

綜上述，在第一、二、三時期，北來高門士族掌握了中心權力。然在第四時期，低等士族、寒門武將突起，他們逐漸控制了國家政權。此外，在二、三、四時期，南方士族中，僅張玄子封爵屬地在荊州。如周一良所言：桓溫、劉裕相繼立功，威聲大振，於是僑人乃不復以南人為意。〔註 614〕除上述外，在第四時期，劉裕利用分封爵位的政治手段，拉攏寒族和低等士族並極力抬高他們的政治地位，〔註 615〕企圖達到抗衡門閥士族及壓制司馬氏皇族的目的，為隨後的篡晉活動作好準備。

〔註 611〕徐成：《東晉南朝雍州尚武豪族研究》，揚州大學 2010 年碩士學位論文，第 41 頁。

〔註 612〕秦冬梅認為：「而中下層士族，雖然也保持著他們的地域和婚姻集團，但卻能以僑地為依託，形成鄉族勢力，因此能在東晉後期掌握國家大權，實現晉宋革命。」氏著《論東晉北方士族與南方社會的融合》，載《北京師範大學學報（社會科學版）》2003 年第 5 期。

〔註 613〕陳琳國將「劉宋軍功家族」分為三種類型，即「居住於京口的中下層僑人」、「被稱為『荒傖』的晚渡士族」、「三吳豪族」，並說「武功家族是續門閥士族而起，部分取代門閥士族地位的一股新興的政治力量，其勢力已經超過了門閥士族。」氏著《論晉末劉宋軍功家族的三種類型》，載《中國史研究》1995 年第 4 期。然從荊州封爵情況，只有沈叔任 1 人為吳人，「三吳豪族」似不當為劉裕集團的主要成員。

〔註 614〕周一良：《南朝境內之各種人及政府對待之政策》，收入氏著《魏晉南北朝史論集》，北京大學出版社版 1997 版，第 57 頁（原載《歷史語言研究所集刊》第七本第四分）。

〔註 615〕王安泰認為：「五等爵是異姓群臣所能獲得的最高爵，五等爵官品高，又有食邑收入，自然成為大臣追求的另一目標。此外，無論是同姓宗室或異姓大臣，有了王或五等爵，才能比附為西周的『諸侯』，與天子建立更完整的君臣關係，因此爵位就成為內臣的重要身份標誌之一。」氏著《再造封建——魏晉南北朝的爵制與政治秩序》，第 264 頁。正如王安泰所說劉裕通過封爵與元從、故將建立了親密的「主從」關係，為以後奪取東晉政權打下了基礎。而提高元從、故將的政治地位，使其和東晉門閥士族相抗頡，亦是其政治目的之一。

表 1.3：西晉荊州封爵表

	始封者	籍貫	封爵	時間（置～省年）	受封原因（歷任主要職官）	出處（書／卷／頁）	備注
1	司馬乂	河內溫縣	長沙郡王	289 年～（東晉初）	晉武帝之子（左軍將軍、大都督）	晉書／3／79	後為張方所害
2	司馬暢	同上	順陽郡王	289 年～（東晉初）	晉武帝之子（給事中、游擊將軍）	晉書／3／79	由扶風王徙為順陽王
3	司馬歆	同上	新野縣公，新野郡王	289～301 年，301 年～（東晉初）	晉武帝之子(持節、都督荊州諸軍事、鎮南大將軍、開府儀同三司）	晉書／3／79，水經注校證／31／729	301 年改封新野郡王
4	司馬邁	同上	隨縣王，隨郡王	？～288 年，288 年～（東晉初）	宗室、襲爵（南中郎將）	晉書／37／1088	司馬整之子，288 年改封為隨郡王
5	司馬澹	同上	武陵郡王	（惠帝時）～（東晉初）	宗室（前將軍、中護軍、太子太傅）	晉書／38／1122～1123	琅邪王司馬伷之子
6	司馬祥	同上	南平郡王，宜都郡王	？～291 年，291 年～（東晉初）	宗室（不詳）	晉書／4／98	291 年改封為宜都郡王
7	司馬楙	同上	竟陵郡王	307 年～（東晉初）	宗室（都督兗州刺史、車騎將軍，豫州牧）	晉書／37／1089～1090	洛陽陷，死於兵亂
8	司馬範	同上	襄陽郡王	301 年～（東晉初）	宗室（散騎常侍）	晉書／59／1597	楚王司馬瑋之子
9	司馬望	同上	義陽郡王	265～301 年	宗室（大司馬）	晉書／37／1086	司馬孚之子
10	司馬奇	同上	棘陽縣王	約 301 年～(東晉初）	宗室（不詳）	晉書／37／1086	
11	司馬柬，司馬模	同上	南陽郡王	277～289 年，306 年～（西晉末）	宗室（侍中、錄尚書事，大將軍），宗室（都督秦雍梁益諸軍事）	晉書／3／68、79，晉書／4／107，晉書／37／1097～1099	289 年改封司馬柬為秦王
12	杜預	京兆杜陵	當陽縣侯	280～420 年	平吳功（鎮南大將軍、都督荊州諸軍事）	晉書／34／1028、1030	
13	不詳	河東安邑	江夏郡公	（晉惠帝末年）～420 年	改封（散騎常侍）	晉書／36／1066	衛瓘後人原為蘭陵郡公

14	王濬	弘農湖	襄陽縣侯	280年～（東晉初）	平吳功（散騎常侍、後軍將軍）	晉書／3／72，晉書／42／1216	
15	不詳		比陽縣公	？～（東晉初）		晉書／15／455	
16	不詳		魯陽縣公	？～（東晉初）		晉書／15／455	
17	不詳		葉縣侯	？～（東晉初）		晉書／15／455	
18	不詳		冠軍縣侯	？～（東晉初）		晉書／15／455	
19	不詳		淯陽縣公	？～（東晉初）		晉書／15／455	
20	不詳		博望縣公	？～（東晉初）		晉書／15／455	
21	不詳		舞陰縣公	？～（東晉初）		晉書／15／455	
22	羅憲	襄陽	西鄂縣侯	269年～（東晉初）	歸順功（監巴東軍事、使持節，領武陵太守）	晉書／57／1552，晉書／15／455	
23	司馬睦	河內溫縣	丹水縣侯	277年～（太康初）	宗室（不詳）	晉書／37／1113	太康初，復高陽王爵
24	王澄	琅邪臨沂	南鄉縣侯	（惠帝末年）～（東晉初）	以迎大駕勳（荊州刺史，領南蠻校尉）	晉書／43／1239～1241	
25	滕修	南陽西鄂	武當縣侯	280年～（東晉初）	以歸順功（安南將軍，廣州牧）	晉書／57／1553，晉書／15／455	
26	華表	平原高唐	觀陽縣伯，觀陽縣公	264年～（東晉初）	元勳（太子少傅，光祿勳，太常卿）	晉書／44／1260～1261	華表子華廙進爵為公
27	藩尼	滎陽中牟	安昌縣公	301年～（東晉初）	從司馬冏起兵（黃門侍郎、散騎常侍、侍中、秘書監）	晉書／25／1510、1515	
28	王愷	東海郯	山都縣公	291年～（東晉初）	外戚（射聲校尉，後將軍）	晉書／93／2411、2412	晉文帝文明皇后之弟
29	羅尚	襄陽	夷陵縣侯	308年～（東晉初）	不詳（平西將軍，假節，領護西夷校尉，益州刺史）	華陽國志校補圖注／8／471	

表 1.4：東晉荊州封爵表

	始封者	籍貫	封爵	時間（置～省年）	受封原因（歷任主要職官）	出處（書／卷／頁）	備注
1	司馬晞，司馬遵	河內溫縣	武陵郡王	（惠帝時）～371 年，387～420 年	皇子（鎮軍大將軍，太宰），宗室（不詳）	晉書／6／150，晉書／38／1123，晉書／9／220、236	晉元帝立子晞為王，嗣司馬澹
2	陸曄	吳郡吳縣	江陵縣伯、縣公	324～329 年，329 年～（東晉末）	以平錢鳳功，平蘇峻功（散騎常侍，左光祿大夫、開府儀同三司）	晉書／77／2023～2024	陸曄子諶，史無載其嗣爵事，當被削爵
3	魏詠之	任城	江陵縣公	406～479 年	義熙元勳（荊州刺史，領南蠻校尉）	晉書／85／2217～2218	
4	紀瞻	丹陽秣陵	臨湘縣侯，華容縣子	307～324 年，324～420 年	以討陳敏功，討王含功（侍中，散騎常侍，驃騎將軍）	晉書／68／1815、1820、1823	324 年降臨湘縣侯爵二等，封其次子一人亭侯
5	車胤	南平	臨湘縣侯	（孝武帝時）～420 年	不詳（丹陽尹，吏部尚書）	晉書／83／2177～2178	
6	杜乂	京兆杜陵	當陽縣侯	208～420 年	外戚（丹陽丞）	晉書／93／2414	襲杜預爵，晉成恭皇后父
7	阮孚	陳留尉氏	南安縣侯	324～420 年	從平王敦功（丹陽尹，廣州刺史、假節）	晉書／49／1365	
8	衛崇	河東安邑	江夏郡公	（晉惠帝末年）～420 年	襲爵（不詳）	晉書／49／1066	
9	甘卓	丹陽	南鄉縣侯	（晉元帝時）～320 年	以功勳（湘州刺史，安南將軍、梁州刺史、假節）	晉書／70／1862	320 年遷於湖侯
10	卞敦	濟陰冤句	益陽縣侯	324～420 年	以平王敦功（安南將軍、湘州刺史，廣州刺史）	晉書／6／162，晉書／70／1874	
11	劉遐	廣平易陽	泉陵縣公	324～420 年	平王含功（監淮北軍事、徐州刺史、假節）	晉書／6／162，晉書／81／2130、2131	
12	應詹	汝南南頓	觀陽縣侯	324～420 年	平王敦功（都督江州諸軍事、江州刺史）	晉書／6／162，晉書／70／1857～1861	

13	蘇峻	長廣掖	邵陵縣公	324～327年	平王敦功（冠軍將軍、歷陽內史，加散騎常侍）	晉書／6／162，晉書／100／2628～2629	
14	卞壼	濟陰冤句	建興縣公	324～420年	平王含功（右將軍、加給事中、尚書令）	晉書／6／162，晉書／70／1866、1870	
15	王導	琅邪臨沂	武岡縣男，始興郡公	（311）～324年，324～420年	佐命功，平王敦功（司徒）	晉書／6／162，晉書／65／1749、1750	
16	劉牢之	彭城	武岡縣男	385～420年	淮肥之役功（征西將軍，領江州事）	晉書／84／2188	
17	虞潭	會稽餘姚	零陵縣公	325～329年	以討沈充功（假節、監揚州浙江西軍事）	晉書／76／2013～2014	329年進爵武昌縣公
18	劉超	琅邪臨沂	零陵縣伯	324～420年	討錢鳳功（左衛將軍）	晉書／70／1875～1877	
19	趙胤	淮南	湘南縣侯	324～420年	平王敦功（冠軍將軍，西豫州刺史）	晉書／6／162，晉書／57／1566～1567	趙胤殺南頓王宗，王導、庾亮並倚杖之
20	溫嶠	太原祁	建寧縣公，始安郡公	324～329年，329～420年	平王敦功，平蘇峻功（都督、平南將軍、江州刺史，散騎常侍）	晉書／6／162，晉書／67／1785～1796	
21	李陽	蜀郡郫	重安縣侯	（約明、成二帝時）～420年	不詳（竟陵太守，雍州刺史、南中郎將）	華陽國志校注／12／954	
22	王愆期	河東猗氏	辰陽縣侯	（約329）～420年	散騎常侍	經典釋文／1／14	
23	毛寶	滎陽陽武	州陵縣侯	329～360年	平蘇峻功（監揚州之江西諸軍事、豫州刺史）	晉書／81／2122～2124	360年徙建安侯
24	袁耽	陳郡陽夏	秭歸縣男	329～420年	預平蘇峻功（建威將軍、歷陽太守，王導從事中郎）	晉書／83／2166、2170	
25	鄧嶽	陳郡	宜城縣伯	（337年前）～420年	以前後勳（督交廣二州軍事，廣州刺史，加督寧州）	晉書／81／2131	曾為王導從事中郎

26	陶侃	鄱陽	長沙郡公	329～420 年	平蘇峻功（侍中、太尉，都督八州諸軍事、荊江二州刺史）	晉書／7／174、晉書／66／1768、1775、1777、1780	
27	陶旗	同上	郴縣侯	（咸和中）～420 年	不詳（散騎常侍）	晉書／66／1780	陶侃之子
28	袁喬	陳郡陽夏	湘西縣伯	366～420 年	預平成漢功（建威將軍、江夏相）	晉書／83／2166～2169	
29	孔盛	太原中都	吳昌縣侯	356～420 年	從入關平洛功（長沙太守）	晉書／82／2147～2148	
30	毛祐之	滎陽陽武	夷道縣侯	406～420 年	斬桓玄功（不詳）	晉書／81／2128	
31	桓溫	譙國龍亢	臨賀郡公、南郡公	348～360 年，360～404 年	滅成漢功，復洛陽功（侍中、大司馬、都督中外諸軍事、假黃鉞）	晉書／8／204，晉書／98／2569～2578	404 年改封南郡公
32	桓濟	同上	臨賀縣公	360～404 年	襲爵（不詳）	晉書／98／2572	桓溫次子
33	桓石虔	同上	作唐縣侯	389～404 年	平閻震功（監豫州揚州五郡軍事、豫州刺史）	晉書／74／1943～1944	閻震為苻堅襄陽太守
34	桓玄	同上	桂陽郡公	403～403 年	平殷仲堪、楊佺期功（後將軍、荊州刺史、假節）	晉書／99／2585～2596	403 年自立楚國
35	張玄子	不詳（南人）	晉寧縣侯	（孝武帝時）～420 年	不詳（吳興太守）	晉書／79／2085	與謝玄為時人稱為「南北二玄」
36	劉毅	彭城沛	南平郡公	406～412 年	以匡復功（衛將軍、開府儀同三司、荊州刺史，持節）	晉書／10／259，晉書／85／2207～2210	
37	劉道規	彭城	華容縣公、南郡公	406～410 年，412～420 年	以義熙舉義勳，平桓謙功（荊州刺史）	宋書／51／1470～1474	宋高祖少弟
38	劉道憐	同上	竟陵縣公	412～420 年	以預平後燕功（南蠻校尉、荊州刺史）	宋書／51／1461～1463	宋高祖中弟

39	魯宗之	扶風郿	霄城縣侯、南陽郡公	406～413 年，413～415 年	平桓蔚功，討劉毅功（雍州刺史）	晉書／10／264，宋書／74／1922	413 年改封郡公
40	毛德祖	滎陽陽武	遷陵縣侯	415～420 年	預平司馬休之功（冠軍將軍、司州刺史）	晉書／81／2129	
41	毛璩	同上	歸鄉縣公	406～479 年	討桓玄功（建威將軍、益州刺史）	晉書／81／2126～2128	
42	孟龍符	平昌安丘	臨沅縣男	（409 年後）～479 年	以功勳（車騎將軍、廣川太守）	宋書／47／1408～1409	
43	王鎮惡	北海劇	漢壽縣子	412～420 年	討劉毅功（龍驤將軍，安西司馬、馮翊太守）	宋書／45／1365、1368	
44	到彥之	彭城武原	佷山縣子	（義熙中）～420 年	以軍功（司馬、南郡太守，南蠻校尉）	南史／25／674	420 年進爵為侯
45	劉粹	沛郡蕭	灄陽縣男	412～420 年	預平劉毅功（建武將軍、江夏相）	宋書／45／1379	420 年進爵建安縣侯
46	劉遵	臨淮海西	監利縣侯	414～479 年	義熙元勳、宗室（右將軍、宣城內史、淮南太守）	宋書／51／1474	劉道規從母兄蕭氏舅
47	檀道濟	高平金鄉	作唐縣男	（義熙中）～420 年	以前後功（西中郎司馬、持節、南蠻校尉）	宋書／43／1341～1342	420 年進爵永修縣公
48	蒯恩	蘭陵承	新寧縣男	（義熙中）～（劉宋末）	義熙元勳（輔國將軍、淮陵太守，從事中郎）	宋書／49／1436～1438	
49	胡藩	豫章南昌	陽山縣男	（義熙中）～447 年	義熙元勳（假寧朔將軍、太尉軍事）	宋書／50／1443～1446	論平司馬休之及廣固功
50	沈叔任	吳興武康	寧新縣男	（義熙中）～479 年	「平蜀全涪」功（建武將軍、益州刺史）	宋書／63／1684、1687	
51	劉虔之	彭城呂	新康縣男	415～479 年	以軍功追封（江夏相）	宋書／50／1446、1452	為魯軌所襲擊，見殺

第四節　東晉荊湘政治地理格局的變化及原因

西晉末至東晉亡，湘州曾兩置兩省，關於此點，前文已論述之。此外，湘州所統郡縣基本上是分割荊州而置，故湘州置廢和荊州沿革互成因果，其政治地理因素頗值深思。以下茲就此問題論述如下。

一、晉元帝荊湘政治地理格局及作用

永嘉元年，晉惠帝分荊州之長沙、衡陽、湘東、邵陵、零陵、建昌、營陽郡和江州桂陽郡置湘州，治臨湘縣。〔註 616〕永嘉五年（312），荀眺任湘州刺史。在參軍馮素挑撥下，荀眺欲盡誅流民，從而引發流民叛亂。最後荀眺逃至廣州，湘州為杜弢所據。〔註 617〕同年，司馬睿任甘卓為湘州刺史，意在奪取湘州。後，陶侃、甘卓等討伐杜弢，前後數十戰。最終，陶侃、應詹等人於建興三年進克長沙，平定湘州，〔註 618〕甘卓始得到任。

然就在甘卓到任之時，東晉政府進王敦鎮東大將軍，加都督江、揚、荊、湘、交、廣六州諸軍事、江州刺史。王敦始自選置刺史以下，浸益驕橫。〔註 619〕王敦浸益驕橫之舉，必定引起晉元帝的不安。如川勝義雄所說：「至 319，……王敦對陶、周等人不斷加以利用，後又分別逐至廣州、梁州（按：治所襄陽），或許是為了將長江中游的中樞荊州掌握於自己手中，……但結果卻招致了一種新的事態，這就是使處於荊州的王敦自己反而受到來自南北兩面的壓力。……為了應付這一新局面，……他寄予最大期望的是建康政府，……但建康政府相反卻以為王敦的勢力過於強大，正在醞釀對其加以壓制。」〔註 620〕廣、梁二州的南北之勢，後又演變為湘（南面）、梁（北面）二州壓制王敦的政治格局。即司馬睿遣甘卓赴任湘州刺史，實為牽制王敦的政治措施。〔註 621〕。據《晉書．

〔註 616〕趙立新認為，首任刺史「溫畿出鎮湘州，當為懷帝分張勢力於州鎮的表現之一」，以期與東海王司馬越相抗頡。氏著《東西晉之間的「分陝」——從司馬越到司馬睿的「分陝」》，國立臺灣大學 2000 年碩士學位論文，第 66～67 頁。然而分立湘州即有安置流民之用意。

〔註 617〕《通鑒》卷八十七《晉紀九》懷帝永嘉五年，第 2758 頁、第 2762 頁。

〔註 618〕《通鑒》卷八十九《晉紀十一》愍帝建興三年，第 2819 頁、第 2822 頁。

〔註 619〕《通鑒》卷八十九《晉紀十一》愍帝建興三年，第 2822 頁。

〔註 620〕川勝義雄著，徐谷芃、李濟滄譯：《六朝貴族制度社會研究》，上海古籍出版社 2007 版，第 166 頁。

〔註 621〕冀朝鼎認為：「而那些中央政府權力不易達到的地區的官吏（或者自封的首領），就會利用王朝分裂的機會，獨立地統治這些地區。如果這些首領佔據的地區，在經濟上一旦有了能與中央政府相抗衡的力量，那麼形成某種均勢

甘卓傳》載：「甘卓字季思，丹陽人，……曾祖寧，……祖述，仕吳為尚書。父昌，太子太傅。」〔註 622〕家世當為南方士族。但甘卓本無外援，他先投陳敏，後從紀瞻、周玘二人滅陳敏。司馬睿渡江，甘卓遂忠心輔助之。後「討周馥，征杜弢，屢經苦戰，多所擒獲」，〔註 623〕故為晉元帝所親信，任其為湘州刺史。而湘州所處的政治地理位置十分緊要，其地「南通嶺表，唇齒荊區」。〔註 624〕又《晉書・宗室傳》曰：「湘州南楚險固，在上流之要，控三州（荊、交、廣）之會，是用武之國也。」〔註 625〕然僅憑湘州一州之力，自然無法鉗制擁有荊、江二州之地的王敦，這還需要借助於其他地方勢力，周訪即成為晉元帝考慮的最佳人選。周訪於建武元年，「以功遷梁州刺史」。太興二年，晉元帝詔以周訪為荊州刺史，本欲弱王敦之勢。後因王敦「忌訪威名，意難之」，朝廷迫於無奈，仍任訪為梁州刺史，訪遂與王敦嫌隙加深。〔註 626〕周訪懷報復之心，「既在襄陽，務農訓卒，勤於採納，守宰有缺則補，然後言上」。〔註 627〕周訪原本就和王敦不睦，初王敦欲殺陶侃，因顧忌周訪，乃作罷。此外，周訪又曾得晉元帝親睞之恩，如《晉書・周訪傳》載：「及元帝渡江，……吏誤收訪，（周）訪奮擊收者，……而自歸於帝，帝不之罪。尋以為揚烈將軍、領兵一千二百。」〔註 628〕對於司馬睿的寬容，周訪必當許以報答之。後他執斬華軼，征杜弢，討平杜曾，擒第五琦，屢立功勳。總之，晉元帝有意利用甘卓、周訪二人，形成南（湘州）、北（梁州）牽制、防禦荊、江二州的政治格局，以備王敦的不臣之心。毛漢光亦認為：「汝南安城周訪，為當時大族，且善武事，參與平定華軼、杜弢、杜曾，為中興名將，亦為東晉初期制衡王敦之力量。其他如……湘州刺史甘卓、……皆當時大族，與王敦相均衡。」〔註 629〕

的客觀物資條件也就存在了。」氏著《中國歷史上的基本經濟區與水利事業的發展》，中國社會科學院 1981 年版，第 12 頁。同樣，王敦欲獨佔長江中上游地區的物質條件，以形成與中央的均衡之勢，其不臣之心已明。晉元帝為阻止王敦坐大的趨勢，遂有甘卓、周訪二人的人事安排。

〔註 622〕《晉書》卷七十《甘卓傳》，第 1862 頁。

〔註 623〕《晉書》卷七十《甘卓傳》，第 1862 頁。

〔註 624〕《南齊志下》湘州序，第 287 頁。

〔註 625〕《晉書》卷三十七《宗室傳》，第 1104 頁。

〔註 626〕《通鑒》卷九十《晉紀十二》元帝建武元年，第 2850 頁；《通鑒》卷九十一《晉紀十三》元帝太興二年，第 2869 頁；《晉書》卷五十八《周訪傳》，第 1581 頁。

〔註 627〕《晉書》卷五十八《周訪傳》，第 1581 頁。

〔註 628〕《晉書》卷五十八《周訪傳》，第 1579 頁。

〔註 629〕《中國中古政治史論》，第 328 頁。

觀周訪任職梁州刺史期間，王「敦雖懷逆謀，故終（周）訪之世未敢為非」〔註 630〕。川勝義雄亦以為：「與周玘、陶侃一樣，南人周訪也是被利用後即遭（王敦）拋棄。這以後，梁州（襄陽）與王敦處於一種敵對關係中。」〔註 631〕晉元帝利用湘、梁所處的特殊地理位置〔註 632〕並任政治地位相對於北方士族來說，處於劣勢的「江南土著勢力」〔註 633〕的領袖人物周訪、甘卓二人為刺史，從而達到了牽制王敦的政治目的。

太興三年，周訪卒於襄陽，晉元帝即改任甘卓為梁州刺史。同時拒絕了王敦欲以親信吳興豪強沈充為湘州刺史的要求，而是任宗室譙王司馬承「監湘州諸軍事、南中郎將、湘州刺史」。〔註 634〕對於此，陳長琦以為：「（晉元帝）為了牽制世族，他試圖做出安排，採取了一些措施，包括用宗王出鎮。特別是加強對王敦的監視。王敦任荊州刺史，手握重兵，勢控上流，對晉王室威脅最大。王敦為了控制局勢，曾表求用心腹沈充為湘州刺史，以為羽翼。晉元帝反其道而行之，派宗王司馬承出鎮，為南中郎將、監湘州諸軍事、湘州刺史。」〔註 635〕晉元帝分別以甘卓、司馬承為梁、湘二州刺史，顯然是想繼續維持前期從南、北兩面對荊、江形成牽制的政治地理格局。此外，晉元帝還特例加授司馬承監湘州諸軍事之職，從而使其握有兵權。但湘州的政治經濟實力無法與荊、江二州相抗衡。司馬承也承認州小荒僻，「蜀寇之餘，人物彫盡」，難以抵禦王敦之勢力。此時，司馬承本想聯合襄陽甘卓，廣州陶侃共同對付王敦。惜甘卓首尾相望、多疑少決、按兵不動，破壞了南、北共同牽制王敦的格局。最終，司馬承被害，王敦據有湘州，並進而攻入建康，徹底操縱了中央政權。湘、梁一體的政治地理格局被打破後，甘卓也終為部下所襲殺。後，王「敦以從事中郎周撫督沔北諸軍事，代卓鎮沔

〔註 630〕《晉書》卷五十八《周訪傳》，第 1581～1582 頁。

〔註 631〕《六朝貴族制度社會研究》，第 166 頁。

〔註 632〕關於東晉初年梁州刺史所轄範圍與襄陽地區政治地位及演變問題，參見嚴耕望：《中國地方行政制度史・魏晉南北朝地方行政制度（上）》，上海古籍出版社 2007 年版，第 41～43 頁；高峰：《沔中督區與東晉政治》，載《許昌師專學報》2002 年第 6 期；安田二郎：《晉宋革命和雍州（襄陽）的僑民——從軍政統治到民政統治》，收入《日本中青年學者論中國史・六朝隋唐卷》，第 118～119 頁。

〔註 633〕關於「江南土著勢力」的概念，參見《六朝貴族制度社會研究》第四章，第 160～164 頁。

〔註 634〕《晉書》卷三十七《宗室傳》，第 1104 頁。

〔註 635〕陳長琦：《兩晉南朝政治史稿》，河南大學出版 1992 年版，第 80 頁。

中」，〔註 636〕從而據有了湘、梁二州。

綜上述，晉元帝利用南面（湘州），並聯合北面（梁州）勢力，對王敦荊、江二州形成南北牽制，改變了長江中游的政治地理格局。此種政治地理格局在中央（建康）與地方州鎮（荊州）間，即所謂「荊揚之爭」〔註 637〕中起到了一個有利於中央的政治格局。這種格局一直維持到司馬承、甘卓二人被殺而止。

二、晉成帝荊湘政治地理格局變化及原因

太寧三年（325），晉明帝任陶侃為都督荊湘雍梁四州諸軍事、荊州刺史，其意在於壓制琅邪王氏勢力，並強化皇權。〔註 638〕隔年，明帝卒，陶侃不得預顧命之列，與庾亮矛盾既深，如《晉書・庾亮傳》曰：「（陶侃）疑（庾）亮刪除遺詔，並流怨言。亮懼。於是出溫嶠於江州，修石頭以備之。」〔註 639〕故在蘇峻之亂時，陶侃藉故遲遲不進，並多次脅以罷兵，曾曰：「僕便欲西歸，更思良算」。〔註 640〕然必須注意到的是，咸和四年，晉成帝省湘州，度其統郡屬荊州。同時割廣州始興、臨賀、始安三郡屬荊州，再次改變了長江中游的政治地理格局。究其原因：其一，由於陶侃長期據於荊州方鎮，意圖合湘州於荊州，以加強對長江中游的控制。適逢蘇峻之亂，卞敦時任湘州刺史，竟擁兵不下，又不給軍糧。陶侃遂趁機奏免卞敦，並請檻車收付廷尉。〔註 641〕陶侃在蘇峻起兵之初，亦無積極之軍事行動，此特藉口耳，其意當欲據有湘州。據《晉書・陶侃傳》：「及陶侃都督八州，據上流，握強兵，潛有窺窬之志。」〔註 642〕如前文所及，「潛有窺窬之志」實為誇大之詞。然無疑，陶侃「據上流，握強兵」當為史實。趙立新亦曰：「陶侃出鎮上游可視為朝廷意志的延伸，屬於明帝集中權力於朝廷的措施之一。但是，隨著明帝去世、庾亮

〔註 636〕《通鑑》卷九十二《晉紀十四》元帝永昌元年，第 2907 頁。

〔註 637〕關於此觀點，參見王仲犖：《魏晉南北朝史》，中華書局 1979 年版，第 331～333 頁；傅樂成：《荊州與六朝政局》，收入《臺灣學者中國史研究論叢：政治與權力》，王健文主編，中國大百科全書出版社 2005 年版，第 196～200 頁；田餘慶：《東晉門閥政治》，第 32～45。

〔註 638〕張國安：《晉明帝末年統治集團內部的一次鬥爭》，載《北京大學學報（哲學社會科學版）》1986 年第 4 期。

〔註 639〕《晉書》卷七十三《庾亮傳》，第 1918 頁。

〔註 640〕《晉書》卷六十七《溫嶠傳》，第 1793 頁。

〔註 641〕《晉書》卷七十《卞壺附敦傳》，第 1874 頁。

〔註 642〕《晉書》卷六十六《陶侃傳》，第 1779 頁。

接掌朝廷，陶侃便漸由朝廷的支持者趨向了對立面。」〔註 643〕以至後來，還發生了王導「委任趙胤、賈寧等，諸將並不奉法，大臣患之。陶侃嘗欲起兵廢導」之事。〔註 644〕此事也表明陶侃欲有干預中央權力的趨勢矣。其二，陶侃出鎮荊州，其外部的政治格局極其不利，北部、西面均面臨敵對政權的軍事壓力。咸和三年（328），石勒陷南陽郡，直指荊州北方門戶襄陽（按：僑雍州治所）。西面的成漢政權亦於此時侵擾荊州西陲之地。如《晉書．成帝紀》載：「李雄將張龍寇涪陵，太守趙弼沒於賊」。與此同時，石勒敗劉曜於洛陽，獲之。又石虎降氐帥蒲洪於隴山。〔註 645〕至此，後趙已基本上統一北方大部。北方、西面政治格局的變化使荊州面臨的軍事壓力加大。當初，陶侃曾以「荊州接胡蜀二虜」為託辭，欲罷討伐蘇峻的軍隊，西還荊州，然此託辭亦屬實情。其後並湘州於荊州，改變中游政治地理格局，以便集中二州的經濟軍事力量，不僅利於抗擊後趙、成漢之侵擾，還可在適當的機會下反擊之。

總之，在內外政治因素的影響下，荊州的陶侃通過改變長江中游的政治地理格局，即可加強荊州方鎮實力，也能緩解來至胡、蜀雙方的軍事壓力。因此，合湘州於荊州亦勢在必行。

三、義熙時期（405 年～418 年）荊湘政治地理的變化及原因

義熙八年，東晉再分荊州十郡立湘州，長江中游政治地理格局又變。析其因：即一，劉毅被誅後，東晉「復以（司馬）休之都督荊雍梁秦寧益六州諸軍事、平西將軍、荊州刺史、假節。」〔註 646〕此時，劉裕篡晉之跡已明。韓延之就曾在《報劉裕書》中言：「劉裕足下，海內之人，誰不見足下此心。而復欲誑國士，「天地多不容」，在彼不在此矣。」〔註 647〕韓氏直言揭發劉裕的反狀，可謂道出了實情。急於登上帝位的劉裕，當然不願司馬休之所在荊州方鎮勢力過大，威脅下游安全，進而阻礙自己奪位的步伐，即割荊州置湘州。司馬休之本為「宗室之重，又得江漢人心」，遭劉裕猜忌迫害，〔註 648〕遂被迫舉兵反叛。雍州（按：治所襄陽）刺史魯宗之亦「常慮不為劉裕所容」，乃與

〔註 643〕《東西晉之間的「分陝」——從司馬越到司馬睿的「分陝」》，第 131 頁。
〔註 644〕《晉書》卷七十三《庾亮傳》，第 1921～1922 頁。
〔註 645〕《晉書》卷七《成帝紀》，第 173 頁。
〔註 646〕《晉書》卷三十七《宗室傳》，第 1110 頁。
〔註 647〕《晉書》卷三十七《宗室傳》，第 1111 頁。
〔註 648〕《宋書》卷二《武帝傳中》，第 31 頁。

司馬休之同時舉兵。據此，則更加印證劉裕通過分荊立湘，削弱荊州方鎮，改變長江中游政治地理格局，正為防備司馬休之此舉。二，又，這一時期，東晉外部政局較為穩定。義熙六年（410），劉裕滅後燕，「齊地悉平」；同年，「劉裕破盧循於豫章」，劉道規擊敗姚興、譙縱對荊州的侵擾；「劉藩斬徐道覆於始興」；義熙八年，劉裕討滅荊州劉毅；不久，益州刺史朱齡石「帥師伐蜀。」〔註 649〕東晉外部敵對政權的軍事威脅相對緩和，也為分荊置湘提供了良好的政治環境。

義熙十二年，東晉又並省湘州於荊州。分析其中的原因，當是：劉裕時已控制中央政權，篡晉的時機已成熟。此時，其弟劉道憐時任荊州刺史，外戚趙倫之又為雍州刺史。劉裕已牢牢控制住了長江中游。況且「荊、雍即平，（劉裕）方謀外略」，可見劉裕荊雍政局穩定後，已謀劃平定關中、洛陽。而恰在此時，北方敵對政權也向著有利於東晉的方向發展。即後秦姚興死後，子姚泓兄弟之間手足相殘，劉裕遂意在舉兵北伐。〔註 650〕在北伐前期，省湘州並於荊州，即是為擴大荊州在長江中游的經濟、軍事勢力，以利於協助北伐行動。如《宋書・武帝傳》云：「（宋）武帝北伐，（雍州刺史趙）倫之遣順陽太守傅弘之、扶風太守沈田子出嶢柳，大破姚泓於藍田。」〔註 651〕毋須贅述，雍州出兵北伐，必然得到了後方荊州經濟、軍事和人力的支持。

綜上所述，荊、湘政治地理格局的變化，實受所處地理形勢與當時政治局勢的影響。當荊州方鎮過於強盛時，必然引起中央政府的猜疑，必欲分割之。與之相反，荊州方鎮意圖獨立於中央政府時，必省併湘州，以增強自身實力，意圖與建康的中央政權相抗衡。而東晉末年，劉裕以其弟劉道憐出任荊州，始啟以後劉宋政權多以皇子、宗親任荊州刺史之舉。〔註 652〕後蕭梁末年，梁元帝蕭繹任荊州刺史時，即遇到了（南面）湘、（北面）雍二州聯合抗荊的政治地理格局。梁元帝雖最終破敗此格局，並殺害了雍州刺史河東王蕭譽，據有湘州，從而解除了荊州南面的軍事威脅。但由於雍州刺史岳陽王蕭詧投靠了西魏，終究使荊州失去北方之門戶，江陵政權隨之即滅亡於西魏。此亦說明湘、雍政區的得失，實關乎荊州的存亡，當然對於梁元帝來說這是後話了。

〔註 649〕《晉書》卷十《安帝紀》，第 261～263 頁。
〔註 650〕《宋書》卷二《武帝傳中》，第 35～36 頁。
〔註 651〕《宋書》卷四十六《趙倫之傳》，第 1389 頁。
〔註 652〕《魏晉南北朝史劄記》，第 77 頁。

第五節　東晉襄陽地區軍府沿革與各政治集團關係探微——以義成郡為中心的考察

學界關於東晉襄陽地區軍府的成果頗豐，如張琳撰文論及東晉襄陽地方社會興起和軍府間的關係；〔註653〕安田二郎、夏日新分別考察了東晉襄陽地區軍府的特徵和政治作用，並皆以為僑置在荊州的僑郡（縣）名義上仍隸屬本州，然實屬襄陽地區軍府管理。〔註654〕安田氏曰：「僑置當初無實土的僑縣不過是流住的單位鄉里性質的集團，即『鄉族』集團，給這些集團加上本地的縣名，行政上就看作是『縣』。所以，統轄這些僑縣的僑郡也不可能有其自身的境域，而且其郡治也只能寄於當地的政治、軍事中心地的襄陽，這種寄治於襄陽的郡治，就像漁夫控制魚鷹那樣統轄著散於各地的僑縣（鄉族集團）。所謂飼養魚鷹方式的寄治體制，形成了無實土僑郡縣行政上的特徵。」又云：「在永初元年之前，僑雍州下的僑郡（縣）是接受軍府的總體管理和支配的。」〔註655〕夏日新亦曰：「東晉政權僑置僑州郡縣安置流民集團，主要利用其作為軍事基礎，因而對僑州郡縣實際進行管理的，不是僑郡縣所屬州，而是僑置地區的軍府。」〔註656〕對於東晉襄陽地區僑郡治所與僑縣分布，石泉、魯西奇以為：「但以情理論，諸郡流民不可能都處於襄陽一城之中，應當是郡治寄於襄陽（今湖北襄陽市），而所屬之流民則分居於襄陽周圍地區，大概就是後來割為各郡實土的地方。」〔註657〕

但是，目前尚少有人涉及東晉襄陽地區軍府的沿革。〔註658〕大致來說，義成郡僑置（332年）前，襄陽地區軍府沿革較為清晰，如《晉書・周訪傳》曰：周訪定漢沔，「遷南中郎將、督梁州諸軍事、梁州刺史，屯襄陽」。〔註659〕

〔註653〕張琳：《東晉南朝時期襄宛地方社會的變遷與雍州僑置始末》。

〔註654〕《晉宋革命和雍州（襄陽）的僑民——從軍政統治到民政統治》；夏日新：《關於東晉僑州郡縣的幾個問題》，收入《魏晉南北朝隋唐史資料》第11期《唐長孺教授八十大壽紀念專輯》，第36～49頁。

〔註655〕《晉宋革命和雍州（襄陽）的僑民——從軍政統治到民政統治》，第138頁、第122頁。

〔註656〕《關於東晉僑州郡縣的幾個問題》，第42頁。

〔註657〕《東晉南朝長江中游地區僑州郡縣地望新探》。

〔註658〕其中嚴耕望：《中國地方行政地方制度史——魏晉南北朝地方行政制度（上）》沔中都督區條與高峰的《沔中督區與東晉政治》雖涉及襄陽地區軍府沿革，然因論著主旨不同，對這個問題仍無系統的研究。

〔註659〕《晉書》卷五十八《周訪傳》，第1581頁。

《資治通鑒》亦云：建武元年（317 年），「（周）訪以功遷梁州刺史，屯襄陽」。〔註 660〕周訪卒後，據《晉書・甘卓傳》載：「卓尋遷安南將軍、梁州刺史、假節、督沔北諸軍，鎮襄陽。」〔註 661〕又《資治通鑒》載：太興三年（320 年），「梁州刺史周訪卒。帝以湘州刺史甘卓為梁州刺史，督沔北諸軍事，鎮襄陽。」〔註 662〕永昌元年（322），「襄陽太守周慮害甘卓，傳首於王敦。」〔註 663〕則 317～320 年稱督諸軍事——南中郎將府，320～322 年號為督諸軍事——安南將軍府。甘卓遇害後，周撫繼任，如《晉書・周訪附子周撫傳》載：「甘卓遇害，敦以撫為沔北諸軍事〔註 664〕、南中郎將，鎮沔中。……（蘇）峻平，遷監沔北軍事、南中郎將，鎮襄陽。」〔註 665〕後石勒將郭敬攻襄陽，周「撫率所領奔於武昌」；〔註 666〕《宋書・五行志》亦曰：咸和五年（330），「石勒遣郭敬寇襄陽，南中郎將周撫奔武昌」。〔註 667〕綜上述，322～329 年稱督——南中郎將府，329～330 年改為監——南中郎將府，330 年後襄陽地區軍府當省廢。

總之，因襄陽地區軍府位於荊州北鄙，作為門戶又可直接威脅該州，故首鼠兩端的甘卓因之而死。最終，王敦以周撫為襄陽地方軍府長官，穩固了自身在荊州的勢力。330 年襄陽丟失，軍府也隨之省廢。直到 332 年才復置。以下文主要討論 332 年後襄陽地區軍府沿革，並以義成郡為考察中心。擬從義成郡沿革概況和僑寄襄陽城之因，襄陽軍府沿革及其與義成郡之關係，不同時期義成郡統轄權的轉換與各政治集團的鬥爭等三個方面作一探究。

一、東晉僑義成郡沿革概況和僑寄襄陽之因

咸和七年（332 年），陶侃遣子斌與南中郎將桓宣克樊城。〔註 668〕後竟

〔註 660〕《通鑒》卷九十《晉紀十二》元帝建武元年，第 2850 頁。

〔註 661〕《晉書》卷七十《甘卓傳》，第 1863 頁。

〔註 662〕《通鑒》卷九十一《晉紀十三》元帝太興三年，第 2883 頁。

〔註 663〕《晉書》卷七十《甘卓傳》，第 1866 頁。

〔註 664〕《通鑒》云：甘卓被害後，王「敦以從事中郎周撫督沔北諸軍事、代卓鎮沔中」；此段史料與《晉書》所載不同，今從《通鑒》，第 2907 頁。

〔註 665〕《晉書》卷五十八《周訪附子撫傳》，第 1582 頁。

〔註 666〕《晉書》卷五十八《周訪附子撫傳》，第 1582 頁。

〔註 667〕《宋書》卷三十一《五行志二》，第 908 頁。

〔註 668〕川勝義雄以為，荊州是以「質任關係」為中心的地域社會，這種關係層層相重疊而成為一支武力集團（《六朝貴族制度社會研究》，第 179～183 頁）。此

陵太守李陽攻拔新野，最終桓「宣與（李）陽遂平襄陽」。陶侃遂以桓宣鎮襄陽，以其淮南部曲置僑義成郡。〔註 669〕其時義成郡當領僑縣四，即義成、平阿、下蔡、萬年。〔註 670〕關於此點，前文已述及之。此外，顧祖禹引《晉書》曰：「以（桓）宣淮南部曲置義成郡，又僑置淮南之平阿、下蔡縣屬焉，是時皆寄治襄陽城內。」〔註 671〕顧氏所言甚是，而義成郡僑寄於襄陽城中，實因襄陽地區荒殘之故。直至咸康八年（342 年），尚書殷融仍曰：「襄陽、石城，疆埸之地，對接荒寇。諸荒殘寄治郡縣，民戶寡少，可併合之。」〔註 672〕鑒於此，為抵禦北方羯胡石勒政權的侵擾，桓宣只能集中人力、物資，與之相抗衡。而鄉里、宗族和部曲是桓宣依靠的主要武裝力量。桓宣雖在襄陽「招懷初附，勸課農桑，簡刑罰，略威儀」，且親耕於農畝，以激勵流人。然由於兵力孤弱，只能「以寡弱距守」，甚至求援於他部。如《晉書・桓宣傳》載：「（石）季龍使騎七千渡沔攻之，（庾）亮遣司馬王愆期、輔國將軍毛寶救桓宣。」〔註 673〕在此寡弱的兵力下，桓宣採取以襄陽城為中心，集中軍事力量，以救緩急的策略。何況「襄陽左右，田土肥良，桑梓野澤，處處而有」〔註 674〕，是盛產糧草的肥美之地，足為軍用。太元四年（379 年）義成郡沒於前秦，如《晉書・朱序傳》曰：「督護李伯護密與前秦相應，襄陽遂沒」〔註 675〕，《宋書・五行志》亦云：太元四年，「襄陽、順陽、魏興城皆沒」於前秦〔註 676〕。太元十一年（386 年）晉孝武帝復置義成郡於襄陽，關於此點詳見上文所述。後宋孝武帝大明土斷時，始徙義成郡治所於均（按：僑寄今湖北丹江口市北）。

觀點很能說明陶侃和桓宣之間的關係，

〔註 669〕《晉書》卷八十一《桓宣傳》，第 2116～2117 頁。

〔註 670〕「義成」縣在《晉志下》又寫作「義城」縣，本屬揚州淮南郡，第 460 頁；陶侃即以「義成」縣名僑置義成郡，當同時僑立義成縣以撫該縣之僑流民。此外，參見《東晉南朝長江中游地區僑州郡縣地望新探》，第 82 頁；夏日新：《東晉南朝長江中游地區僑州郡縣考》，收入《古代長江中游的經濟開發》，第 270 頁。

〔註 671〕《方輿紀要》卷七十九湖廣五襄陽府谷城縣谷城條，第 3721 頁。

〔註 672〕《南齊志下》雍州序，第 281 頁。

〔註 673〕《晉書》卷八十一《桓宣傳》，第 2117 頁。

〔註 674〕《南齊志下》雍州序，第 282 頁。

〔註 675〕《晉書》卷八十一《朱序傳》，第 2133 頁。

〔註 676〕《宋書》卷三十一《五行志二》，第 910 頁。

二、襄陽地區軍府沿革及其與義成郡之關係

縱觀東晉時期，義成郡和各都督、督、監諸軍事，各種名號的將軍有著密切的關係。義成郡作為軍事化的「鄉族集團」，其統轄權的不斷轉換，見證了襄陽地區軍府的沿革，也側面反映出荊州各政治集團消長盈虛的過程。為便於闡述觀點，現將統轄過義成郡軍事的長官人員名單，按時間先後列於下文。需要說明的是：一，下列 A 表示都督、督或監諸軍事職，B 表示將軍號，C 表示所任太守、刺史或校尉之職務。二，文獻有明文記載都督、督、監義成郡軍事或任義成太守者，前以序號列之。文獻雖無明文記載都督、督、監義成郡軍事或任義成太守者，僅按時間順序排列。

1. 咸和七年，桓宣，A（監沔中軍事）；B（南中郎將）；C（江夏相）。襄陽地區軍府當置。

2. 咸和九年（334 年），桓宣，A（都督沔北前鋒征討軍事）；B（平北將軍）；C（司州刺史）。

3. 建元元年（343 年），桓宣，A（都督司梁雍三州荊州之南陽襄陽新野南鄉四郡軍事）；B（平北將軍）；C（梁州刺史）。〔註 677〕

4. 建元二年（344 年），庾方之，A（不詳）；B（不詳）；C（代桓宣為義成太守）。〔註 678〕此時庾翼都督征討軍事——安西將軍府和庾方之行輔國將軍府先後統轄義成郡軍事，〔註 679〕二軍府均治於夏口（今武漢市），〔註 680〕則襄陽地區軍府當省廢。

5. 永和元年（345 年），劉惔，A（監沔中軍事）；B（征虜將軍）；C（領義成太守）。〔註 681〕襄陽地區軍府復置。

6. 桓雲（任職時間不詳，當在劉惔和桓豁任職期間），A（不詳）；B（建

〔註 677〕1.2.3.條的資料來源於《晉書》卷八十一《桓宣傳》，第 2116～2117 頁。時間據《通鑒》卷九十五《晉紀十七》，第 2984 頁、第 2996 頁；《通鑒》卷九十七《晉紀十九》，第 3055 頁。

〔註 678〕《晉書》卷七十三《庾亮附弟翼傳》，第 1935 頁。時間據《通鑒》卷九十七《晉紀十九》，第 3060 頁。

〔註 679〕《晉書》卷七十三《庾亮傳》，第 19341935 頁。

〔註 680〕《晉書》卷七十三《庾亮附弟翼傳》，第 1934～1935 頁；《通鑒》卷九十七《晉紀十九》康帝建元元年，第 3056 頁；《通鑒》卷九十七《晉紀十九》康帝建元二年，第 3062 頁。

〔註 681〕《晉書》卷七十三《庾亮附弟翼傳》，第 1935 頁。時間據《通鑒》卷九十七《晉紀十九》，第 3067 頁。

武將軍）；C（領義成太守）。〔註 682〕

7. 升平三年（359 年），桓豁，A（督沔中七郡軍事）；B（建威將軍）；C（新野義成二郡太守）。〔註 683〕

8. 興寧三年（365 年），桓豁，A（監荊州揚州之義成雍州之京兆諸軍事）；B（右將軍）；C（領南蠻校尉、荊州刺史）。〔註 684〕時荊州都督府治所在江陵（今湖北江陵縣），〔註 685〕則襄陽地區軍府當又省廢。

9. 咸安元年（371 年），毛穆之，A（都督荊州之沔中、揚州之義成諸軍事）；B（冠軍將軍）；C（襄陽義成河南三郡太守）。〔註 686〕襄陽地區軍府又復置。

太元元年（376 年），朱序，A（監沔中諸軍）；B（南中郎將）；C（梁州刺史）。〔註 687〕朱序時鎮襄陽，當監義成郡軍事。

10. 太元二年（377 年），桓沖，A（都督江荊梁益寧交廣七州揚州之義成雍州之京兆司州之河東軍事）；B（車騎將軍）；C（南蠻校尉、荊州刺史）。〔註 688〕太元四年，義成郡失陷。太元十一年，復置。義成郡失陷前和復置後均屬時治上明（今湖北松滋縣西北）的荊州都督府管轄，〔註 689〕則襄陽地區軍府當在 377 年再次省廢。

太元十三年（388 年），朱序，A（都督雍梁沔中九郡諸軍事）；B（征虜將軍）、C（雍州刺史）。〔註 690〕當都督義成郡軍事，襄陽地區軍府當再次復置。

太元十七年（392 年），郗恢，A（為梁秦雍司荊揚並等州諸軍事）；B（建

〔註 682〕《晉書》卷七十四《桓彝附子雲傳》，第 1941 頁。

〔註 683〕《晉書》卷七十四《桓彝附豁傳》，同書又曰：「謝萬敗於梁濮」時，桓豁正在此任上，第 1941 頁。時間據《通鑒》卷一百《晉紀二十二》，第 3176～3177 頁。

〔註 684〕《晉書》卷八《哀帝紀》，第 209 頁；《晉書》卷七十四《桓彝附豁傳》，第 1942 頁。

〔註 685〕《晉書》卷九十八《桓溫傳》，第 2569 頁；《南齊書》卷十五《郡國志下》荊州序亦云：「桓溫平蜀，治江陵。」第 273 頁。

〔註 686〕《晉書》卷九《簡文帝紀》，第 221 頁；《晉書》卷八十一《毛寶附子穆之傳》，第 2125 頁。

〔註 687〕《晉書》卷九《孝武帝紀》，第 228 頁。

〔註 688〕《晉書》卷七十四《桓彝附沖傳》，第 1950 頁。桓豁卒於太元二年，桓沖續之為荊州刺史，參見《晉書》卷九《孝武帝紀》，第 228 頁。

〔註 689〕《晉書》卷七十四《桓彝附子沖傳》，第 1951 頁；《通鑒》卷一百四《晉紀二十六》孝武帝太元二年，第 3283 頁。

〔註 690〕《晉書》卷九《孝武帝紀》，第 236 頁；《晉書》卷八十一《朱序傳》，第 2133 頁。

威將軍）；C（雍州刺史）。〔註 691〕當轄制義成郡軍事。

隆安二年（398 年），楊佺期，A（都督梁雍秦三州諸軍事）；B（龍驤將軍）；C（雍州刺史）。〔註 692〕當都督義成郡軍事。

隆安四年（400 年），桓偉，A（不詳）；B（冠軍將軍）；C（雍州刺史）。〔註 693〕當轄義成郡軍事。

隆安五年（401 年），刁暢，A（督八郡軍事）；B（輔國將軍）；C（不詳）。〔註 694〕然刁暢時鎮襄陽，當督義成郡軍事。

義熙元年（405 年），魯宗之，A（不詳）；B（輔國將軍）；C（雍州刺史）。〔註 695〕當轄義成郡軍事。

11. 義熙八年（412 年），劉毅，A（都督荊寧秦雍（司州）四州之河東河南廣平揚州之義成四郡諸軍事）。B（衛將軍）；C（荊州刺史）。〔註 696〕則襄陽地區軍府，即輔國將軍府不再統轄義成郡軍事。

義熙八年至義熙十一年（412～415 年），魯宗之，A（不詳）；B（鎮北將軍）；C（雍州刺史）。〔註 697〕當復轄義成郡軍事。

義熙十一年（415 年），劉道憐，A（都督荊湘益秦寧梁雍七州諸軍事）；B（驃騎將軍）；C（領南蠻校尉、荊州刺史）。〔註 698〕時治江陵（今湖北江陵縣）的荊州都督府當轄義成郡軍事，襄陽地區軍府當省廢，後不復設立。

12. 義熙十四年（418 年），劉義隆，A（都督荊益寧雍梁秦六州、豫州之河南廣平、揚州之義成松滋四郡諸軍事、荊州刺史）；B（西中郎將）；C（荊州刺史）。〔註 699〕

〔註 691〕《晉書》卷六十七《郗鑒附恢傳》，第 1805 頁；時間據《通鑒》卷一百八《晉紀三十》，第 3407 頁。

〔註 692〕《晉書》卷八十四《楊佺期傳》，第 2200 頁；時間據《通鑒》卷一百一十《晉紀三十二》，第 3479 頁。

〔註 693〕《晉書》卷九十九《桓玄傳》，第 2589 頁；時間據《通鑒》卷一百一十一《晉紀三十三》，第 3507 頁。

〔註 694〕《晉書》卷九十九《桓玄傳》，第 2589～2590 頁；時間據《通鑒》卷一百一十二《晉紀三十四》，第 3531 頁。

〔註 695〕《宋書》卷七十四《魯爽傳》，第 1922 頁。

〔註 696〕《晉書》卷八十五《劉毅傳》，第 2208 頁

〔註 697〕《宋書》卷七十四《魯爽傳》，第 1922 頁。

〔註 698〕《宋書》卷五十一《宗室傳》，第 1462 頁。

〔註 699〕《宋書》卷五《文帝紀》，第 71 頁；時間據《通鑒》卷一百一十八《晉紀四十》，第 3717 頁。

永初元年（420 年），義成郡由軍事管理轉為民政管理，並正式歸屬於雍州政區管轄。〔註 700〕

13. 永初三年（422 年），褚叔度，A（監雍梁南北秦四州荊州之南陽竟陵順陽義陽新野隨六郡諸軍事）；B（征虜將軍）；C（雍州刺史，領寧蠻校尉、襄陽義成太守）。〔註 701〕其時義成郡已歸屬雍州政區管理。

從上述襄陽地區軍府的沿革，可知其與義成郡統轄權的歸屬緊密相關。其中關鍵因素是義成郡軍事化的「鄉族集團」為襄陽地區軍府所仰仗的重要力量，而其他軍府，主要是荊州都督府欲削弱或廢省襄陽軍府時，則往往首先將義成郡的統轄權收歸已有。

三、義成郡統轄權的轉換與各政治集團的鬥爭

縱觀上述可知，義成郡統轄權在各種不同名號的襄陽地區軍府（時間為 332～344 年、345～365 年、371～377 年、386～415 年，其中除去 412 年劉毅都督——衛將軍府時短暫的時間外）和其他軍府（即 344～345 年歸屬庾翼都督征討軍事——安西將軍府與庾方之行輔國將軍府，365～371 年轄制於桓豁監——右將軍府，377～386 年統轄於桓沖都督——車騎將軍府，412 年曾短時間內屬劉毅都督——衛將軍府，415 年屬於劉道憐都督——驃騎將軍府，418 年受劉義隆之都督——中郎將府管轄，420 年正式歸雍州政區管理）間頻繁地轉換著，其背後的政治原因，頗耐尋味。以下文茲就此論述如下。

332～344 年，義成郡由桓宣的監軍事——中郎將府和隨後的都督軍事——平北將軍府，即襄陽地區軍府統轄。〔註 702〕又《宋志》載：「李氏（306～346 年）據梁、益，江左於襄陽僑立梁州。李氏滅，復舊。」〔註 703〕此期間陶侃曾任陳覬、蔣巽先後繼任梁州刺史。〔註 704〕然梁州雖僑寄於襄陽，但其

〔註 700〕《宋志三》雍州刺史京兆太守條云：「雍州僑郡先屬府，武帝永初元年屬州。」第 1138 頁。

〔註 701〕《宋書》卷五十二《褚叔度傳》，第 1505 頁。

〔註 702〕高峰認為：「東晉的沔中與沔北督區不同」，即「沔中地域為沿沔七郡：魏興、新城、上庸、襄陽、竟陵、義成、江夏」。又，桓宣後雖不任都督、監或督沔中軍事。然而直至建元二年，桓宣卒後，庾方之方才繼任義成太守一職，顯然桓宣生前仍牢牢地控制著對義成郡的軍事統轄權（《沔中督區與東晉政治》）。

〔註 703〕《宋志三》梁州刺史序，第 1144 頁。

〔註 704〕《晉書》卷七十一《陳覬傳》，第 1894 頁；吳廷燮：《東晉方鎮年表》，第 3493 頁。

刺史無權過問軍事，軍事權利歸屬襄陽軍府。換言之，即時任「都督沔中軍事、南中郎將」桓宣的手中。334 年，桓宣為石勒將李羆所敗，「望實俱喪」，並被貶職為建威將軍。後「庾翼以（桓）宣為鎮南將軍、南郡太守，……未之官，發憤卒」。田餘慶認為，庾亮、庾翼兄弟經略襄陽，實際想奪取桓宣手中的兵權，以鞏固上游之勢。〔註 705〕此時，義成郡軍事統轄權歸於庾翼都督征討軍事——安西將軍府。庾翼卒後，轉屬其次子庾方之輔國將軍府。〔註 706〕345 年，庾氏勢力衰落。東晉以桓溫為荊州刺史，以劉惔領義成太守。義成郡統轄權遂屬劉惔監軍事——征虜將軍府管理。此前，劉惔曾言於司馬昱（即簡文帝）曰：「桓溫不可使居形勝地，其位號常宜抑之。」並勸司馬昱親任刺史或以己為荊州刺史，惜司馬昱皆不聽。〔註 707〕東晉政府雖未採納劉惔的建議，卻任他為義成太守，以期牽制桓溫。但劉惔本是清談高士，孫綽後為之誄云：「居官無官官之事，處事無事事之心」。〔註 708〕如此之人怎能是桓溫的對手。〔註 709〕

後桓雲領義成太守之職，則義成郡軍事統轄權屬其建威將軍府。期間，袁喬雖「督沔中諸戍江夏隨義陽三郡軍事、建武將軍、江夏相」，〔註 710〕然無權統轄義成郡軍事。桓雲〔註 711〕兼義成太守之職，表明桓氏實際控制長江中上游的北鄙。359 年義成郡軍事統轄權則屬桓豁督軍事——建威將軍府，365 屬桓豁監軍事——右將軍府，371 年又屬毛穆之都督——冠軍將軍府，376 年再屬朱序監——中郎將府，377 年歸桓沖都督——車騎將軍府管轄。綜述之，

〔註 705〕《東晉門閥制度》，第 106～112 頁。

〔註 706〕《晉書》卷七十三《庾亮附弟翼傳》，第 1932～1935 頁。

〔註 707〕《晉書》卷七十五《劉惔傳》，第 1991 頁。

〔註 708〕《晉書》卷七十五《劉惔傳》，第 1991～1992 頁。

〔註 709〕繆鉞認為：「東晉承西晉亡國之餘，重建新邦，頗有人主張以嚴厲之法治矯寬弛之積弊者。然東晉時清談風氣猶盛，其勢仍可左右政治，故行嚴厲之政者每遇阻礙，惟有清談名士而具政治才者，始能適應環境，有所建樹，王導、謝安遂為首選。」所言甚是。氏著《清談與魏晉政治》，收入《繆鉞全集・第一卷（上）冰繭庵讀史存稿》，河北教育出版社 2004 年版，第 148 頁。然而劉惔雖亦身為名士，但不以政治為念，當不在此列中。

〔註 710〕《晉書》卷八十三《袁瓌附子喬傳》，第 2166 頁。

〔註 711〕川勝義雄引用岑仲勉《元和姓纂四校記》卷四「二十六桓」條認為，譙國龍亢出身的桓溫和譙國銍縣出身的桓宣，極有可能是同族的分家，桓溫弟桓雲、桓豁、桓沖等均兼義成太守，而鎮守過襄陽的經歷，從側面支持桓溫一家掌握西府的一個原因（《六朝貴族制社會研究》），第 181 頁。

此時期桓氏與其部屬、親信牢牢地掌控了義成郡軍事統轄權，東晉皇權、其他外姓世族難以涉足之，從而形成了以桓氏為主的荊州地方政治集團。

388 年雍州復立後，朱序出任雍州刺史，其都督——征虜將軍府統轄義成郡。392 年義成郡軍事又轉由郗恢建威將軍府管理，郗恢本是中央所命，表明荊雍二州的政治權利始向朝廷集中。郗恢在雍州「甚得關隴之和，降服者動有千計」，〔註 712〕使雍州人口逐漸增加。據《南齊志》載：「郗恢為雍州，於時舊民甚少，新民稍多。」〔註 713〕然這種有利於司馬氏皇權的政治形勢，不久即葬失。田餘慶認為：「王忱死後，(晉）孝武帝得勢，以郗恢為雍州刺史鎮襄陽，以殷仲堪為荊州鎮江陵，……但是風雲未測，事與願違，東晉政治糜爛過程還未走到盡頭，……動亂的進一步發展，就要兵戎相見了。」〔註 714〕隨後即發生了晉孝武帝和司馬道子、元顯父子之間的主相之爭。此外，奢侈之風開始盛行於當世，楊德炳亦曰：「東晉上流社會濫飲之風日熾，乃是孝武帝以後之事。」〔註 715〕

縱觀上述，由於皇權與宗王之間的內部爭鬥，外加糜爛的政治、奢靡的生活，東晉中央政府已無法控制荊州後來的政治走向了。隨後，義成郡軍事統轄權屬楊佺期都督——龍驤將軍府。楊佺期後為桓玄所殺，反晉的桓氏集團成員控制了義成郡（即桓偉冠軍將軍府和刁暢監——輔國將軍府）。呂思勉評「桓玄篡晉」時，曰：「玄之叛逆，不過當時裂冠毀冕之既久，勢所必至，無足深異。晉室自東渡以後，上下流即成相持之局，而上流之勢恒強，朝廷政令之不行，恢復大計之受阻，所關匪細，至桓玄敗而事勢一變矣。」〔註 716〕呂氏所言甚是，後遂有劉裕代晉之事。

405 年，雍州土著勢力魯宗之趁桓氏家族敗亡之機，出兵襄陽。在清除荊州桓氏勢力的軍事行動中，立下功勳。不久，其本人即被東晉政府委以雍州刺史一職，義成郡軍事即屬其輔國將軍府管理。412 年，劉毅出任荊州刺史，因不願受制於劉裕，遂在荊州加緊擴充軍事實力。〔註 717〕與此同時，他將義

〔註 712〕《晉書》卷六十七《郤鑒附恢傳》，第 1805 頁。
〔註 713〕《南齊志下》雍州序，第 282 頁。
〔註 714〕《東晉門閥政治》，第 230 頁。
〔註 715〕楊德炳：《東晉上流社會享樂之風再探討》，收入《魏晉南北朝隋唐史資料》第 15 輯，武漢大學出版社 1997 年版，第 53 頁。
〔註 716〕呂思勉：《兩晉南北朝史》，上海古籍出版社 1983 年版，第 296 頁。
〔註 717〕《晉書》卷八十五《劉毅傳》，第 2209 頁。

成郡軍事統轄權收歸已有(即都督——衛將軍府管理),從而架空了魯宗之的襄陽地區軍府。這應是以後魯宗之起兵襄陽和劉裕同會江陵的原因之一。劉毅亡後,劉裕為安撫、拉攏魯宗之,義成郡當復屬其鎮北將軍府管理。

415年,司馬休之起兵失敗,魯宗之也隨之投奔後秦。劉裕弟劉道憐續任荊州刺史,義成郡歸屬其都督——驃騎將軍軍府管理。〔註718〕418年,義成郡軍事又屬劉義隆都督——西中郎將府管理。因此時,劉裕急於篡奪東晉政權,故任其子弟為荊州刺史,以統轄義成郡軍事,並省廢襄陽地區軍府,從而控制了長江中上游地區。其目的是排除外力的干擾,為順利篡晉登基創造條件。永初元年,趙倫之出任雍州刺史,義成郡始屬雍州行政管理。正如安田二郎所說:「不但是僑雍州下僑郡,襄陽地方僑置的全部僑郡——其他州的僑郡縣採取移屬雍州的措施——從軍政統治向民政統治的移管,其具體措施是雍州州職機構的新設。」〔註719〕至422年,褚叔度出任雍州刺史時,義成郡已屬雍州政區管轄。

總之,東晉襄陽地區軍府作為長江中上游北鄙門戶,政治地位十分突出。然其沿革亦極其複雜,且與各政治集團間的爭鬥及其勢力消漲的關係密切。而義成郡統轄權的轉換過程,見證了襄陽地區軍府的沿革和各政治集團鬥爭的經過。

〔註718〕當時趙倫之雖任雍州刺史之職,但無都督、監或督與將軍之號,當不統屬義成郡軍事。參見《宋書》卷四十六《趙倫之傳》,第1389頁。

〔註719〕《晉書革命和雍州(襄陽)的僑民——從軍政統治到民政統治》,第137頁。

第二章　劉宋荊州政治地理研究（兼論雍、郢、湘州）

第一節　劉宋荊州政區的沿革——兼及雍、郢、湘州

一、荊州政區沿革

荊州，永初元年，當領郡三十一。〔註 1〕永初三年，分荊州十郡還立湘州。〔註 2〕十郡是長沙、衡陽、桂陽、零陵、營陽、湘東、邵陵、始興、臨賀、始安，詳第一章第二節東晉荊州沿革條。元嘉八年（431）省湘州，十郡當還屬荊州。又，汶陽郡先屬梁州，元嘉十一年度屬荊州。〔註 3〕元嘉十六年（439），復立湘州並置巴陵郡屬之。〔註 4〕元嘉二十九年（452）又省湘州，以始興、臨賀、始安三郡屬廣州，其餘八郡（含巴陵郡）還屬荊州。〔註 5〕又《宋志》云：宋孝武孝建元年（454）又立湘州。〔註 6〕與之不同，丁福林則認為，當

〔註 1〕《宋志三》荊州刺史條，第 1117 頁。又《宋志三》雍州刺史京兆太守條曰：「雍州僑郡先屬府，武帝永初元年屬州。」則其他州的僑郡也當於永初元年割屬荊州或雍州，並當以北義陽、南義陽、新興、南河東、長寧六僑郡度屬荊州。

〔註 2〕《宋書》卷三《武帝紀下》，第 59 頁。

〔註 3〕《宋志三》荊州刺史汶陽太守條，第 1121 頁。

〔註 4〕元嘉十六年，置巴陵郡屬湘州。參見《宋志三》郢州刺史巴陵太守條，第 1126 頁。

〔註 5〕《宋志三》湘州刺史條，第 1129 頁、第 1133～1135 頁。

〔註 6〕《宋志三》湘州刺史條，第 1129 頁。

於元嘉三十年（453），以上述所及十郡立湘州。〔註7〕今從丁氏。則元嘉三十年以長沙、衡陽、桂陽、零陵、營陽、湘東、邵陵、巴陵八郡還屬湘州。《宋志》誤。

此外，元嘉二十年（443年）後，度義陽郡屬南豫州，詳下文郢州條。又《宋志》曰：元嘉二十六年（449），割荊州之襄陽、南陽、新野、順陽、隨五郡為雍州。〔註8〕與《宋志》所載不同。錢大昕認為：元嘉二十六年，隨州未嘗屬雍州也。從之。則《宋志》恐誤。又，丁福林以竟陵郡當與襄陽、南陽二郡於元嘉二十六年同時由荊入雍，恐誤。〔註9〕安田二郎以為：當於元嘉二十三至二十五年間（446～448年），度襄陽、南陽、新野、順陽四郡屬荊州的時間。〔註10〕從之。另外，《宋志》云：孝武孝建元年（454年），分荊州之江夏、竟陵、隨、武陵、天門五郡屬郢州。〔註11〕除上述外，《宋志》云：省北義陽郡。又，宋文帝時（424～453年）立宋安左郡，領拓邊，綏慕、樂寧、慕化、仰澤、革音、歸德七縣，後省改。〔註12〕二郡當在大明八年（464）前省。〔註13〕明帝泰始三年（467），以天門郡還屬荊州。〔註14〕則泰始三年，荊州屬郡十二。仍治江陵縣。

（一）南郡沿革

南郡，《一統志》云：「南北朝宋省」石首縣。〔註15〕又《宋志》曰：宋初，南郡領縣九。〔註16〕無疑，宋初當省石首縣。後，元嘉十八年（441）省併旌陽於枝江。〔註17〕孝武孝建元年，又割南郡之監利、州陵屬巴陵郡。〔註18〕則孝建元年當領縣六。仍治江陵縣。此外，世祖劉駿即位，改封劉義

〔註7〕丁福林：《宋書校議》，上海古籍出版社2002年版，第155頁。

〔註8〕《宋志三》雍州刺史條，第1135頁。

〔註9〕《廿二史考異》卷二十三宋書一雍州條，第405頁；《宋書校議》，第152～155頁。

〔註10〕《晉宋革命和雍州（襄陽）的僑民——從軍政統治到民政統治》，第121頁。

〔註11〕《宋志三》郢州刺史序，第1124頁。

〔註12〕《宋志三》荊州刺史序，第1117頁。

〔註13〕胡阿祥認為：「沈約〈宋書・州郡志〉也是『大較以孝武大明八年為正。」參見《〈宋書・州郡志〉平議》，載《南京曉莊學院學報》2006年3期。

〔註14〕《宋志三》荊州刺史天門太守條，第1119頁。

〔註15〕《一統志》第二十二冊卷三百四十四荊州府一石首縣條，第17389頁。

〔註16〕《宋志三》荊州刺史南郡太守條，第1118頁。

〔註17〕《宋志三》荊州刺史南郡太守條，第1118頁。

〔註18〕《宋志三》郢州刺史巴陵太守條，第1126頁。

宣為南郡王；孝建元年正月，劉義宣舉兵反。〔註19〕國當除。則元嘉三十年至孝建元年為王國。

1、江陵公國，詳第一章第二節江陵縣條。

2、華容，永初元年，「以佐命功」，封王弘為華容縣公；「齊受禪，降爵為侯」。〔註20〕則永初元年至昇明三年（479年）復為公國。

3、當陽，元徽二年（474），封劉秉當陽縣侯；昇明元年（477），被殺。〔註21〕當除國。後，又封陳胤叔當陽縣子。〔註22〕則宋末當為子國。此外，《宋志》有當陽男相。〔註23〕乏考。

4、臨沮，《真誥》云：「（許）黃民，字玄文，升平五年（361）辛酉生，……仕郡主簿，察孝廉，司農丞、南蠻參軍、臨沮令。宋元嘉六年（429）亡，年六十九。」〔註24〕則劉宋仍屬。《宋書・張邵傳》曰：宋武帝劉裕受命，「以佐命功」，封張邵臨沮伯。〔註25〕則永初元年始為伯國。此外，建元元年（479），詔曰：「辰運革命，引爵改封，宋氏第秩，雖宜省替，其有預效屯夷，宣力齊業，一仍本封，無所減降。」〔註26〕當除國。

5、編，《宋志》有編縣男相。〔註27〕乏考。

6、枝江，《元和志》云：「穰湖，在（枝江）縣東。沈攸之為荊州刺史，堰湖開瀆田，多收穫，因以為名。」〔註28〕則劉宋仍屬。又，永初三年，封徐湛之為枝江縣侯；「齊受禪，國除」。〔註29〕則永初三年（422）至昇明三年為侯國。

（二）南平郡沿革

南平郡，仍領縣四，仍領有南安縣，其他三縣政區沿革詳下文。仍治江

〔註19〕《宋書》卷六十八《劉義宣傳》，第1799～1800頁。
〔註20〕《宋書》卷四十二《王弘傳》，第1313～1323頁。
〔註21〕《宋書》卷五十一《劉秉傳》，第1468～1469頁。
〔註22〕《南齊書》卷三十《戴僧靜附陳胤叔傳》，第557頁。
〔註23〕《宋志三》荊州刺史南郡太守條，第1118頁。
〔註24〕《真誥》卷二十翼真檢第二，第253頁；《真誥校注》卷二十翼真檢第二，第589頁。
〔註25〕《宋書》卷四十六《張邵傳》，第1394頁。
〔註26〕《南齊書》卷二《高帝紀下》，第33頁。此外，為行文方便，以下文引用此條史料者，出處皆省略之。
〔註27〕《宋志三》荊州刺史南郡太守條，第1118頁。
〔註28〕《元和志》卷逸文卷一山南道江陵府枝江縣條，第1051頁。
〔註29〕《宋書》卷七十一《徐湛之傳》，第1843～1848頁。

安縣。又，元嘉十六年（439），立第四皇子劉鑠為南平王；永光元年（465），劉鑠子敬猷被賜死。〔註30〕泰始元年（465），改封臨賀王劉子產為南平王；二年（466），被賜死。〔註31〕國當除。泰始五年（469），立晉平王休祐子宣曜為南平王；七年（471）廢之。〔註32〕元徽元年（473），立衡陽王劉嶷子伯玉為南平王；昇明二年（478），劉伯玉謀反被誅，國除。〔註33〕則元嘉十六年至永光元年為王國，泰始五年至泰始七年復為王國，元徽元年至昇明二年年再為王國。

1、江安，《太平御覽》引《述異志》曰：永初中（420～422年）甄法崇為江陵令，「於時南平繆士為江安令，喪官」。〔註34〕則劉宋仍屬。又，泰始三年，封王景文江安縣侯；「齊受禪，國除」。〔註35〕則泰始三年至昇明三年為侯國。

2、孱陵，《太平御覽》引《述異志》曰：「朱道珍常為孱陵令，……道珍以宋元徽三年六月二十六日亡。」〔註36〕則劉宋仍屬。又，元徽二年，「以戰功」，改封任農夫為孱陵縣侯。〔註37〕昇明三年國當除，詳本章南郡臨沮縣條。

3、作唐，《宋書·張興世傳》云：泰始二年，平袁覬之亂，封張興世為作唐縣侯；「齊受禪，國除」。〔註38〕則泰始二年至昇明三年為侯國。

（三）天門郡沿革

天門郡，仍領縣四，仍領有澧陽、漊中二縣，其他二縣政區沿革詳下文。仍治澧陽縣。

1、臨澧，《宋書·劉道憐附襲傳》曰：泰始二年，「以道遠」，劉襲改封臨澧縣侯；昇明二年，又改封為東昌縣侯，尋「與兄晃俱伏誅」。〔註39〕則泰始

〔註30〕《宋書》卷五《文帝紀》，第86頁；《宋書》卷七《前廢帝紀》，第145頁。
〔註31〕《宋書》卷八《明帝紀》，第154頁；《宋書》卷八《明帝紀》，第158頁。
〔註32〕《宋書》卷八《明帝紀》，第164頁；《宋書》卷七十二《劉休祐附子宣曜傳》，第1880～1881頁。
〔註33〕《宋書》卷九《後廢帝紀》，第181頁；《宋書》卷七十二《劉鑠附伯玉傳》，第1858頁。
〔註34〕《太平御覽》卷第三百七十八人事部一九瘦條引《述異記》，第1748頁。
〔註35〕《宋書》卷八十五《王景文傳》，第2180～2184頁。
〔註36〕《太平御覽》卷第七百五十三工藝部一十圍棋條引《述異記》，第3342頁。
〔註37〕《宋書》卷八十三《黃回附任農夫傳》，第2126頁。
〔註38〕《宋書》卷五十《張興世傳》，第1455頁。
〔註39〕《宋書》卷五十一《劉道憐附襲傳》，第1467頁。

二年至昇明二年為侯國。

2、零陽，《宋書·劉誕附劉季之傳》云：元嘉三十年，封劉季之為零陽縣侯；大明三年，「盱眙太守鄭瑗以季之曾為（劉）誕所遇，疑其同逆」，殺之。〔註40〕國當除，則元嘉三十年至大明三年為侯國。

（四）宜都郡沿革

宜都郡，仍領縣四，仍領有宜昌、夷陵二縣，其他二縣政區沿革詳見下文。仍治夷道縣。

1、夷道，《宋書·張卲附張暢傳》曰：元嘉三十年，劉劭事平，封張暢為夷道縣侯；孝建元年，被削爵土。〔註41〕則元嘉三十年至孝建元年為侯國。

2、佷山，永初元年為侯國，詳第一章第二節夷道縣條。元嘉三年，到彥之改封為建昌縣公。〔註42〕則永初元年至元嘉三年仍為侯國。《宋志》有佷山男相。〔註43〕乏考。

（五）巴東郡沿革

巴東郡，增置新浦、巴渠、黽陽三縣來屬。元嘉二十年（443）當領縣七，仍領有朐䏰、南浦、漢豐三縣，其他四縣政區沿革詳下文。仍治魚復縣。又，大明三年（459），「以封在嶺南，秋輸艱遠，改封（柳元景）巴東郡公」。〔註44〕則大明三年始為公國，昇明三年當廢省。

1、魚復，《宋志》有魚復侯相。〔註45〕乏考。

2、新浦，《宋志》引《何志》曰：「新立。」當於元嘉二十年前置新浦縣。〔註46〕治今重慶市開縣西南。

3、巴渠，《宋志》曰：「《永初郡國》無巴渠、黽陽二縣。……何志不注置立。」〔註47〕則巴渠、黽陽二縣當於元嘉二十年前置。治今重慶市開縣東北。

4、黽陽，詳上文巴渠縣條。治今重慶市巫山縣南。

〔註40〕《宋書》卷七十九《劉誕附劉季之傳》，第2026～2033頁。
〔註41〕《宋書》卷四十六《張卲附張暢傳》，第1399頁。
〔註42〕《南史》卷二十五《到彥之傳》，第675頁。
〔註43〕《宋志三》荊州刺史宜陽太守條，第1119頁。
〔註44〕《宋書》卷七十七《柳元景傳》，第1989～1990頁。
〔註45〕《宋志三》荊州刺史巴東公相條，第1120頁。
〔註46〕《宋志三》郢州刺史巴陵太守條曰：「何志訖元嘉二十年（443）。」以下文同此。此點受胡阿祥《〈宋書·州郡志〉平議》一文所示。
〔註47〕《宋志三》荊州刺史巴東公相條，第1120頁。

（六）汶陽郡沿革

汶陽郡，永和三年（347），「桓溫平蜀，……以臨沮西界，……立為汶陽郡，以處流民」。〔註 48〕《宋志》引《何志》曰：「新立（汶陽）。先屬梁州。」〔註 49〕又《南齊書・蠻傳》曰：汶陽本臨沮西界，「桓溫時，割以為郡」。〔註 50〕則永和三年置，屬梁州。元嘉十一年當度屬荊州，詳上文荊州沿革條。又《宋志》曰：「宋初有四縣，後省汶陽縣。」〔註 51〕元嘉十一年當領縣三。治今湖北保康縣南。

1、潼陽，《晉志》無，《宋志》屬。當與郡俱立。治今湖北保康縣南。

2、沮陽，《晉志》無，《宋志》屬。當與郡俱立。治今湖北保康縣南。

3、高安，《晉志》無，《宋志》屬。又《輿地廣記》曰：「（晉）義熙初，分置高安縣及汶陽郡。」〔註 52〕當與郡俱立。治今湖北遠安縣西北。

（七）南義陽郡沿革

南義陽郡，《宋志》云：「孝建二年（455），以平陽縣並厥西。」〔註 53〕則孝建二年仍僑寄今湖北安鄉縣。孝建二年領僑縣二，仍領厥西、平氏二僑縣。

（八）新興郡沿革

新興郡，《宋志》曰：「宋初六縣，後省雲中。」〔註 54〕孝建二年省九原並定襄，省宕渠並廣牧。〔註 55〕則孝建二年領僑縣三，仍領有定襄、廣牧、新豐三縣。仍僑寄今湖北荊門市荊州區東北。又，元徽四年（476），封劉嵩新興王；「齊受禪，降封定襄縣公」，尋賜劉嵩死。〔註 56〕則元徽四年至昇明三年為王國。

（九）南河東郡沿革

南河東郡，《宋志》曰：「孝武孝建二年，以廣戚並聞喜，弘農、臨汾並松

〔註 48〕《南齊志下》荊州序，第 273 頁。
〔註 49〕《宋志三》荊州刺史汶陽太守條，第 1121 頁。
〔註 50〕《南齊書》卷五十八《蠻傳》，第 1008 頁。
〔註 51〕《宋志三》荊州刺史汶陽太守條，第 1121 頁。
〔註 52〕《輿地廣記》卷第二十七荊湖北路上中峽州中下遠安縣條，第 792 頁。
〔註 53〕《宋志三》荊州刺史南義陽太守條，第 1121 頁。
〔註 54〕《宋志三》荊州刺史新興太守條，第 1121 頁。
〔註 55〕《宋志三》荊州刺史新興太守條，第 1121 頁。
〔註 56〕《宋書》卷九十《明四王傳》，第 2239 頁。

滋，安邑並永安。」〔註 57〕則孝建二年當領僑縣四，仍領有譙縣，其他三縣政區沿革詳下文。僑寄今湖北松滋縣西北。

1、**松滋**，《宋書・劉子房傳》曰：泰始三年，貶劉子房為松滋縣侯，尋被殺害。〔註 58〕當除國。

2、**聞喜**，《宋書・黃回傳》云：泰始二年，改封黃回為聞喜縣侯；昇明二年，又改封為安陸郡公。〔註 59〕又《南齊書・武帝紀》云：昇明二年，封蕭賾為聞喜縣侯，三年，進爵為公。〔註 60〕則泰始二年至昇明二年為侯國，昇明三年始為公國。

3、**永安**，《南齊書・蕭嶷傳》曰：昇明二年，「以定策功」，蕭嶷改封為永安縣公；建元元年，進封為豫章郡王。〔註 61〕則昇明二年至昇明三年為公國。

（十）建平郡沿革

建平郡，《宋志》曰：「《永初郡國》有南陵、建始、信陵、興山、永新、永寧、平樂七縣，今並無。」〔註 62〕又《輿地廣記》云：吳置興山縣，「屬建平郡。晉因之。宋省焉」。〔註 63〕七縣當在永初三年前後廢省。則景平三年（423）當領縣七，仍領巫、北井、泰昌、沙渠、新鄉五縣，其他二縣政區沿革詳下文。仍治巫縣。又，元嘉二十一年，立劉宏為建平王；元徽二年，建平王劉景素被誅。〔註 64〕國當除。則元嘉二十一年至元徽二年為王國。

1、**秭歸**，《宋書・殷孝祖傳》曰：泰始二年，追封殷孝祖為秭歸縣侯，四年，改封為建安縣。〔註 65〕又，元徽三年（475），封長沙王劉義欣之孫恬為秭歸縣侯，續劉宏後，「順帝昇明二年卒，國除」。〔註 66〕則泰始二年至泰始四年為侯國，元徽三年至昇明二年復為侯國。

2、**歸鄉**，東晉末，封毛璩為歸鄉公，詳第一章第一節歸鄉縣條。又《宋書・武帝紀》詔曰：「其宣立義熙，豫同艱難者，一仍本秩，無所減降。」

〔註 57〕《宋志三》荊州刺史南河東太守條，第 1122 頁。
〔註 58〕《宋書》卷八十《劉子房傳》，第 2061 頁。
〔註 59〕《宋書》卷八十三《黃回傳》，第 2123 頁。
〔註 60〕《南齊書》卷三《武帝紀》，第 44 頁。
〔註 61〕《南齊書》卷二十二《蕭嶷傳》，第 406～407 頁。
〔註 62〕《宋志三》荊州刺史建平太守條，第 1122 頁。
〔註 63〕《輿地廣記》卷第二十八荊湖北路下下歸州下興山縣條，第 809 頁。
〔註 64〕《宋書》卷五《文帝紀》，第 91 頁；《宋書》卷九《後廢帝紀》，第 182 頁。
〔註 65〕《宋書》卷八十六《殷孝祖傳》，第 2191 頁。
〔註 66〕《宋書》卷七十二《劉宏附子景素傳》，第 1863 頁。

〔註67〕毛璩後人當襲封，則劉宋仍為公國。昇明三年當除國，詳本章南郡臨沮縣條。《宋志》有歸鄉公相。〔註68〕

（十一）永寧郡沿革

永寧郡，元嘉二十年後當度襄陽郡上黃縣屬長寧郡，詳下文襄陽郡條。〔註69〕後明帝劉彧以「長」字與文帝陵名同，改為永寧郡。當於明帝即位（454年）時改。孝建二年，以僮陽並長寧，綏寧並上黃，〔註70〕度長寧之綏安屬巴陵郡。〔註71〕大明元年（457），度上黃屬華山郡。〔註72〕則大明元年當領僑縣一。仍僑寄今湖北荊門市西北。

1、長寧，《宋志》有長寧侯相。〔註73〕乏考。

（十二）武寧郡沿革

武寧郡，仍領縣二。仍治樂鄉縣。

1、樂鄉，泰始二年，以平殷琰功，封垣閎為樂鄉縣侯；齊國建，封爵如故。〔註74〕則泰始二年始為侯國。

2、長林，《宋志》有長林男相。〔註75〕乏考。

二、郢州政區沿革

郢州，《宋志》曰：「孝武帝孝建元年，分荊州之江夏、竟陵、隨、武陵、天門，湘州之巴陵，江州之武昌，豫州之西陽」，立郢州。〔註76〕泰始三年，天門郡還屬荊州，詳本節荊州政區沿革條。《宋志》曰：「《太康地志》、《永初郡國》與何志均以義陽郡屬荊州。徐志則屬南豫州。明帝泰始五年，又度屬郢州，後廢帝元徽四年，屬司州。」〔註77〕則元嘉二十年後，義陽郡度屬南

〔註67〕《宋書》卷三《武帝紀》，第53頁。
〔註68〕《宋志三》荊州刺史建平太守條，第1123頁。
〔註69〕《宋志三》荊州刺史永寧太守條，第1123頁。
〔註70〕《宋志三》荊州刺史永寧太守條，第1123頁。
〔註71〕《宋志三》郢州刺史巴陵太守條，第1126頁。
〔註72〕《宋志三》荊州刺史華山太守條，第1143頁
〔註73〕《宋志三》荊州刺史永寧太守條，第1123頁。
〔註74〕《宋書》卷八十七《殷琰傳》，第2212頁；《南齊書》卷二十八《垣榮祖附垣閎傳》，第531頁。
〔註75〕《宋志三》荊州刺史永寧太守條，第1124頁。
〔註76〕《宋志三》郢州刺史序，第1124頁。
〔註77〕《宋志二》司州刺史義陽太守條，第1104頁。

豫州。泰始五年度屬郢州，元徽四年割屬司州。又云：孝武孝建元年度隨郡屬郢州，前廢帝永光元年又度屬雍州；明帝泰始五年還屬郢州，改名隨陽；後廢帝元徽四年，又度屬司州。〔註 78〕則孝建元年度隨郡屬郢州，永光元年割屬雍州，泰始五年還屬郢州，元徽四年度屬司州。《宋志》曰：孝武孝建元年立安陸郡並屬郢州，「後廢帝元徽四年度司州」。〔註 79〕則安陸郡孝建元年至元徽四年屬郢州，後度屬司州。《宋志》又云：「徐志有安蠻縣，《永初郡國》、何志並無，當是何志後所立。尋為郡，孝武大明八年，又省為縣，屬安陸郡。明帝泰始初，又立為左郡，宋末又省。」〔註 80〕則當於元嘉二十年後立安蠻縣。後置安蠻郡，當先屬荊州，元嘉三十年度屬郢州，大明八年省安蠻郡為縣，並屬安陸郡。泰始初，又立安蠻左郡，當屬郢州；元徽四年前，安蠻左郡當省或度屬司州。則元徽四年郢州當領郡六。治汝南縣。

（一）江夏郡沿革

江夏郡，孝建元年度安陸、曲陵二縣屬安陸郡，泰始六年（470）省併曲陵縣於安陸縣。〔註 81〕又，增孝昌、沙陽、蒲圻三縣來屬。大明八年當領縣七，仍領有灄陽縣，其他六縣政區沿革詳下文。孝建元年前當徙治於汝南縣。又據《宋書・劉義恭傳》載：元嘉元年，封劉義恭為江夏王；齊受禪，降江夏王劉躋為沙陽縣公，後以謀反罪，賜死。〔註 82〕則元嘉元年至昇明三年為王國。

1、汝南，元嘉三十年，封蔡超為汝南縣侯，孝建元年被誅。〔註 83〕當除國。又，太宗即位（465 年），封姜產之為汝南縣侯。〔註 84〕則元嘉三十年至孝建元年為侯國，泰始元年始復為侯國。

2、沌陽，《南齊書・周盤龍傳》曰：昇明二年，改封為周盤龍為沌陽縣子。〔註 85〕則昇明二年始為子國。

〔註 78〕《宋志二》司州刺史隨陽太守條，第 1105 頁。
〔註 79〕《宋志二》司州刺史安陸太守條，第 1105～1106 頁。
〔註 80〕《宋志二》司州安陸太守條，第 1105 頁。
〔註 81〕《宋志二》司州安陸太守安陸公相條，第 1106 頁；《東晉南朝僑州郡縣與僑流人口研究》第四篇《〈宋書・州郡志〉考疑》，第 415 頁。
〔註 82〕《宋書》卷六十一《劉義恭傳》，第 1640～1652 頁。
〔註 83〕《宋書》卷六十八《劉義宣傳》，第 1799 頁、1807 頁。
〔註 84〕《宋書》卷九十四《恩倖傳》，第 2313 頁。
〔註 85〕《南齊書》卷二十九《周盤龍傳》，第 543 頁。

3、孝昌，《宋志》曰：徐志有孝昌縣，「疑是孝武世（454～464 年）所立」。〔註 86〕又《宋書．張永傳》云：泰始三年，「以破薛索兒功」，封張永為孝昌縣侯；元徽二年，「免官削爵」。〔註 87〕則泰始三年至元徽二年為侯國。治今湖北孝昌縣。

4、惠懷，《太平廣記》引《幽明錄》曰：甄沖字叔讓，「為雲杜令，未至惠懷縣，忽有一人來通」。〔註 88〕則劉宋仍屬。又《宋書．恩倖傳》載：明帝劉彧即位，「論功行賞」，封富靈符為惠懷子。〔註 89〕則泰始元年起為子國，昇明三年當除國，詳本章南郡臨沮縣條。

5、沙陽，《續漢志》作「沙羨」（按：治今湖北武漢市武昌區）屬江夏郡，《晉志》作「沙羨」屬武昌郡。《宋志》曰：太康元年更名為沙陽，旋又立沙羨，徙沙陽於今所治（按：今湖北嘉魚縣東北），仍屬武昌郡。〔註 90〕元嘉十六年度屬巴陵郡，孝建元年又度屬江夏郡。〔註 91〕治今湖北嘉魚縣東北。

6、蒲圻，《宋志》曰：蒲圻縣，「本屬長沙郡。文帝元嘉十六年度巴陵，孝武孝建元年度江夏」。〔註 92〕又《宋書．殷琰傳》載：泰始二年，封王廣之為蒲圻縣子；元徽二年，改封為寧都縣子〔註 93〕。則泰始二年至元徽二年為子國。《宋志》有蒲圻男相。〔註 94〕乏考。

（二）竟陵郡沿革

竟陵郡，泰始六年，省石城縣，置萇壽縣並徙竟陵郡治於萇壽縣。仍領縣六。《宋志》云：「何志又有宋縣，徐志無。」〔註 95〕則當在元嘉二十年後省宋縣。又，元嘉元年，封劉義宣為竟陵王；明年，改封為南譙王。〔註 96〕

〔註 86〕《宋志三》郢州刺史江夏太守條，第 1124 頁。
〔註 87〕《宋書》五十三《張永傳》，第 1514～1515 頁。
〔註 88〕〔宋〕李昉等編：《太平廣記》卷第三百一十八鬼三甄沖條引《幽明錄》，中華書局 1962 年版，第 2523 頁。
〔註 89〕《宋書》卷九十四《恩倖傳》，第 2313 頁。
〔註 90〕《宋志三》郢州刺史江夏太守條，第 1125 頁。
〔註 91〕《宋志三》郢州刺史江夏太守條，第 1125 頁。
〔註 92〕《宋志三》郢州刺史江夏太守條，第 1125 頁。
〔註 93〕《宋書》卷八十七《殷琰傳》，第 2212 頁；《南齊書》卷二十九《王廣之傳》，第 547 頁。
〔註 94〕《宋志三》郢州刺史江夏太守條，第 1124 頁。
〔註 95〕《宋志三》郢州刺史竟陵太守條，第 1125 頁。
〔註 96〕《宋書》卷六十八《劉義宣傳》，第 1798 頁。

則元嘉元年至二年為王國。元徽五年（477）封蕭道成為竟陵郡公。〔註 97〕則元徽五年始為公國。

1、萇壽，《宋志》曰：明帝泰始六年立萇壽縣。《元和志》亦云：「宋分置長壽縣，理石城，即今縣理也，屬竟陵郡。……縣城，本古之石城。」〔註 98〕（按：萇即作長）則泰始六年當省石城，置萇壽縣。又，元徽二年，封王宜興為長壽縣男。〔註 99〕昇明三年當除國，詳本章南郡臨沮縣條。

2、竟陵，《宋書．吳喜傳》曰：明帝劉彧即位，以功封吳喜為竟陵縣侯；泰始四年，改封為東興縣侯。〔註 100〕又，元徽末（473～477 年），封薛淵為竟陵侯；齊太祖即位（479 年），增邑兩千五百戶。〔註 101〕則泰始元年至泰始四年為侯國。劉宋末年又復為侯國。

3、新市，《續漢志》、《晉志》作「南新市」，《宋志》作「新市子相」。又《水經注》云：「西南流逕杜城西，是新市縣治也。《郡國志》以為『南新市』也，中山有新市，故此加南。」〔註 102〕當於永初三年後更名。又，元徽二年，以平劉休範功，封曹欣之為新市縣子。〔註 103〕昇明三年當除國，詳本章南郡臨沮縣條。

4、霄城，《宋書．趙倫之傳》曰：劉裕受命，「以佐命功」，封趙倫之為霄城縣侯；「齊受禪，國除」。〔註 104〕則永初元年至昇明三年為侯國。

5、新陽，《宋書．劉劭傳》曰：元嘉三十年，封高禽為新陽縣男。〔註 105〕昇明三年當除國，詳本章南郡臨沮縣條。

6、雲杜，詳本節郢州江夏郡惠懷縣條。又，元徽四年，改封段佛榮為雲杜縣侯。〔註 106〕昇明三年當除國，詳本章南郡臨沮縣條。

（三）武陵郡沿革

武陵郡，仍領縣十，仍領有舞陽、酉陽、黚陽、沅陵四縣，其他六縣政區

〔註 97〕《南齊書》卷一《高祖紀》，第 11 頁。
〔註 98〕《元和志》卷第二十一山南道二郢州長壽縣條，第 538 頁。
〔註 99〕《宋書》卷八十三《黃回附王宜興傳》，第 2123 頁。
〔註 100〕《宋書》卷八十三《吳喜傳》，第 2115 頁。
〔註 101〕《南齊書》卷三十《薛淵傳》，第 553 頁。
〔註 102〕《水經注校證》卷三十一涓水，第 736 頁。
〔註 103〕《宋書》卷八十三《宗越附曹欣之傳》，第 2114 頁。
〔註 104〕《宋書》卷四十六《趙倫之傳》，第 1389 頁。
〔註 105〕《宋書》卷九十九《劉劭傳》，第 2439 頁。
〔註 106〕《宋書》八十四《袁顗附段佛榮傳》，第 2148 頁。

沿革詳下文。仍治臨沅縣。又，元嘉十三年（436），文帝立第三皇子劉駿為武陵王；〔註 107〕後劉駿即位（453 年），國當除。泰始六年，又立第九皇子劉贊為武陵王；〔註 108〕昇明三年，劉贊薨，除國。〔註 109〕與之不同，《宋書・後廢帝紀》則曰：元徽二年，立第九皇弟劉贊為武陵王，《南朝宋會要》與之同。〔註 110〕皆誤。則元嘉十一年至元嘉三十年為王國。泰始六年至昇明三年又復為王國。

1、**臨沅**，《宋書・孟懷玉附弟龍符傳》曰：晉義熙中（405～418 年），封孟龍符為臨沅縣男；「齊受禪，國除」。〔註 111〕則劉宋仍為男國。

2、**龍陽**，《宋書・王鎮惡傳》曰：劉裕受命，追封王鎮惡為龍陽縣侯；「齊受禪，國除」。〔註 112〕則永初元年始為侯國。

3、**漢壽**，《宋書・自序》云：劉裕踐祚，「以佐命功」，封沈林子為漢壽縣伯；「齊受禪，國除」。〔註 113〕則永初元年至昇明元年為伯國。

4、**沅南**，《南齊書・王僧虔傳》曰：元徽中（473～477 年），「高平檀珪罷沅南令」。〔註 114〕則劉宋仍屬。

5、**遷陵**，《宋書・宗越附佼長生傳》曰：明帝劉彧時，以「南討有功」，封佼長生為遷陵縣侯。〔註 115〕泰始二年始為侯國，昇明三年當除國，詳本章南郡臨沮縣條。

6、**辰陽**，《宋志》有辰陽男相。〔註 116〕乏考。

（四）巴陵郡沿革

巴陵郡，《續漢志》、《晉書》無。《宋志》曰：元嘉十六年，分長沙之巴陵、蒲圻、下雋，江夏之沙陽四縣立巴陵郡，屬湘州。孝武孝建元年，屬郢

〔註 107〕《宋書》卷六《文帝紀》，第 84 頁。然《宋書》卷六《孝武帝紀》認為：元嘉十二年，立劉駿為武陵王，第 109 頁。今從《宋書・文帝紀》。

〔註 108〕《宋書》卷八《明帝紀》，第 167 頁。

〔註 109〕《宋書》卷十《順帝紀》，第 199 頁；《宋書》卷八十《武陵王贊傳》，第 2071 頁。

〔註 110〕《宋書》卷九《後廢帝紀》，第 183 頁；〔清〕朱銘盤《南朝宋會要》，上海古籍出版社 1984 年版，第 298 頁。

〔註 111〕《宋書》卷四十七《孟懷玉附弟龍符傳》，第 1408～1409 頁。

〔註 112〕《宋書》卷四十五《王鎮惡傳》，第 1371 頁。

〔註 113〕《宋書》卷一百《自序》，第 2458～2460 頁.

〔註 114〕《南齊書》卷三十三《王僧虔傳》，第 593 頁。

〔註 115〕《宋書》卷八十三《宗越附佼長生傳》，第 2113 頁。

〔註 116〕《宋志三》郢州刺史武陵太守條，第 1126 頁。

州。〔註117〕則元嘉十六年立巴陵郡，孝建元年度屬郢州，沙陽、蒲圻二縣當在孝建元年還屬江夏郡，詳本節江夏郡沙陽縣與蒲圻縣條。又，孝建元年，割南郡之監利、州陵二縣屬巴陵郡；二年，度長寧郡綏安縣屬巴陵郡。〔註118〕則孝建二年當領縣五。此外，《宋書·宗越附武念傳》曰：泰始二年，明帝追封武念為綏安縣侯；四年，「綏安縣省」，又改封其為邵陵縣侯。《宋志》亦云：泰始四年，以綏安縣并州陵縣。〔註119〕則泰始四年當領縣四。治巴陵縣。又，孝建三年，立劉休若為巴陵王；後劉休若子沖襲封；昇明三年，劉沖薨，會齊受禪，除國。〔註120〕則孝建三年至昇明三年為王國。

1、巴陵，《宋志》有巴陵男相。〔註121〕乏考。

2、下雋，《宋志》有下雋侯相。〔註122〕乏考。

3、監利，晉義熙十年，為侯國，詳第一章第二節南郡監利縣條。《宋志》有監利侯國。〔註123〕則劉宋仍為侯國。昇明三年當除國，詳本章南郡臨沮縣條。

4、州陵，《宋志》有州陵侯相。〔註124〕乏考。

（五）武昌郡沿革

武昌郡，《續漢志》無；《晉志》屬荊州，領縣七。《晉志》云：「孫權分江夏立武昌郡」，後兩置兩省。〔註125〕《宋志》引《晉起居注》曰：「太康元年，改江夏為武昌郡。」〔註126〕則太康元年復置武昌郡。西晉惠帝時，度武昌郡屬江州〔註127〕。孝建元年割武昌郡屬郢州。則孝建元年當領縣三。治武昌縣。

1、武昌，《續漢志》作「鄂」屬江夏郡〔註128〕，《晉志》屬武昌郡。又，

〔註117〕《宋志三》郢州刺史巴陵太守條，第1126頁。
〔註118〕《宋志三》郢州刺史巴陵太守條，第1126頁。
〔註119〕《宋書》卷八十三《宗越附武念傳》，第2113頁；《宋志三》郢州刺史巴陵太守條，第1127頁。
〔註120〕《宋書》卷六《孝武帝紀》，第118頁；《宋書》卷七十二《劉休若傳》，第1885頁。
〔註121〕《宋志三》郢州刺史巴陵太守條，第1126頁。
〔註122〕《宋志三》郢州刺史巴陵太守條，第1127頁。
〔註123〕《宋志三》郢州刺史巴陵太守條，第1127頁。
〔註124〕《宋志三》郢州刺史巴陵太守條，第1127頁。
〔註125〕《晉志下》荊州序，第454頁；《三國政區地理研究》，第210頁。
〔註126〕《宋志三》郢州刺史武昌太守條，第1127頁。
〔註127〕《晉志下》荊州後序。第458頁。
〔註128〕《宋志三》郢州刺史武昌太守條曰：「武昌侯相，魏武帝黃初二年，孫權改鄂為武昌。」第1127頁。

劉裕受命，「以佐命功」，封謝晦為武昌縣公〔註 129〕；元嘉三年，謝晦被誅。國當除。則永初元年至元嘉三年為公國。《宋志》有武昌侯相。〔註 130〕乏考。治今湖北鄂州市。

2、陽新，《續漢志》無，《晉志》屬武昌郡。《法苑珠林》云：「晉沙門釋法安者，廬山之僧，遠法師弟子也。義熙末陽新縣虎暴甚盛，……安為說法受戒，虎據地不動。」〔註 131〕則東晉末仍屬。《太平御覽》引《幽明錄》曰：「武昌陽新縣北山上有望夫石，狀若人立。」〔註 132〕則劉宋仍屬。又，元嘉三十年，以「奔牛之功」，封顧彬之為陽新縣侯。〔註 133〕昇明三年當除國，詳本章南郡臨沮縣條。治今湖北陽新縣西南。

3、鄂，《續漢志》無，《晉志》屬武昌郡。《宋志》曰：「晉武帝太康元年，復立鄂縣，而武昌如故。」〔註 134〕太康元年新立鄂縣。又《宋書・恩倖傳》曰：元徽中，於天寶「自陳功勞，求加封爵，乃封鄂縣子」；昇明元年，齊王蕭道成以其反覆，賜其死。〔註 135〕後，以預平沈攸之之難，封王玄載為鄂縣子。〔註 136〕則元徽中為子國，昇明三年當除國，詳本章南郡臨沮縣條。治今湖北鄂州市西南。

（六）西陽郡沿革

西陽郡，《續漢志》、《晉志》無。西陽郡原為西陽國，當於太康末年（289～290）置。〔註 137〕又《宋志》云：西陽，「本縣名，二漢屬江夏，曹魏立弋陽郡，又屬焉。西晉惠帝又分弋陽為西陽國，屬豫州。孝武孝建元年，度郢州。明帝泰始五年，又度豫，後又還郢」。〔註 138〕《宋書・文九王傳》載：元徽元年，以劉燮「監郢州豫州之西陽司州之義陽二郡諸軍事」；後順帝即位，

〔註 129〕《宋書》卷四十四《謝晦傳》，第 1348 頁。
〔註 130〕《宋志三》郢州刺史武昌太守條，第 1127 頁。
〔註 131〕〔唐〕釋道世：《法苑珠林校注》卷第十九感應緣晉沙門釋法安條，周叔迦、蘇晉仁校注，中華書局 2003 年版，第 632 頁。
〔註 132〕《太平御覽》卷第四百四十人事部八十一貞女中引劉義慶《幽明錄》，第 2025 頁。
〔註 133〕《宋書》卷七十九《劉誕傳》，第 2026 頁。
〔註 134〕《宋志三》郢州刺史武昌太守條，第 1127 頁。
〔註 135〕《宋書》卷九十四《恩倖傳》，第 2316 頁。
〔註 136〕《南齊書》卷二十七《王玄載傳》，第 509 頁。
〔註 137〕石泉、魯西奇：《東晉南朝西陽郡沿革與地望考辨》。
〔註 138〕《宋志三》郢州刺史西陽太守條，第 1127 頁。

劉燮方離任。《宋書‧劉翽傳》曰：昇明元年，劉翽「為使持節、督郢州司州之義陽諸軍事，郢州刺史」。〔註 139〕則昇明元年郢州不再監或督西陽郡，當還西陽屬郢州。綜上述，孝建元年度西陽郡屬郢州，泰始五年又割屬豫州，昇明元年還屬郢州。則昇明元年當領縣十。僑寄於今湖北黃岡市黃州區東。又，永平元年（291），晉惠帝進西陽公司馬羕爵為王；〔註 140〕晉咸和元年，免太宰西陽王羕，降為弋陽縣王。〔註 141〕《宋書‧劉子尚傳》載：孝建三年，封劉子尚為西陽王；五年，改封為豫章王。〔註 142〕則永平元年至咸和元年為王國，孝建三年至孝建五年又復為王國。

1、西陽，《續漢志》屬荊州江夏郡，《晉志》屬豫州弋陽郡。西陽當在西陽國置時度屬之。又，泰始二年，封蕭道成為西陽縣侯；元徽二年，進爵為公；昇明元年，又封為竟陵郡公。〔註 143〕則昇明元年當還為縣。治今湖北黃岡市東南。

2、西陵，《續漢志》屬荊州江夏郡，《晉志》屬豫州弋陽郡。光熙元年（306），晉惠帝還洛，「又以汝南（按：當為弋陽）、期思、西陵益西陽國」。〔註 144〕則光熙元年度西陵屬西陽郡。《宋志》有西陵男相。〔註 145〕乏考。治今湖北武漢市新洲區西。

3、孝寧，《續漢志》作「軑」屬荊州江夏郡，《晉志》作「軑」屬豫州弋陽郡。後立西陽郡當度屬之。孝武帝孝建元年，改名為孝寧。〔註 146〕又，泰始二年，封全景文為西陽郡孝寧縣侯；建元元年，以全景文不預佐命，國除。〔註 147〕則泰始二年至建元元年為侯國。治今湖北浠水縣西南。

〔註 139〕《宋書》卷七十二《文九王傳》，第 1870 頁；《宋書》卷九十《劉翽傳》，第 2238 頁。

〔註 140〕《晉書》卷四《惠帝紀》，第 91 頁。

〔註 141〕《晉書》卷七《成帝紀》，第 170 頁。

〔註 142〕《宋書》卷八十《劉子尚傳》，第 2058 頁。

〔註 143〕《南齊書》卷一《高帝紀上》，第 5 頁、第 9 頁、第 11 頁。

〔註 144〕《晉書》卷五十九《汝南王亮附子羕傳》，第 1594 頁。又，據《晉志上》豫州弋陽郡條有西陵、期思二縣，第 422 頁；《宋志二》南豫州刺史弋陽太守條有「期思令」，第 1076 頁。則西陵、期思二縣本屬弋陽郡，306 年度屬西陽國，後還期思縣屬弋陽郡，還屬確年乏考。則《晉書‧汝南王亮附子羕傳》恐誤。

〔註 145〕《宋志三》郢州刺史西陽太守條，第 1128 頁。

〔註 146〕《宋志三》郢州刺史西陽太守條，第 1128 頁。

〔註 147〕《宋書》八十四《鄧琬傳》，第 2146 頁；《南齊書》卷二十九《呂安國附全景文傳》，第 540 頁。

4、蘄陽，《續漢志》作「蘄春」屬荊州江夏郡；《晉志》亦作「蘄春」屬豫州弋陽郡；《宋志》作「蘄陽」屬西陽郡。永嘉初，復以邾、蘄春益西陽國，〔註 148〕後度屬新蔡郡，〔註 149〕大明八年還屬西陽郡。〔註 150〕治今湖北蘄春縣西南。

5、義安，《宋志》曰：明帝泰始二年，以北來流民立義安縣，並屬西陽郡。〔註 151〕確址無考，當治今湖北浠水、英山、蘄春等縣一帶。

6、蘄水左縣，《宋志》云：「文帝元嘉二十年，豫部蠻民立建昌、……蘄水、……十八縣，屬西陽。」〔註 152〕後當省之。唯不知何時，復立為蘄水左縣。治今湖北浠水縣東。

7、東安左縣〔註 153〕，確址無考，當在今湖北浠水、英山、蘄春等縣一帶。

8、建寧左縣，《宋志》曰：「孝武大明八年省建寧左郡為縣，屬西陽。徐志有建寧縣，當是此後為郡。」〔註 154〕則大明八年立建寧左縣。治今湖北麻城市西南。

〔註 148〕《晉書》卷五十九《汝南王亮附子羕傳》，第 1594 頁。

〔註 149〕胡阿祥曰：「此云：『屬新蔡者』者，東晉僑置之新蔡郡，宋改南新蔡郡，即本志（即《宋志》）江州刺史所領南新蔡郡。《太平寰宇記卷一百二十七蘄州蘄春縣：蘄春縣，『《晉太康地記》云改屬弋陽郡。惠帝時屬西陽郡，（晉）孝武改為蘄陽，屬新蔡。』」《宋書州郡志匯釋》，第 189 頁。從之。《宋志三》郢州刺史西陽太守無「邾縣」，疑東晉時省。

〔註 150〕《宋志三》郢州刺史西陽太守條，第 1128 頁。

〔註 151〕《宋志三》郢州刺史西陽太守條，第 1128 頁。胡阿祥引《南齊志下》郢州西陽郡義安左縣，疑宋義安僑縣以蠻民所立，故齊改左縣（《宋書州郡志匯釋》）。第 189 頁。從之。

〔註 152〕《宋志三》郢州刺史西陽太守條曰：「蘄水左縣長，文帝元嘉二十五年，以豫部蠻民立建昌、南川、長風、赤亭、魯亭、陽城、彭波、遷溪、東丘、東安、西安、南安、房田、希水、高坡、直水、蘄水、清石十八縣，屬西陽。孝武大明八年，赤亭、彭波並陽城，其餘不詳何時省。」又，「孝武大明八年，省西陽之赤亭、陽城、彭波三縣並建寧之陽城縣，而以縣屬西陽。」則 464 年，以赤亭、陽城、彭波屬建寧左郡（於 464 年省，詳建寧左縣條）之陽城縣。其他 15 縣省併時間乏考。第 1128 頁。

〔註 153〕胡阿祥以為：「東安左縣，先為西陽郡東安縣（元嘉二十五年以豫部蠻民立），後省。永光元年復以西陽郡蘄水、直水、希水三屯立東安左縣。」《宋書州郡志匯釋》，第 190 頁。從之。

〔註 154〕《宋志三》郢州刺史西陽太守條，第 1128 頁。胡阿祥認為：「建寧左郡，先為西陽郡建寧縣（元嘉二十年後立），後立為建寧左郡，領有陽城左縣（按非西陽之陽城縣）。」（《宋書州郡志匯釋》）第 190 頁。

9、希水左縣，左縣置立不詳，當同蘄水左縣。〔註155〕治今湖北浠水縣。

10、陽城左縣，大明八年，屬西陽郡，詳上文蘄水左縣和建寧左縣條。確址無考，當在今湖北麻城市一帶。

三、湘州政區沿革

湘州，《宋書．武帝紀》曰：永初三年，分荊州十郡還置湘州。又《宋書．文帝紀》云：元嘉八年，罷湘州還並荊州；元嘉十六年，復分荊州置湘州；元嘉二十九年，罷湘州並荊州，度始興、臨賀、始安三郡屬廣州。元嘉三十年，以侍中南譙王世子劉恢為湘州刺史。〔註156〕則永初三年又立湘州。元嘉八年省，元嘉十六年再立，元嘉二十九年又省，元嘉三十年復立，詳本節荊州條。關於湘州兩省三置的政治地理原因，詳本章第三節。元嘉十六年置巴陵郡屬湘州，孝建元年又度屬郢州。〔註157〕則孝建元年當領郡十。治臨湘縣。

（一）長沙郡沿革

長沙郡，元嘉十六年，度下雋、蒲圻、巴陵三縣屬巴陵郡，詳本節巴陵郡條。仍治臨湘縣。則元嘉十六年當領縣七。又，劉裕受命，封劉道憐長沙王；昇明三年，「會齊受禪，除國」。〔註158〕則永初元年至昇明三年為王國。

1、臨湘，《冥祥記》曰：「（劉）宋陳秀遠者，潁川人也。嘗為湘州西曹，客居臨湘縣。」〔註159〕則劉宋仍屬。《宋志》有臨湘侯相。〔註160〕乏考。

2、醴陵，《宋書．武帝紀》云：永初元年，封晉長沙公陶侃後人為醴陵縣侯。〔註161〕昇明三年當除國，詳本章南郡臨沮縣條。

3、瀏陽，《宋志》有瀏陽侯相。〔註162〕乏考。

4、吳昌，據《晉書．陶侃傳》載：以長沙公陶侃後人延壽嗣。劉「宋受

〔註155〕《宋書州郡志匯釋》，第190頁。

〔註156〕《宋書三》卷三《武帝紀》，第59頁；《宋書》卷五《文帝紀》，第80頁、第86頁、第101頁、第111頁。

〔註157〕《宋志三》郢州刺史巴陵太守條，第1126頁。

〔註158〕《宋書》卷五十一《劉道憐傳》，第1463～1465頁。

〔註159〕〔南朝．齊〕王琰：《冥祥記》，收入《魯迅全集》第八卷《古小說鉤沉．冥祥記》，魯迅先生紀念委員會編撰，人民文學出版社1973年版，第638頁。

〔註160〕《宋志三》湘州刺史條，第1129頁。

〔註161〕《宋書》卷三《武帝紀》，第53頁。

〔註162〕《宋志三》湘州刺史條，第1129頁。

禪，降為吳昌侯」。〔註 163〕昇明年當除國，詳本章南郡臨沮縣條。又，大明二年（458），封戴法興為吳昌縣男；永光元年（465），其被賜死。〔註 164〕國當除。則大明二年至永光元年為男國。

5、羅，《宋書·鄧琬傳》曰：泰始二年，封孫超之為長沙郡羅縣開國侯。〔註 165〕昇明三年當除國，詳本章南郡臨沮縣條。

6、攸，《宋書·恩倖傳》云：泰始二年，以功封孟次陽為攸縣子。〔註 166〕昇明三年當除國，詳本章南郡臨沮縣條。

7、建寧，《宋書·后妃傳》載：明帝劉彧即位，追封何邁為建寧縣侯；「齊受禪，國除」。〔註 167〕則泰始元年至昇明三年為侯國。《宋志》有建寧子相。〔註 168〕乏考。

（二）衡陽郡沿革

衡陽郡，《水經注疏》曰：「（漣水）南逕連道縣。縣故城在湘鄉縣西一百六十里。（楊）守敬按：『……吳屬衡陽郡，晉因。』」〔註 169〕又《宋志三》湘州刺史衡陽太守條亦無連道縣。則宋初當廢省。《一統志》云：「宋元嘉中，移衡陽郡治湘西，齊省湘南入之。」〔註 170〕則昇明元年當領縣七。此外，《宋書·劉義季傳》云：元嘉元年，封劉義季為衡陽王；順帝昇明三年，「齊受禪，國除」。〔註 171〕則元嘉元年至昇明三年為王國。

1、湘西，《冥祥記》曰：「（劉）宋彭子喬者，……任本郡主簿，事太守沈文龍。建元元年，以罪被繫，……有湘西縣吏杜道策亦係在獄。」〔註 172〕則在建元元年前，湘西已為衡陽郡首縣。

2、湘南，《宋書·劉義宣傳》云：文帝時當封劉義宣子愫為湘南縣侯；孝建元年，劉義宣起兵反叛，當除國。〔註 173〕又，泰始四年，改封呂安國為湘

〔註 163〕《晉書》卷六十六《陶侃傳》，第 1780 頁。
〔註 164〕《宋書》卷九十四《恩倖傳》，第 2303～2304 頁。
〔註 165〕《宋書》卷八十四《鄧琬傳》，第 2146 頁。
〔註 166〕《宋書》九十四《恩倖傳》，第 2314 頁。
〔註 167〕《宋書》卷四十一《后妃傳》，第 1294 頁。
〔註 168〕《宋志三》湘州刺史長沙太守條，第 1129 頁。
〔註 169〕《水經注疏》卷三十八漣水，第 2281 頁。
〔註 170〕《一統志》第二十三冊卷三百五十三長沙府一湘潭縣條，第 17988 頁。
〔註 171〕《宋書》卷六十一《劉義季傳》，第 1653～1656 頁。
〔註 172〕《冥祥記》，第 643 頁。
〔註 173〕《宋書》卷六十八《劉義宣傳》，第 1807～1808 頁。

南縣男；建元元年，進爵為侯。〔註 174〕則泰始四年至建元元年為男國，建元元年始陞為侯國。

3、**益陽**，元嘉三十年，「以新亭戰功」，封徐遺寶為益陽縣侯；孝建元年，徐遺寶從劉義宣叛亂。〔註 175〕當除國。又，孝建元年，封垣護之為益陽縣侯；「齊受禪，國除」。〔註 176〕則孝建元年至昇明三年復為侯國。

4、**湘鄉**，《宋書．恩倖傳》曰：大明二年，封戴明寶為湘鄉縣男；明帝初，四方反叛，事平後，進戴明寶爵為侯；泰始三年，「削增封官爵」。〔註 177〕則大明二年至泰始二年為男國，泰始二年至泰始三年為侯國，泰始三年復為男國，昇明三年當除國，詳本章南郡臨沮縣條。

5、**新康**，仍為男國，詳第一章衡陽郡新康縣條。昇明三年當除國，詳本章南郡臨沮縣條。

6、**重安**，《宋書．恩倖傳》載：明帝劉彧即位，封王敬則為重安縣子。〔註 178〕則泰始元年為子國，昇明三年當除國，詳本章南郡臨沮縣條。《宋志》有重安侯相。〔註 179〕乏考。

7、**衡山**，《宋書．鄧琬傳》曰：泰始二年，封王穆之為衡陽郡衡山縣開國男。〔註 180〕昇明三年當除國，詳本章南郡臨沮縣條。

（三）桂陽郡沿革

桂陽郡，東晉末省平陽縣，詳第一章第二節桂陽郡條。當領縣六，仍領有汝城、晉寧二縣，其他四縣政區沿革詳下文。仍治郴縣。又《宋書．劉休範傳》曰：大明元年，改封劉休範為桂陽王；元徽二年，劉休範舉兵反。〔註 181〕當除國。則大明元年至元徽二年為王國。

1、**郴**，《宋書．符瑞志》云：大明二年，「白鹿見桂陽郴縣，湘州刺史山陽王（劉）休祐以獻」。〔註 182〕則劉宋仍屬。《宋志》有郴縣伯相。〔註 183〕乏考。

〔註 174〕《南齊書》卷二十九《呂安國傳》，第 547 頁。
〔註 175〕《宋書》卷六十八《劉義宣傳》，第 1808～1809 頁。
〔註 176〕《宋書》卷五十《垣護之傳》，第 1451～1452 頁。
〔註 177〕《宋書》卷九十四《恩倖傳》，第 2303～2305 頁。
〔註 178〕《宋書》卷九十四《恩倖傳》，第 2313 頁
〔註 179〕《宋志三》郢州刺史衡陽內史條，第 1130 頁。
〔註 180〕《宋書》卷八十四《鄧琬傳》，第 2147 頁。
〔註 181〕《宋書》卷七十九《劉休範傳》，第 2045～2046 頁。
〔註 182〕《宋書》卷二十八《符瑞志中》，第 806 頁。
〔註 183〕《宋志三》湘州刺史桂陽太守條，第 1130 頁。

2、耒陽，《宋書．劉誕傳》曰：大明三年，封沈胤之為耒陽子。〔註 184〕昇明三年當除國，詳本章南郡臨沮縣條。

3、南平，《宋書．臧質傳》云：孝建元年，「以破臧質前軍於南陵功」，封沈靈賜為南平縣男。〔註 185〕昇明三年當除國，詳本章南郡臨沮縣條。

4、臨武，《宋書．劉義宣傳》曰：文帝時，封劉義宣子為臨武縣侯；孝建元年，劉義宣謀反，當除國。〔註 186〕

（四）零陵郡沿革

零陵郡，仍領縣七。仍治泉陵縣。又，永初元年，封晉帝為零陵王，全食一郡。〔註 187〕則永初元年至昇明三年為王國。

1、泉陵，元嘉二十二年，「免劉義康及子泉陵侯允為庶人，絕屬籍」。〔註 188〕則元嘉二十二年前為侯國。又，孝武帝劉駿舉義（454 年），以功封馬文恭為泉陵縣子。〔註 189〕昇明三年當除國，詳本章南郡臨沮縣條。

2、洮陽，《宋書．宗慤傳》曰：孝武帝即位，封宗慤為洮陽侯。〔註 190〕昇明三年當除國，詳本章南郡臨沮縣條。

3、零陵，《宋書．恩倖傳》云：明帝劉彧即位，封宋逵之為零陵縣子。〔註 191〕昇明三年當除國，詳本章南郡臨沮縣條。

4、祁陽，《一統志》曰：「三國吳析置祁陽縣，屬零陵郡。晉因之。泰始初（465～471 年），屬湘東郡，五年復故。齊以後因之。」〔註 192〕則泰始五年還祁陽屬零陵郡。又，文帝時（407～453 年），封劉義宣子愫為祁陽縣侯；孝建元年，以謀反除國；孝建元年，又以功封夏侯祖權為祁陽縣子。〔註 193〕昇明三年當除國，詳本章南郡臨沮縣條。

5、應陽，《宋志》有應陽男相。〔註 194〕乏考。

〔註 184〕《宋書》卷七十九《劉誕傳》，第 2036 頁。
〔註 185〕《宋書》卷七十四《臧質傳》，第 1921 頁。
〔註 186〕《宋書》卷六十八《劉義宣傳》，第 1807～1808 頁。
〔註 187〕《宋書》卷三《武帝紀》，第 52 頁。
〔註 188〕《宋書》卷六十八《劉義康傳》，第 1796 頁。
〔註 189〕《宋書》卷四十五《劉懷慎附馬文恭傳》，第 1378 頁。
〔註 190〕《宋書》七十六《宗慤傳》，第 1972 頁。
〔註 191〕《宋書》卷九十四《恩倖傳》，第 2313 頁。
〔註 192〕《一統志》第二十四冊卷三百七十永州府祁陽縣條，第 18653 頁。
〔註 193〕《宋書》卷六十八《劉義宣傳》，第 1808 頁、第 1809 頁。
〔註 194〕《宋志三》湘州刺史零陵內史條，第 1131 頁。

6、**觀陽**，《宋書・索虜傳》曰：劉裕踐祚，「論前後功」，封毛德祖為觀陽縣男；太祖元嘉六年，毛德祖「死於虜中」；「世祖大明元年，以德祖弟子熙祚第二息詡之紹德祖封」。〔註195〕《晉書・毛德祖傳》亦云：「以前後功」，毛德祖賜爵灌陽縣男，後沒於北魏。〔註196〕但據中華書局校勘記引《晉書斠注》曰：「《魏書・太宗紀》作觀陽縣伯毛德祖。」則《晉書・毛德祖傳》中「灌陽縣男」應為「觀陽縣伯」。〔註197〕從之。則《宋書・索奴傳》、《晉書・毛德祖傳》恐誤。則永初元年至元嘉六年為伯國。大明元年至昇明三年又復為伯國。除國原因詳本章南郡臨沮縣條。

7、**永昌**，據《宋書・劉懷慎附道隆傳》載：前廢帝景和中（465年），封劉道隆為永昌縣侯；泰始初，劉道隆又效力於明帝劉彧，「尋賜死」。〔註198〕則景和元年為侯國，尋省。

（五）營陽郡沿革

營陽郡，仍領縣四，仍領有舂陵縣，其他三縣政區沿革詳下文。仍治營浦縣。

1、**營浦**，《冥祥記》云：「東海何敬叔，少而奉佛，至泰始中，隨湘州刺史劉韞監營浦縣。」〔註199〕則劉宋仍屬。又，劉裕即位，封劉遵考為營浦縣侯。〔註200〕則永初元年為侯國，昇明三年當除國，詳本章南郡臨沮縣條。

2、**營道**，《宋書・劉道憐附子義綦傳》載：元嘉六年，封劉義綦為營道縣侯；「齊受禪，國除」。〔註201〕則元嘉六年至昇明三年為侯國。

3、**泠道**，《宋書・符瑞志》曰：「元嘉九年（432）六月，木連理生營陽泠道，太守展禽以聞。」〔註202〕則劉宋仍屬。

（六）湘東郡沿革

湘東郡，增湘陰縣一，元徽二年當領縣五，仍領陰山縣，其他四縣政區沿革詳下文。仍治臨烝縣。又，元嘉二十九年，改封淮陽王劉彧為湘東王；

〔註195〕《宋書》卷九十五《索虜傳》，第2329頁。
〔註196〕《晉書》卷八十一《毛德祖傳》，第2129頁。
〔註197〕《晉書》卷八十一中華書局校勘記，第2136頁。
〔註198〕《宋書》卷四十五《劉懷慎附道隆傳》，第1378頁。
〔註199〕《冥祥記》，第636頁。
〔註200〕《宋書》卷五十一《劉遵考傳》，第1481頁。
〔註201〕《宋書》卷五十一《劉道憐附子義綦傳》，第1470頁。
〔註202〕《宋書》卷二十九《符瑞志下》，第857頁。

〔註 203〕泰始元年劉彧即位，當還為郡。則元嘉二十年至泰始元年為王國。

1、**臨烝**，《宋書・鄧琬傳》曰：以平劉子勛之功（466 年），封段佛榮為湘東郡臨烝縣開國伯；後廢帝元徽二年，「改封雲杜縣，謚曰烈侯」。〔註 204〕則泰始二年至元徽二年為伯國。《宋志》有臨烝伯相。〔註 205〕乏考。

2、**新寧**，《元和志》曰：「東吳分耒陽置新平縣。元徽中，山洞蠻抄掠州縣，移就江東，因蠻寇止息，遂號新寧。」〔註 206〕如上章荊州湘東郡條所及，新平、新寧當為二縣。《元和志》恐誤。又，晉義熙中，封蒯恩為新寧縣男；後其孫蒯「慧度嗣卒，無子，國除」。〔註 207〕則劉宋仍為男國。

3、**茶陵**，《宋書・恩倖傳》云：明帝劉彧即位，封俞道龍為茶陵子。〔註 208〕昇明三年當除國，詳本章南郡臨沮縣條。

4、**湘陰**，《續漢志》、《晉志》無。《宋志》曰：「後廢帝元徽二年，分益陽、羅、湘西及巴、硤流民立」湘陰縣。〔註 209〕又《南齊書・王僧虔傳》云：「巴峽流民多在湘土，（王）僧虔表割益陽、羅、湘西三縣緣江民立湘陰縣。」〔註 210〕從之。則元徽二年置湘陰縣。《宋志》有湘陰男相。〔註 211〕乏考。治今湖南湘陰縣北。

（七）邵陵郡沿革

邵陵郡，仍領縣七，仍領有武剛、都梁、扶三縣，其他四縣政區沿革詳下文。仍治邵陵縣。又《宋書・邵陵王子元傳》載：大明六年，封劉子元為邵陵王；景和元年，被賜死。〔註 212〕後廢帝元徽二年，封皇弟劉友為邵陵王；昇明三年，「薨，無子，國除」。〔註 213〕則大明六年至景和元年為王國。元徽二年至昇明三年復為王國。

1、**邵陵**，《宋書・宗越附武念傳》曰：「泰始四年，綏安縣省」，改封武念

〔註 203〕《宋書》卷五《文帝紀》，第 101 頁。
〔註 204〕《宋書》卷七十九《鄧琬傳》，第 2146～2148 頁。
〔註 205〕《宋志三》湘州刺史湘東太守條，第 1132 頁。
〔註 206〕《元和志》卷第二十九江南道五衡州長寧縣條，第 706 頁。
〔註 207〕《宋書》卷四十九《蒯恩傳》，第 1437～1438 頁。
〔註 208〕《宋書》卷九十四《恩倖傳》，第 2313 頁。
〔註 209〕《宋志三》湘州刺史湘東太守條，第 1132 頁。
〔註 210〕《南齊書》卷三十三《王僧虔傳》，第 592 頁。
〔註 211〕《宋志三》湘州刺史湘東太守條，第 1132 頁。
〔註 212〕《宋書》卷八十《邵陵王子元傳》，第 2068 頁。
〔註 213〕《宋書》卷九十《邵陵殤王友傳》，第 2238 頁。

為邵陵縣侯。〔註 214〕則泰始四年始為侯國。昇明三年當除國，詳本章南郡臨沮縣條。《宋志》有邵陵子相。〔註 215〕乏考。

2、建興，《宋志》有建興男相。〔註 216〕乏考。

3、高平，《太平御覽》引《異苑》曰：「邵陵高平黃秀，以元嘉三年無故入山，經日不還。」〔註 217〕則劉宋仍屬。《宋志》有高平男相。〔註 218〕乏考。

4、邵陽，《宋書．杜驥附子幼文傳》載：明帝初（465～472 年），「以軍功」封杜幼文為邵陽縣男，「尋坐巧佞奪爵」。〔註 219〕《宋志》有邵陽男相。〔註 220〕乏考。

（八）廣興郡沿革

廣興郡，《宋志》曰：明帝泰始六年立岡溪縣，並「割始興之封陽、陽山、含洭，立宋安郡，屬湘州」。泰豫元年（472）省宋安郡，三縣還屬原郡；同年，省岡溪縣，〔註 221〕並改始興郡為廣興郡。〔註 222〕則泰豫元年仍領縣七。仍治曲江縣。又，元嘉十三年，立皇子劉濬為始興王；〔註 223〕同年，被誅。當除國。後，世祖劉駿「於新亭即位（453 年）」，封臧質為始興郡公；孝建元年，臧質起兵反。當除國。〔註 224〕孝建元年，改封沈慶之始興郡公；泰始七年，又改封沈慶之後人為蒼梧郡公；「元徽元年，還復先封，時改始興為廣興」，沈曇亮即襲為廣興郡公；「齊受禪，國除」。〔註 225〕則元嘉三十年至孝建元年為王國。孝建元年至泰始七年為公國。元徽元年至昇明三年又復為公國。

〔註 214〕《宋書》卷八十三《宗越附武念傳》，第 2113 頁。
〔註 215〕《宋志三》湘州刺史邵陵太守條，第 1132 頁。
〔註 216〕《宋志三》湘州刺史邵陵太守條，第 1132 頁。
〔註 217〕《太平御覽》卷第八百八十八妖異部四變化下引《異苑》，第 3946 頁。
〔註 218〕《宋志三》湘州刺史邵陵太守條，第 1133 頁。
〔註 219〕《宋書》卷六十五《杜驥附子幼文傳》，第 1722 頁。
〔註 220〕《宋志三》湘州刺史邵陵太守條，第 1133 頁。
〔註 221〕《宋志三》廣興公相條，第 1133 頁（其中「割始興之封陽」，甚誤。因封陽縣屬臨賀郡，詳第一章第二節封陽縣條）。《宋書》卷八《明帝本紀》亦曰：「（泰始六年十二月）戊戌，以始興郡為宋安郡。」第 167 頁。《宋書》卷九《後廢帝紀》也云：「（泰豫元年七月）閏月丁亥，罷宋安郡屬廣興。」第 178 頁。
〔註 222〕《宋志三》湘州刺史廣興公相條，第 1133 頁。
〔註 223〕《宋書》卷五《文帝紀》，第 84 頁。
〔註 224〕《宋書》卷七十四《臧質傳》，第 1914～1915 頁。
〔註 225〕《宋書》卷七十七《沈慶之傳》，第 2001～2005 頁。

1、曲江，《宋書・向靖傳》曰：劉裕受命，以佐命功，封向靖為曲江縣侯；後其「子植嗣，多過失，不受母訓，奪爵。更以植次弟楨紹封，又坐殺人，國除」。〔註226〕後，世祖劉駿即位，封柳元景為曲江縣公；後以平劉義宣功，進封其為晉安郡公。〔註227〕又，以平劉義宣功，封王玄謨為曲江縣侯。〔註228〕則孝建元年為公國，尋省。孝建元年又復為侯國。昇明三年當除國，詳本章南郡臨沮縣條。

2、桂陽，據《宋書・劉道憐附義融傳》載：永初元年，封劉義融為桂陽縣侯；昇明二年，「謀反，國除」。〔註229〕則永初元年至昇明二年為侯國。

3、陽山，劉宋初仍為男國。元嘉二十四年（447），受劉義康案的牽連，「奪國」。〔註230〕則元嘉二十四年還為縣。《宋志》有陽山侯相。〔註231〕乏考。

4、貞陽，《晉志》作「湞陽」屬廣州，《宋志》作「貞陽」屬湘州。泰始二年，以平袁顗之亂，封沈攸之貞陽縣公；順帝即位（477年），沈攸之舉兵反叛。〔註232〕國當除。則泰始二年至昇明元年為公國。又，昇明元年，沈「攸之已死」，封柳世隆為貞陽縣侯；「齊太祖踐祚」，柳世隆又進爵為公。〔註233〕則昇明元年至齊建元元年（479）為侯國。

5、含洭，《宋志》有含洭男相。〔註234〕乏考。

6、始興，《宋書・武帝紀》曰：永初元年，降始興公為始興縣公，以奉晉故丞相王導。〔註235〕則永初元年始為公國。昇明三年當除國，詳見本章南郡臨沮縣條。又，元嘉二十八年，封臧質為始興縣開國子；「世祖於新亭即位」，封臧質為始興郡公。〔註236〕則元嘉二十八年至元嘉三十年為子國。

7、中宿，《南齊書・劉懷珍傳》云：昇明元年，徙封劉懷珍為中宿縣侯；

〔註226〕《宋書》卷四十五《向靖傳》，第1374頁。
〔註227〕《宋書》卷七十七《柳元景傳》，第1988～1989頁。
〔註228〕《宋書》卷七十六《王玄謨傳》，第1974頁。
〔註229〕《宋書》卷五十一《劉道憐附義融傳》，第1467頁。
〔註230〕《宋書》卷五十《胡藩傳》，第1445～1446頁。
〔註231〕《宋志三》湘州刺史廣興公相條，第1133頁。
〔註232〕《宋書》卷七十四《沈攸之傳》，第1929～1933頁。
〔註233〕《南齊書》卷二十四《柳世隆傳》，第450頁。
〔註234〕《宋志三》湘州刺史廣興公相條，第1133頁。
〔註235〕《宋書》卷三《武帝紀下》，第53頁。
〔註236〕《宋書》卷七十四《臧質傳》，第1914頁。

齊建元元年，「改封霄城侯」。〔註 237〕則昇明元至齊建元元年為侯國。

（九）臨賀郡沿革

臨賀郡，《宋志》云：「文帝分封陽立宋昌、宋興、開建、武化、往往、永固、綏南七縣。後又分開建、武化、宋昌三縣立宋建郡，屬廣州。孝武大明元年悉省，唯餘開建縣。」與之不同，《宋書・孝武帝紀》則云：立宋建郡屬湘州，〔註 238〕大明元年，「省湘州宋建郡並臨賀」。〔註 239〕不知孰是，暫兩存之。大明元年，還開建縣屬臨賀郡；宋末又置撫寧縣。則昇明元年當領縣九，仍領有富川、謝沐二縣，其他七縣政區沿革詳下文。仍治臨賀縣。又，泰始六年，「改臨賀郡為臨慶郡」，並追改東平王劉休倩為臨慶沖王；後「以皇子智渙繼臨慶沖王休倩」；泰始七年，還本國（按：指東平國）。〔註 240〕則泰始六年至七年為王國。

1、**臨賀**，《宋書・后妃傳》曰：永初二年（421），追封趙裔為臨賀縣侯；「齊受禪，國除。」〔註 241〕則永初二年至昇明三年為侯國。

2、**馮乘**，《宋志》有馮乘侯相。〔註 242〕乏考。

3、**封陽**，永初二年，追封蕭卓為封陽縣侯；「齊受禪，國除」。〔註 243〕則永初二年至昇明三年為侯國。

4、**興安**，據《宋書・劉道憐附子義賓傳》載：元嘉六年，「以新野荒弊」，改封劉義賓為興安縣侯；「齊受禪，國除」。〔註 244〕則元嘉六年至昇明三年為侯國。

5、**寧新**，《宋書・沈演之傳》云：「齊受禪，除（沈演之）寧新男國。」〔註 245〕則劉宋仍為男國。

6、**開建**，《宋志》曰：文帝分封陽立宋昌、開建等七縣；後又分開建等三

〔註 237〕《南齊書》卷二十七《劉懷珍傳》，第 502。

〔註 238〕《宋書三》湘州刺史臨慶內史條，第 1134 頁。

〔註 239〕《宋書》卷六《孝武帝紀》，第 119 頁。

〔註 240〕《宋書》卷八《明帝紀》，第 166 頁；《宋書》卷七十二《臨慶沖王休倩傳》，第 1882 頁。

〔註 241〕《宋書》卷四十一《后妃傳》，第 1280 頁。

〔註 242〕《宋書三》湘州刺史臨慶內史條，第 1134 頁。

〔註 243〕《宋書》卷四十一《后妃傳》，第 1280 頁；《宋書》卷八十七《蕭惠開傳》，第 2203 頁。

〔註 244〕《宋書》卷五十一《劉道憐附子義賓傳》，第 1470 頁。

〔註 245〕《宋書》卷六十三《沈演之傳》，第 1687 頁。

縣立宋建郡；「孝武大明元年悉省，唯餘開建縣。」〔註 246〕則大明元年當還開建縣屬臨賀郡。

7、**撫寧**，《宋志》曰：宋末立撫寧縣。〔註 247〕確年乏考。

（十）始安郡沿革

始安郡，增建陵、樂化二縣來屬。昇明元年當領縣七。仍治始安縣。又《宋書．劉子真傳》曰：大明五年（461），封劉子真為始安王；泰始二年，被賜死。〔註 248〕當除國為郡。後，明帝改始安為始建。〔註 249〕元徽四年，封劉禧為始建王；「齊受禪，降封荔浦縣公」。〔註 250〕則元徽四年至昇明三年復為王國。

1、**始安**，《宋書．宗越傳》云：大明四年，改封宗越為始安縣子，前「廢帝景和元年」，進爵為侯；泰始元年被誅，除國。〔註 251〕則大明四年至景和元年為子國。泰始元年始為侯國，尋除。又，元徽元年，「立前建安王世子伯融為始安縣王」；四年，賜始安王伯融死。〔註 252〕則元徽元年至元徽四年為王國。《宋志》有始安子相。〔註 253〕乏考。

2、**永豐**，《宋書．鄧琬附陳懷真傳》曰：「陳懷真以斬劉胡功，追封永豐縣男。」〔註 254〕當置於泰始二年，昇明三年當除國，詳本章南郡臨沮縣條。

3、**荔浦**，《宋書．武帝紀》云：永初元年，降始安公為荔浦侯，以奉大將軍溫嶠之祀。〔註 255〕昇明三年當除國，詳本章南郡臨沮縣條。

4、**熙平**，《太平御覽》引《荊州記》曰：「始安熙平縣東南有山，山西其形長狹，水從下注塘，一日再減盈縮，因名為『朝夕塘』。」〔註 256〕則劉宋仍屬。

5、**平樂**，《宋志》有平樂侯相。〔註 257〕乏考。

〔註 246〕《宋書三》湘州刺史臨慶內史條，第 1134 頁。
〔註 247〕《宋書三》湘州刺史臨慶內史條，第 1134 頁。
〔註 248〕《宋書》卷八十《劉子真傳》，第 2067 頁。
〔註 249〕《宋志三》湘州刺史始建內史條，第 1135 頁。
〔註 250〕《宋書》卷九十《劉禧傳》，第 2239 頁。
〔註 251〕《宋書》卷八十三《宗越傳》，第 2110～2111 頁。
〔註 252〕《宋書》卷九《後廢帝紀》，第 181 頁、第 186 頁。
〔註 253〕《宋志三》湘州刺史始建內史條，第 1135 頁。
〔註 254〕《宋書》卷八十四《鄧琬附陳懷真傳》，第 2147 頁
〔註 255〕《宋書》卷三《武帝下》，第 53 頁。
〔註 256〕《太平御覽》卷第七十四地部三十九塘條引盛弘之《荊州記》，第 346 頁。
〔註 257〕《宋志三》湘州刺史始建內史條，第 1135 頁。

6、建陵，《續漢志》無，《晉志》屬蒼梧郡。《宋志》云：東吳立建陵縣屬蒼梧，宋末度屬始安。〔註 258〕當於泰始三年後度屬。又《宋書・王景文傳》載：王景文襲建陵子爵，明帝劉彧「又平四方」，改為江安縣侯。〔註 259〕泰始二年當省。另，泰始二年，以拒劉子勛功，「封（劉襲）建陵縣侯，……建陵縣屬蒼梧郡，以道遠，改封臨澧縣侯」。《宋臨澧侯劉使君墓誌銘》誌文有：「封（劉襲）建陵縣侯，……改封臨澧侯。……以建陵屬蒼梧郡，道遠，改封。」〔註 260〕則泰始二年為侯國，旋省。又，景平元年，「以固守功」，封竺夔為建陵縣男。〔註 261〕則景平元年起又為男國。昇明三年當除國，詳本章南郡臨沮縣條。治今廣西荔浦縣西南。

7、樂化左縣，《續漢志》、《晉志》無。《宋志》云：宋末立樂化左縣。〔註 262〕確址無考，當治今廣西桂林市及平樂、荔浦等縣一帶。

四、雍州政區沿革

雍州，東晉太元十一年，孝武帝僑立雍州於襄陽，詳第一章第二節雍州條。然從太元十一年至永初元年，雍州的僑郡（縣）與他州的僑郡（縣）都直轄於襄陽地區的軍府（都督、督或監——將軍府）的「總體管理和支配」之下。直到永初元年，雍州才設置了州佐系統，並將雍州以外的僑郡縣也納入到州佐的民政系統中。〔註 263〕則永初元年，雍州正式成為一級地方行政區。元嘉二十六年，割荊州襄陽、南陽、新野、順陽四郡屬雍州，詳本節荊州條。雍州始有實土郡（縣），僑郡縣猶寄寓在諸郡界。《宋志》有北上洛、義陽二郡，詳第一章第二節北上洛、義陽郡條。又《宋志》曰：徐志有北京兆，「北京兆領有藍田、霸城、山北三縣，並於景平中立。……今並無」。〔註 264〕則當在元嘉二十年前省。孝武帝大明中（457～464 年），又分實土郡縣以為僑郡縣境，雍州僑郡縣

〔註 258〕陳健梅認為，當是孫權所置（《孫吳政區地理研究》），第 241 頁；《宋志》三湘州刺史始建內史條，第 1135 頁。

〔註 259〕《宋書》卷八十五《王景文傳》，第 2179～2180 頁。

〔註 260〕《宋書》卷五十一《劉襲傳》，第 1467 頁；中國東方文化研究會歷史文化分會編：《金石錄補》卷第七，收入《歷代碑誌叢書》第二冊，江蘇古籍出版社 1998 年版，第 633 頁（按：誌文標點為筆者所加）。

〔註 261〕《宋書》卷九十五《索虜傳》，第 2327 頁。

〔註 262〕《宋志三》湘州刺史始建內史條，第 1135 頁。

〔註 263〕《晉宋革命和雍州（襄陽）的僑民——從軍政統治到民政統治》。

〔註 264〕《宋志三》雍州刺史序，第 1135～1136 頁。

開始實土化。安田二郎認為，雍州大明土斷共有二次：第一次，為大明元年王玄謨主持的雍州土斷，省併了一些僑郡縣；第二次，約在大明中的土斷，又對雍州的僑郡縣進行了實土化。〔註265〕則大明八年當領郡十七。治襄陽縣。

（一）襄陽郡沿革

襄陽郡，《宋志》曰：「《永初郡國》、何志並有宜城、都、上黃縣，徐志無。」〔註266〕則宜城縣當於元嘉二十年後省。又《永初郡國》及何志以都縣屬襄陽，徐志則屬馮翊郡。〔註267〕則都縣原屬襄陽郡，當在大明中土斷時度屬馮翊郡。此外，《宋志》曰：上黃「本屬襄陽，立（華山）郡割度。」〔註268〕又曰：上黃「宋初屬襄陽，後度（永寧）」〔註269〕則上黃當在元嘉二十年後度屬永寧郡；大明元年又度屬華山郡，詳本章永寧郡條。大明八年當領縣三，仍領有中廬、邔二縣，襄陽縣政區沿革詳下文。仍治襄陽縣。此外，大明四年一月，以第八皇子劉子鸞為襄陽王，九月又改封為新安王。〔註270〕則大明四年為王國，旋廢省。

1、襄陽，《冥祥記》云：劉「宋陳安居者，是襄陽縣人也」。〔註271〕則劉宋仍屬。又，元徽三年，封張敬兒為襄陽縣侯；昇明二年，進爵為公；永明元年，伏誅。〔註272〕國當除。則元徽三年至昇明二年為侯國。昇明二年至齊永明元年為公國。

（二）南陽郡沿革

南陽郡，《宋志》引《永初郡國》曰：「有比陽、魯陽、赭陽、西鄂、犨、葉、雉、博望八縣。」又曰：「何志無犨、雉。徐志無比陽、魯陽、赭陽、西鄂、博望，而有葉，餘並同。孝武大明元年，省葉縣。」〔註273〕則元嘉二十

〔註265〕《劉宋大明年間的襄陽土斷》，第24～49頁。
〔註266〕《宋志三》雍州刺史襄陽公相條，第1136頁。
〔註267〕《宋志三》雍州刺史馮翊太守條，第1142頁。
〔註268〕《宋志三》雍州刺史華山太守條，第1143頁。按：此條史料缺「元嘉中割襄陽上黃屬永寧，大明元年又度屬華山」的記載。恐誤。
〔註269〕《宋志三》荊州刺史永寧太守條，第1123頁。
〔註270〕《宋書》卷六《孝武帝紀》，第125～126頁。
〔註271〕《冥祥記》，第607頁。
〔註272〕《南齊書》卷二十五《張敬兒傳》，第465頁、第472頁；《宋書》卷九《後廢帝紀》，第183頁；《宋書》卷十《順帝紀》，第197頁；《南齊書》卷三《武帝紀》，第47頁。
〔註273〕《宋志三》雍州刺史南陽太守條，第1136頁。

年前當省犨、雉二縣。大明土斷時，當省魯陽、赭陽、西鄂、博望四縣。大明元年省葉縣。大明八年前，當度比陽縣屬廣平郡。〔註274〕大明八年當領縣六。後僑置許昌縣來屬。則昇明元年領縣七，仍領宛、涅陽、酈、舞陰四縣，其他三縣政區沿革詳下文。仍治宛縣。又，元徽四年，立皇弟劉翽為南陽王；昇明二年，改封為隨郡王。〔註275〕則元徽四年至昇明元年為王國。

1、雲陽，《宋志》有雲陽男。」〔註276〕乏考。

2、許昌，《續漢志》作「許」，屬豫州潁川郡；《晉志》作「許昌」亦屬豫州潁川郡。又《宋志》云：「許昌男相，徐志無，此後所立。」〔註277〕則當於大明八年後僑立。僑寄今河南南陽市一帶。

3、冠軍，《冥祥記》云：「（劉宋時，陳安）居至閣，見有鉗枯者數百，一時俱進，安居在第三……次讀第二女人辭牒，忘其姓名，云家在南陽冠軍縣黃水裏，家安爨器於福灶口。」〔註278〕則劉宋仍屬。

（三）新野郡沿革

新野郡，《宋志》曰：孝武大明元年，省蔡陽縣；〔註279〕同年，又增置交木縣。大明八年前度池陽縣來屬，詳下文。又《宋志》云「大明土斷，割襄陽西界為實土。」〔註280〕則大明八年前當度鄧縣屬京兆郡。又曰：大明土斷，度棘陽縣屬河南郡。〔註281〕則大明八年當領縣五，仍領有穰縣，其他四縣政區沿革詳下文。仍治新野縣。

1、新野，《宋書．劉義賓傳》曰：元嘉二年（425），封劉義賓為新野縣侯，六年（429），以新野荒弊，改封為興安縣侯。〔註282〕又，以平劉子勛之亂功，封劉靈遺為新野郡新野縣伯；「病卒，謚曰壯侯」。〔註283〕則元嘉二年至六年為侯國。泰始二年當為伯國。劉靈遺卒後，復為侯國，昇明三年當除國，詳本章南郡臨沮縣條。

〔註274〕《宋志三》雍州刺史廣平太守條，第1141頁。
〔註275〕《宋書》卷九《後廢帝紀》，第186頁；《宋書》卷十《順帝紀》，第198頁。
〔註276〕《宋志三》雍州刺史南陽太守條，第1137頁。
〔註277〕《宋志三》雍州刺史南陽太守條，第1137頁。
〔註278〕《冥祥記》，第608頁。
〔註279〕《宋志三》雍州刺史新野太守條，第1137頁。
〔註280〕《宋志三》雍州刺史京兆太守條，第1138頁。
〔註281〕《宋志三》雍州刺史河南太守條，第1141頁。
〔註282〕《宋書》卷五十一《劉義賓傳》，第1470頁
〔註283〕《宋書》卷八十四《鄧琬附劉靈遺傳》，第2146頁。

2、山都，《宋志》有山都男相。〔註 284〕乏考。

3、池陽，《宋志》曰：「僑立池陽屬京兆。孝武大明中土斷，又屬」新野郡。〔註 285〕又，明帝劉彧已即位，追封劉昶子懷遠為池陽縣侯。〔註 286〕則泰始元年始為侯國。昇明三年當除國，詳本章南郡臨沮縣條。

4、交木，《續漢志》、《晉志》皆無。《宋志》云：「孝武大明元年立（交木縣）。」〔註 287〕確址無考，當僑寄今河南新野縣一帶。

（四）順陽郡沿革

順陽郡，《宋志》曰：孝武大明元年省朝陽縣。徐志無析縣，按：當在大明土斷中省。脩陽縣唯見於《永初郡國》，按：當於永初三年前廢省。〔註 288〕大明中土斷，度武當縣屬始平郡〔註 289〕，並度汎陽、築陽二縣屬扶風郡。〔註 290〕又，當度陰、酇二縣屬廣平郡，〔註 291〕並度槐里、清水、鄭三縣屬順陽郡，詳下文。則大明八年當領縣六，仍領有丹水縣，其他五縣政區沿革詳下文。仍治南鄉縣。此外，孝建三年，封劉休範為順陽王；大明元年，改封為桂陽王。〔註 292〕則孝建三年至大明元年為王國。

1、南鄉，《宋書‧薛安都傳》云：世祖劉駿踐祚，以功封薛安都為南鄉縣男；孝建元年，進爵為侯；大明二年，改封為武昌縣侯。〔註 293〕則孝建元年為男國，旋除。孝建元年至大明二年又為侯國。

2、槐里，《宋志》曰：僑立槐里屬始平郡，大明土斷屬順陽郡。〔註 294〕《宋志》有槐里男相。〔註 295〕乏考。

3、順陽，《宋書‧劉懷慎附亮傳》曰：太宗泰始初，封劉亮為順陽縣侯。〔註 296〕昇明三年當除國，詳本章南郡臨沮縣條。

〔註 284〕《宋志三》雍州刺史新野太守條，第 1137 頁。
〔註 285〕《宋志三》雍州刺史新野太守條，第 1137 頁。
〔註 286〕《宋書》卷七十二《劉昶傳》，第 1869 頁。
〔註 287〕《宋志三》雍州刺史新野太守條，第 1137 頁。
〔註 288〕《宋志三》雍州刺史順陽太守條，第 1137～1138 頁。
〔註 289〕《宋志三》雍州刺史始平太守條，第 1139 頁。
〔註 290〕《宋志三》雍州刺史扶風太守條，第 1140 頁。
〔註 291〕《宋志三》雍州刺史廣平太守條，第 1141 頁。
〔註 292〕《宋書》卷七十五《劉休範傳》，第 2045 頁
〔註 293〕《宋書》卷八十八《薛安都傳》，第 2218 頁
〔註 294〕《宋志三》雍州刺史順陽太守條，第 1138 頁。
〔註 295〕《宋志三》雍州刺史順陽太守條，第 1138 頁。
〔註 296〕《宋書》卷四十五《劉懷慎附亮傳》，第 1377 頁。

4、**清水**，《宋志》曰：僑立清水屬始平郡，大明土斷屬順陽郡。〔註 297〕又《宋書．鄧琬傳》載：以平劉子勛功，封周普孫為順陽清水縣開國男。〔註 298〕昇明三年當除國，詳本章南郡臨沮縣條。

5、**鄭**，《宋志》云：僑立鄭縣屬京兆郡，後度屬順陽郡。〔註 299〕當在大明土斷時割屬。

（五）京兆郡沿革

京兆郡，元嘉二十年後當僑立盧氏縣來屬。何志無新康，當在元嘉二十年後省。大明元年，省盧氏、藍田、南霸城三縣。〔註 300〕後度鄭縣屬順陽郡，詳上文順陽郡鄭縣條。又，度池陽縣屬新野郡，詳上文新野郡池陽縣條。大明土斷中，度鄀縣來屬，詳上文新野郡沿革條。則大明八年當領縣三，即杜、新豐、鄀縣。大明土斷中徙治所於杜縣。

（六）始平郡沿革

始平郡，《宋志》引《何志》曰：新立宋寧、宋嘉二縣。則當於大明八年前置。大明土斷時，當省宋寧、宋嘉二縣；〔註 301〕並度清水、槐里二縣屬順陽郡，詳順陽郡清水、槐里二縣條。又，度順陽郡武當縣屬始平郡，詳上文順陽郡條。泰始二年前，當僑置武功縣來屬，詳下文武功縣條。則泰始二年當領縣四，仍領始平縣，其他三縣政區沿革詳下文。大明土斷時，僑寄今湖北丹江口市西北。

1、**武當**，《宋書．鄧琬附江方興傳》曰：劉子勛之亂未平，江方新病卒，追封其為武當縣侯。〔註 302〕昇明三年當除國，詳本章南郡臨沮縣條。

2、**武功**，《宋書．鄧琬傳》云：以平劉子勛功，封頓生為始平郡武功縣開國男。〔註 303〕泰始二年始為男國，昇明三年當除國，詳本章南郡臨沮縣條。

3、**平陽**，據《宋書．鄧琬傳》在：以平劉子勛功，封蔡那為始平郡平陽

〔註 297〕《宋志三》雍州刺史順陽太守條，第 1138 頁。
〔註 298〕《宋書》卷八十四《鄧琬傳》，第 2147 頁。
〔註 299〕《宋志三》雍州刺史順陽太守條，第 1138 頁。
〔註 300〕《宋志三》雍州刺史京兆太守條，第 1138～1139 頁。
〔註 301〕《宋志三》雍州刺史始平太守條，第 1139 頁。
〔註 302〕《宋志》卷八十四《鄧琬附江方興傳》，第 2147 頁。
〔註 303〕《宋書》卷八十四《鄧琬傳》，第 2147 頁。此外，武功縣即當於泰始二年前置。

縣伯。〔註 304〕則泰始二年始當為伯國。又《南朝宋會要》亦載：泰始二年，蔡那以苦戰功封。〔註 305〕昇明三年當除國，詳本章南郡臨沮縣條。《宋志》有平陽子相。〔註 306〕乏考。

（七）扶風郡沿革

扶風郡，《宋志》曰：「孝武大明元年省廢魏昌。」〔註 307〕並度順陽郡築陽、汎陽二縣來屬，詳上文順陽郡條。大明八年當領縣三，仍領有郿縣，其他二縣政區沿革詳下文。大明土斷中，徙治今湖北谷城縣東。

1、築陽，《宋書・宗越傳》曰：以平劉義宣之功，封宗越為築陽縣子；大明四年，改封為始安縣子。〔註 308〕則孝建元年至大明四年當為子國。昇明三年當除國，詳本章南郡臨沮縣條。又《宋書・劉景素傳》云：元徽三年，以擒劉景素功，封張倪奴為築陽縣侯。〔註 309〕則元徽三年始又為侯國。

2、汎陽，大明土斷時度屬，詳上文順陽郡考條。

（八）南上洛郡沿革

南上洛郡，《宋志》曰：「此上洛蓋是何志以後僑立南上洛郡耳。」〔註 310〕則當於元嘉二十年後僑立。又，徐志有南北陽亭、陽安縣，然不注置立。〔註 311〕當在大明土斷中省。大明八年當領僑縣二。僑治於臼口。〔註 312〕

1、上洛，《續漢志》作「上雒」屬司隸京兆尹，《晉志》屬司州上洛郡。當與郡俱僑置。《宋志》有上洛男相。〔註 313〕確址乏考，當僑寄今陝西商南縣一帶。

2、商，《續漢志》屬司隸京兆尹，《晉志》屬司州上洛郡。當與郡俱僑立。確址乏考，當僑寄今陝西商南縣一帶。

〔註 304〕《宋書》卷八十四《鄧琬傳》，第 2146 頁；《宋書》卷八十三《蔡那傳》為「平陽縣侯。」第 2113 頁。今從《宋書・鄧琬傳》。

〔註 305〕《南朝宋會要》，第 305 頁。

〔註 306〕《宋志三》雍州刺史始平太守條，第 1139 頁。

〔註 307〕《宋志三》雍州刺史扶風太守條，第 1140 頁。

〔註 308〕《宋書》卷八十三《宗越傳》，第 2110 頁。

〔註 309〕《宋書》卷七十二《劉景素傳》，第 1863 頁。

〔註 310〕《宋志三》雍州刺史南上洛太守條，第 1140 頁。

〔註 311〕《宋志三》雍州刺史南上洛太守條，第 1140 頁。

〔註 312〕胡阿祥以為：「『今治白。何、徐志』當作『今治白口。徐志』。」（《〈宋書〉卷三十七〈州郡三〉獻疑》）從之。

〔註 313〕《宋志三》雍州刺史南上洛太守條，第 1140 頁。

（九）河南郡沿革

河南郡，何志無、徐志有洛陽縣。〔註 314〕則當在元嘉二十年後僑置。徐志無陽城、緱氏二僑縣。〔註 315〕則大明土斷中，當省陽城縣並度緱氏、洛陽二縣屬北河南郡。又，孝武大明時分沔北為境。〔註 316〕則當度新野郡棘陽縣來屬，詳上文新野郡條，並度義陽郡襄鄉縣來屬。大明八年當領縣五，即河南、新城、河陰、棘陽、襄鄉縣。大明土斷中，徙治今河南南陽縣東南。

（十）廣平郡沿革

廣平郡，《太平廣記》引《幽明錄》曰：「廣平太守馮孝將男馬子，夢一女子，年十八九歲。」〔註 317〕則劉宋仍屬。又《宋志》曰：「易陽、曲周，孝武大明元年省。邯鄲應在大明土斷省。」〔註 318〕又，度順陽郡陰縣、酇縣，南陽郡比陽縣三縣來屬，詳上文順陽郡與南陽郡條。大明八年當領縣四，即廣平、酇、比陽、陰四縣。大明土斷中，徙治今河南鄧州市東南。

（十一）義成郡沿革

義成郡，《宋志》曰：「孝武大明元年省下蔡，始亦流寓立也。平阿當是何志後省。」〔註 319〕則平阿縣當在元嘉二十年後省。大明八年當領縣二，仍領有萬年縣。義成縣政區沿革詳下文。大明土斷中，徙治今湖北丹江口市北。

1、義成，《宋志》有義成侯相。〔註 320〕乏考。

（十二）馮翊郡沿革

馮翊郡，《續漢志》屬司隸，《晉志》屬司州。《宋志》曰：文帝元嘉六年立馮翊郡。《宋書・文帝紀》亦云：元嘉六年，於雍州置馮翊郡。〔註 321〕大明八年當領縣三。大明土斷中，徙治今湖北宜城縣東南。

〔註 314〕《宋志三》雍州刺史河南太守條，第 1140 頁。
〔註 315〕《宋志三》雍州刺史北河南太守，第 1144 頁。
〔註 316〕《宋志三》雍州刺史河南太守條，第 1140～1141 頁。
〔註 317〕《太平廣記》卷第二百七十六夢一馮孝將條《幽明錄》，第 2182 頁。
〔註 318〕《宋志三》雍州刺史廣平太守條，第 1141 頁。
〔註 319〕《宋志三》雍州刺史義成太守條，第 1141 頁。
〔註 320〕《宋志三》雍州刺史義成太守條，第 1141 頁。
〔註 321〕《宋志三》雍州刺史馮翊太守條，第 1142 頁；《宋書》卷五《文帝紀》，第 78 頁。

1、鄀，大明土斷中度屬馮翊郡，詳上文襄陽郡條。

2、蓮勺〔註322〕，《續漢志》屬司隸左馮翊，《晉志》屬雍州馮翊。當與郡俱僑置。僑寄今湖北鍾祥市西北。

3、高陸，《續漢志》作「高陵」屬左馮翊，《晉志》屬京兆。《宋志》云：孝武大明元年（457）僑置高陸縣。〔註323〕僑寄今湖北鍾祥市北。

（十三）南天水郡沿革

南天水郡，《續漢志》作「漢陽郡」屬涼州，領縣十三；《晉志》屬秦州，領縣六。《宋志》曰：「南天水太守，徐志本西戎流寓，今治岩州。《永初郡國》、何志並無。當是何志後所立。又有冀縣，孝武大明元年省。」〔註324〕《南齊書・焦度傳》云：「焦度字文續，南安氐人也。祖文珪，避難至襄陽，宋元嘉中，僑立天水郡略陽縣，乃屬焉。」又《南史・焦度傳》亦曰：「焦度字文績，南安氐人也。祖文珪，避難居仇池。宋元嘉中，裴方明平楊難當，度父明與千餘家隨居襄陽，乃立天水郡略陽縣以居之。」〔註325〕則當在元嘉二十年後置南天水郡。大明元年省冀縣。大明八年當領縣四。大明土斷中，徙治於岩州（今湖北宜城縣東）。

1、華陰，《續漢志》屬司隸弘農郡，《晉志》屬司州弘農郡。僑置確年乏考。確址乏考，僑寄今湖北宜城市境。

2、西，《續漢志》屬涼州漢陽郡，《晉志》作「始昌」〔註326〕屬秦州天水郡。僑置確年乏考。確址乏考，僑寄今湖北宜城市境。

3、略陽，《續漢志》屬涼州漢陽郡，《晉志》屬秦州略陽郡。元嘉中當與郡俱僑置。確年乏考。又，昇明元年，改封沈文季為略陽縣侯；齊建元元年，又改封為西豐縣侯。〔註327〕則昇明元年至齊建元元年為侯國。僑寄今湖北宜

〔註322〕胡阿祥引《宋書州郡志校勘記》與楊守敬所說認為，《宋志》馮翊太守「鄀縣下，高陸縣上似脫『蓮勺令，漢舊縣，屬馮翊』云云一條。」（《〈宋書〉卷三十七〈州郡三〉獻疑》）從之。

〔註323〕《宋志三》雍州刺史馮翊太守條，第1142頁。

〔註324〕《宋志三》雍州刺史南天水太守條，第1142頁。

〔註325〕《南齊書》卷三十《焦度傳》，第559頁；《南史》卷四十六《焦度傳》，第1152頁。

〔註326〕《水經注》卷二十漾水引《晉書地道記》曰：「天水，始昌縣故城西也。」又楊守敬按：「蓋晉省西縣置始昌，旋復廢也。」《水經注疏》卷二十漾水，第1238頁。

〔註327〕《南齊書》卷四十四《沈文季傳》，第775～776頁。

城市東南。

4、**阿陽**〔註 328〕，《續漢志》屬涼州漢陽郡，《晉志》無。僑立確年乏考。確址無考，當僑寄今湖北宜城市境。

（十四）建昌郡沿革

建昌郡，《宋書・鄧琬附劉胡傳》云：孝建元年，朱修之為雍州，以劉胡為建昌太守。與之不同，《宋書・孝武帝紀》則曰：孝建元年四月，以朱修之為荊州刺史；六月，以劉渾為雍州刺史；秋七月，於雍州立建昌郡。〔註 329〕則建昌新立時，朱修之已任荊州刺史。《宋書・鄧琬附劉胡傳》所載恐誤。《宋志》曰：「孝建元年，刺史朱修之免軍戶設置永興、安寧二縣，立建昌郡」，又立永寧為昌國郡，後省。「徐志，建昌又有永寧縣，今無」。〔註 330〕則昌國郡、永寧縣當在大明土斷中省。大明八年當領縣二，僑寄今湖北襄樊市。

1、**永興**，孝建元年當與郡俱僑立，僑寄今湖北襄樊市境。

2、**安寧**，孝建元年當與郡俱僑立，僑寄今湖北襄樊市境。《宋志》有安寧男相。〔註 331〕乏考。

（十五）華山郡沿革

華山郡，《晉書・姚興載記》曰：「（姚）興率眾寇湖城，晉弘農太守陶仲山、華山太守董邁皆降於興」。〔註 332〕則東晉已有華山郡。又，康絢字長明，華山藍田人。其先出自康居。晉時隴右亂，康氏遷於藍田。永初中，康穆舉鄉族三千餘家，入襄陽之峴南，劉宋為置華山郡藍田縣，並寄居於襄陽。〔註 333〕胡阿祥曰：「東晉本置華山郡，及劉宋永初中（420～422 年）僑置，宋孝武帝大明元年成為實土。」〔註 334〕從之。與上述不同，《宋志》則云：孝武大明元

〔註 328〕胡阿祥認為《宋志》雍州刺史南天水太守「河陽令」當作「阿陽令。」(《〈宋書〉卷三十七〈州郡三〉獻疑》) 從之。

〔註 329〕《宋書》卷八十四《鄧琬附劉胡傳》，第 2147 頁；《宋書》卷六《孝武帝紀》，第 115 頁。

〔註 330〕《宋志三》雍州刺史建昌太守條，第 1142 頁。

〔註 331〕《宋志三》雍州刺史建昌太守條，第 1142 頁。

〔註 332〕《晉書》卷一百十七《姚興載記》，第 2978 頁。

〔註 333〕〔唐〕姚思廉撰：《梁書》卷十八《康絢傳》，中華書局 1973 年版，第 290 頁。

〔註 334〕(《〈宋書〉卷三十七〈州郡三〉獻疑》)。另外，《廿二史考異》卷二十四宋書一亦云：「華山立郡不始於（宋）孝武也。孝武始分實土郡縣以為僑郡縣境，故史以為孝武所立。」第 406 頁。

年立華山郡。又《元和志》曰：「宋孝武帝大明元年，以胡人流寓者，立華山郡理之。」〔註 335〕《寰宇記》亦載：「宋大明元年以胡人流寓者，立華山郡於大堤村，即今縣。」〔註 336〕恐皆誤。又，大明元年，僑寄於大堤（今湖北宜城縣北大堤村）。大明八年當領縣三。

1、華山，《續漢志》、《晉志》無。當在永初中與郡俱僑立。僑寄今湖北宜城市。

2、藍田，《續漢志》屬司隸京兆尹，《晉志》屬司州京兆郡。當在永初中與郡俱僑立。確址無考，當僑寄今湖北宜城市一帶。

3、上黃，原屬永寧郡，大明元年土斷時來屬，詳本章永寧郡與襄陽郡條。又《梁書‧王茂傳》曰：王茂父天生，劉宋末於「石頭克司徒袁粲（477 年）」，以勳封為上黃縣男。〔註 337〕則昇明元年始為男國，昇明三年當除國，詳本章南郡臨沮縣條。

（十六）北河南郡沿革

北河南郡，晉太元十年僑立於襄陽，東晉末省，詳第一章第二節北河南郡條。《宋志》曰：「《永初郡國》、何、徐志並無」北河南郡，明帝於泰始末（465～471 年）復立。寄治宛中。〔註 338〕大明土斷中當度緱氏、洛陽二縣來屬，詳上文河南郡條。泰始七年當領僑縣七。僑寄今河南南陽市一帶。

1、新蔡，《續漢志》屬豫州汝南郡，《晉志》屬豫州汝陰郡。當與郡俱僑立。確址無考，當僑寄於今河南南陽市一帶。

2、汝陰，《續漢志》屬豫州汝南郡，《晉志》屬豫州汝陰郡。當與郡俱僑立。確址無考，當僑寄於今河南南陽市一帶。

3、苞信，《續漢志》作「褒信」屬豫州汝南郡，《晉志》亦作「褒信」屬豫州汝陰郡。《宋志》曰：「苞信令，前漢無，後漢屬汝南，《晉太康地志》屬汝陰。後漢《郡國》、《晉太康地志》並作『褒』。」〔註 339〕當與郡俱僑立。確址無考，當僑寄於今河南南陽市一帶。

〔註 335〕《宋志三》雍州刺史華山太守條，第 1143 頁；《元和志》卷第二十一山南道二襄州宜城縣條，第 531 頁。

〔註 336〕中華書局本《寰宇記》卷之一百四十五山南東道四襄州宜城縣條，第 2819 頁。

〔註 337〕《梁書》卷九《王茂傳》，第 175 頁。

〔註 338〕《宋志三》雍州刺史北河南太守條，第 1143 頁。

〔註 339〕《宋志二》豫州刺史新蔡太守條，第 1082 頁。

4、上蔡，《續漢志》、《晉志》屬豫州汝南郡。當與郡俱僑立。確址無考，當僑寄於今河南南陽市一帶。

5、固始，《續漢志》屬豫州汝南郡，《晉志》屬豫州汝陰郡。當與郡俱僑立。確址無考，當僑寄於今河南南陽市一帶。

6、緱氏，《續漢志》屬司隸河南尹，《晉志》屬司州河南郡。大明土斷中度屬。確址無考，當僑寄於今河南南陽市一帶。

7、新安，《續漢志》屬司隸弘農郡，《晉志》屬司州河南郡。當與郡俱立。確址無考，當僑寄於今河南南陽市一帶。

8、洛陽，《續漢志》屬司隸河南尹，《晉志》屬司州河南郡。大明土斷中度屬。確址無考，當僑寄於今河南南陽市一帶。

（十七）弘農郡沿革

弘農郡，《續漢志》屬司隸，《晉志》屬司州。《宋志》云：宋明帝末（465～472 年）立弘農郡。〔註 340〕泰豫元年當領僑縣三。僑寄今河南鄧州市西。

1、邯鄲，《續漢志》屬冀州趙國，《晉志》屬司州廣平郡。當與郡俱僑立。確址無考，當僑寄今河南鄧州市一帶。

2、圉，《續漢志》屬兗州陳留郡，《晉志》無。當與郡俱僑立。確址無考，當僑寄今河南鄧州市一帶。

3、盧氏，《續漢志》屬司隸弘農郡，《晉志》屬司州上洛郡。當與郡俱僑立。確址無考，當僑寄今河南鄧州市一帶。

表 2.1：劉宋昇明元年（477）荊、郢、湘、雍州行政區劃表

州（治所今地）	統郡或國（治所、僑寄地今地）	郡統縣	備注
荊州（湖北江陵縣）	南郡（湖北江陵縣）	江陵、華容、當陽、臨沮、編縣、枝江	
	南平郡（湖北公安縣西北）	江安、孱陵、南安、作唐	
	天門郡（湖北石門縣）	澧陽、臨澧、漊中、零陽	
	宜都郡（湖北枝江市）	夷道、佷山、宜昌、夷陵	
	巴東公國（四川奉節縣東）	魚復、新浦、朐腍、南浦、漢豐、巴渠、黽陽	

〔註 340〕《宋志三》雍州刺史弘農太守條，第 1144 頁。

	汶陽郡（湖北保康縣東南）	潼陽、沮陽、高安	
	南義陽郡（僑今湖南安鄉縣西南）	厥西、平氏	
	新興王國（僑今湖北江陵縣東北）	定襄、廣牧、新豐	
	南河東郡（湖北松滋縣西北，實土）	聞喜、譙、永安、松滋	
	建平郡（四川巫山縣）	巫、秭歸、北井、泰昌、沙渠、新鄉、歸鄉	
	長寧郡（湖北荊門市西北，實土）	長寧	
	武寧郡（湖北荊門市北）	樂鄉、長林	
郢州（湖北武漢市武昌區）	江夏王國（湖北武漢市武昌區）	汝南、沌陽、惠懷、灄陽、孝昌、沙陽、蒲圻	蘄水左縣復立確年與希水左縣置年乏考，477年當有
	竟陵公國（湖北鍾祥縣）	萇壽、竟陵、新市、霄城、新陽、雲杜	
	武陵王國（湖南常德市）	臨沅、舞陽、酉陽、黚陽、沅陵、龍陽、漢壽、沅南、遷陵、辰陽	
	巴陵王國（湖南岳陽市）	巴陵、下雋、監利、州陵	
	武昌郡（湖北鄂州市）	武昌、陽新、鄂	
	西陽郡（湖北黃州市東，實土）	西陽、西陵、孝寧、蘄陽、義安、蘄水左縣、東安左縣、建寧左縣、希水左縣、陽城左縣	
湘州（湖南長沙市）	長沙王國（湖南長沙市）	臨湘、醴陵、瀏陽、吳昌、羅、攸、建寧	臨慶郡撫寧縣宋末立，477年當有。始安郡建陵縣宋末度屬，477年當有。樂化左縣宋末立，477年當有
	衡陽王國（湖南株洲縣西南）	湘西、湘南、益陽、湘鄉、新康、重安、衡山	
	桂陽郡（湖南郴縣）	郴縣、汝城、晉寧、耒陽、南平、臨武	
	零陵王國（湖南永州市）	泉陵、洮陽、零陵、祁陽、應陽、觀陽、永昌	
	營陽郡（湖南道縣東）	營浦、營道、泠道、舂陵	
	湘東郡（湖南衡陽市）	臨烝、新寧、湘陰、陰山、茶陵	
	邵陵王國（湖南邵陽市）	邵陵、建興、高平、邵陽、武剛、都梁、扶	

	廣興公國（廣東韶關市南）	曲江、桂陽、陽山、貞陽、含洭、始興、中宿	
	臨慶郡（廣西賀縣東南）	臨賀、富川、謝沐、馮乘、封陽、興安、寧新、開建、撫寧	
	始建王國（廣西桂林市）	始安、永豐、熙平、荔浦、平樂、建陵、樂化左縣	
雍州（湖北襄樊市，實土）	襄陽郡（湖北襄樊市）	襄陽、中廬、邔	
	南陽王國（河南南陽市）	宛、涅陽、冠軍、酈、舞陰、雲陽、許昌	
	新野郡（河南新野縣）	新野、穰、山都、池陽、交木	
	順陽郡（河南淅川縣南）	南鄉、槐里、順陽、清水、鄭、丹水	
	京兆郡（湖北襄陽縣西北，實土）	鄧、杜、新豐	
	始平郡（湖北丹江口市西北，實土）	武當、武功、始平、平陽	
	扶風郡（湖北谷城縣東，實土）	築陽、汎陽、郿	
	南山洛郡（乏考，實土）	上洛、商	
	河南郡（河南南陽縣東南，實土）	河南、新城、河陰、棘陽、襄鄉	
	廣平郡（河南鄧州市東南，實土）	廣平、酇、比陽、陰縣	
	義成郡（湖北丹江口市北，實土）	義成、萬年	
	馮翊郡（湖北宜城縣東南，實土）	鄀、蓮勺、高陸	
	南天水郡（湖北宜城縣東，實土）	華陰、西、略陽、阿陽	
	建昌郡（湖北襄樊市）	永興、安寧	
	華山郡（湖北宜城縣北大堤村，實土）	華山、藍田、上黃	
	北河南郡（確址乏考，當在河南南陽市一帶）	新蔡、汝陰、緱氏、洛陽、苞信、上蔡、固始、新安	
	弘農郡（河南鄧州市西）	邯鄲、圉、盧氏	

說明：外有「□」符號的，表示該州、郡、縣為僑州、郡、縣。

圖 2.1：劉宋昇明元年（477）荊州、郢州、湘州與雍州政區圖

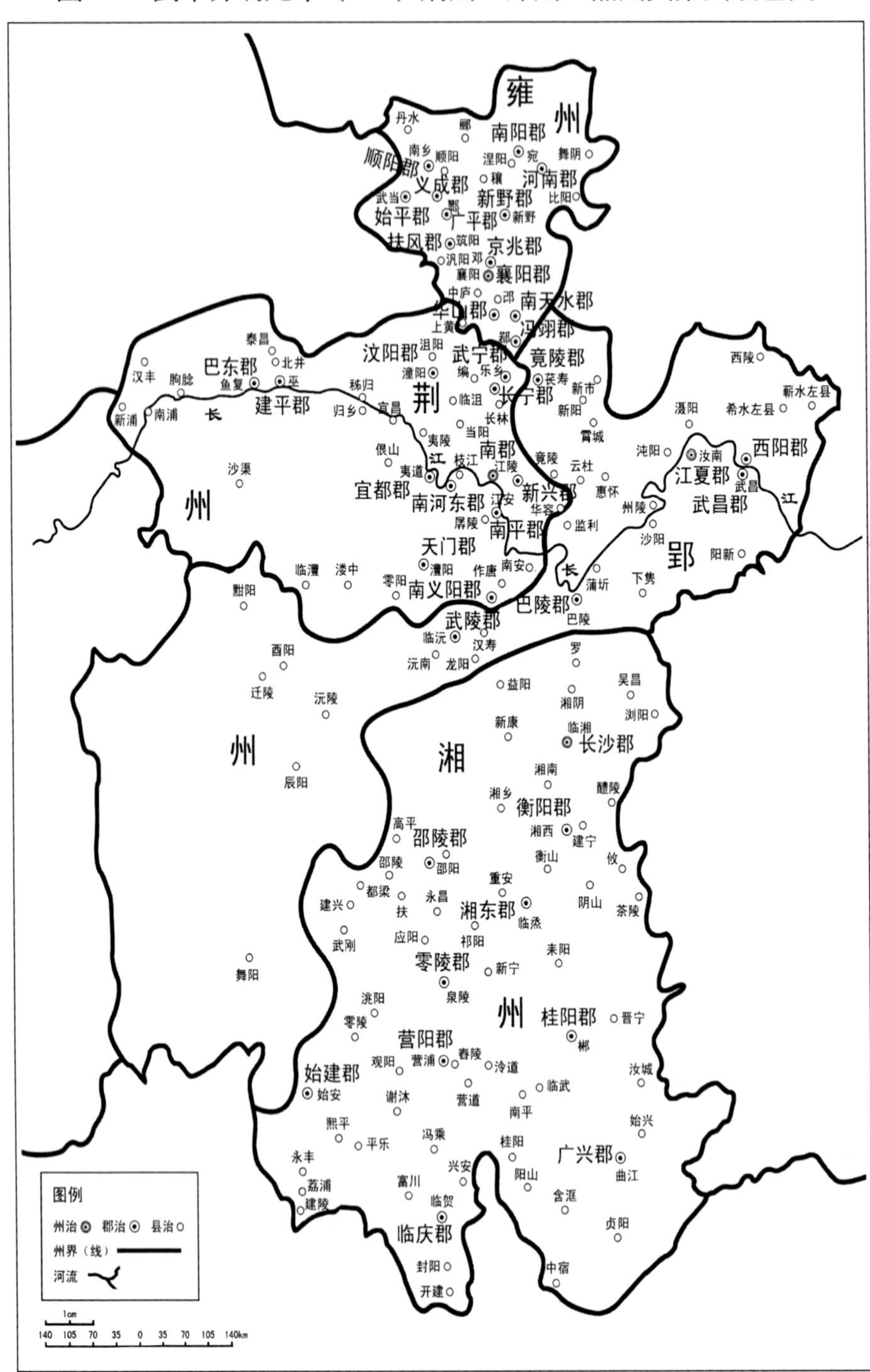

第二節　劉宋荊、郢、湘、雍四州封爵屬地地理分布的特點及原因

如前文所及，劉宋多在荊、郢、湘、雍四州封爵。以下據表 2.2 中始封者封爵時間順序，茲將劉宋封爵情況分為五個時段。即一、劉裕在位時期（420～422 年），二、劉義隆在位時期（424～453 年），三、劉駿、劉子業在位時期（453～465 年），四、劉彧在位時期（465～472 年），五、後廢帝、順帝在位時期（473～479 年）。後三個時期封爵較濫，以致有公然索要爵位者，如於天寶、姜產之二人。此外，據表 2.2 和 2.3 可知後三個時期封爵多有始封爵不詳者。至第四和第五個時期，則劉宋封爵始齊備。如沈約曰：「內史、侯、相，則以昇明末為定焉」。王鳴盛也提道：「內史、侯相必以昇明為定者，分封王侯國昇明方備也。」〔註 341〕

下文以始封爵置、省確年可查考者為討論對象。相反，始封爵姓名不詳和封國置、省確年乏考者，暫不列入討論範圍，僅單獨列表於文後。並茲對劉宋封爵屬地地理分布的特點及其與政治、社會和軍事的關係，分析如下。

（一）劉裕在位時期。從表 2.2 可知有 19 人在荊州封爵（按：武昌縣屬江州武昌郡，故暫不計）。封爵屬地在南郡者 3 人，在長沙郡者 3 人（含長沙郡王劉道憐），在武陵郡者 2 人，在始興郡者 3 人，在臨賀郡者 2 人，在零陵郡僅有司馬德文〔註 342〕。相對來說，前三郡地處內郡要地，後三郡地近南嶺地區。邊遠偏僻的後三郡當對國家總體的財政和荊州地方的賦稅收入，無大的影響。此外，永初元年，雍州方設州佐系統管理地方行政，詳見本章雍州條。加之因雍州位於邊疆軍事重地，故無一人封爵。

上述所及 19 人，僅 3 人是高門士族出身。他們分別為王弘、王導、溫嶠的後人。東晉元勳陶侃的後人有 2 人封爵。五人屬降爵受封。這應是劉裕為

〔註 341〕沈約：《宋志・序》，第 1028 頁；〔清〕王鳴盛著：《十七史商榷》卷五十七「宋志據大明昇明」條，黃曙輝點校，上海書店 2005 年版，第 434 頁。

〔註 342〕周一良以為：「就每一封戶言，則西晉三分食一，東晉元帝太興元年『始制九分食一』，是即使『全食一郡』，亦只享有一郡全部租賦三分之一或九分之一也。」（《魏晉南北朝史箚記》「封國之地域」），第 272 頁。張學鋒亦以為：「（西晉）五等諸侯的分食比例是三分食一，列侯的分食比例是十分食一。」氏著《漢唐考古與歷史研究》「政治文化篇・西晉諸侯分食制度考實」，三聯書店 2013 年版，第 35 頁（原載於《中國史研究》2001 年第 1 期）。

籠絡東晉元勳和高門士族所採取的政治舉措。因為掌權的寒門士族為保住其既得利益，也需要與高門士族共同築起門閥的壁壘，阻擋地位更低的庶族（寒人）階層的崛起〔註 343〕，最終篡奪東晉政權製造一個有利的政治氛圍。另外，出於政治的需要及安撫人心，司馬德文被封為零陵郡王。南方寒人出身的沈叔任、沈林子、張邵、胡藩封爵屬地也在荊州，他們都是劉裕的親信。除上述外，其餘 9 人是北來僑民，也是「京口楚子集團」或「京口集團」的成員。〔註 344〕他們的籍貫在兗、徐、司、青四州，其中任城、高平二郡屬兗州，彭城、下邳、臨淮、東海、蘭陵五郡屬徐州，滎陽郡屬司州，北海〔註 345〕、平昌二郡屬青州。9 人中的趙裔、蕭卓、徐湛之〔註 346〕是劉裕的姻親，他們和其他 6 人都出身於低等士族或寒門，人數比例幾占荊州封爵總數的 1/2。原因在於：「京口集團」是南遷北人中善戰的群體，他們在東晉末趁機崛起，以軍功立業。並形成以劉裕為首的利益集團。以「京口集團」為主的佐命功臣，是劉宋立國的根基。劉宋政權為了提高他們的政治、經濟地位，採取諸多了措施和舉動，其中包括封爵。〔註 347〕並以此來鞏固統治。又「南朝皇室與東晉不同，因為出自寒門，所以不再是『王與馬共天下』，對門閥乃採取壓抑的政策。」〔註 348〕劉宋政權通過提高「京口集團」在政治、經濟和社會地位，無疑有壓抑、排擠東晉門閥士族的用意。

（二）劉義隆在位時期。在荊、湘、雍三州共有 16 人受封（竺夔在景

〔註 343〕陳勇：《劉裕與晉宋之際的寒門士族》，載《歷史研究》1984 年第 6 期。

〔註 344〕陳寅恪著，萬繩楠整理：《魏晉南北朝史講演錄》第十一章「楚子集團與江左政權的轉移」，貴州人民出版社 2007 年版，第 148～163 頁。章義和：《地域集團與南朝政治》第一章「晉末宋初的京口集團」，華東師範大學出版社 2002 年版，第 1～22 頁。

〔註 345〕胡阿祥《宋書州郡志匯釋》青州刺史北海太守條，第 140 頁。

〔註 346〕徐湛之的父親徐逵之娶劉裕長女，其地位當與劉裕門第相當，屬低等士族（《宋書》卷七十一《徐湛之傳》），第 1843 頁。

〔註 347〕周一良曰：「故論南朝對待特殊分子之政策時，政治方面從『官』字著眼，社會方面則以『婚』為中心推論之。」又云：「即吳人社會上之地位影響其政治上地位，而政治上地位雖高，不能增進其社會上地位。」《南朝境內之各種人及政府對待之政策》，第 64～65 頁。同樣，北來之低等士族或寒人武將集團雖政治地位得到了提高，但其社會地位仍低於「高門士族」。但另一方面，政治地位的提高，必然使他們忠於劉宋王朝，形成獨特之「北來武人之集團」。

〔註 348〕高明士：《中國中古政治的探索》，臺北五南圖書出版公司 2006 年版，第 100 頁。

平元年封爵，暫不計）。16 人中除功臣臧質、國戚王景文外，其他 14 人不是皇子就是宗室。總之，劉宋皇子、宗室分封的數量無疑使東晉王朝相形見絀（按：東晉僅 1 人襲王爵）。此外，劉宋皇子、宗室封爵屬地在荊、湘、雍三州的共有 8 個郡王國，其他皆為縣侯國。

此時期的封爵特點有：第一，劉宋皇權專制統治加強，已非東晉門閥士族政治。如唐長孺所說：「皇室作為一個家族駕於其他家族之上，皇帝是這個第一家族的代表以君臨天下，因而其家族成員有資格也有必要取得更大權勢以保持其優越地位。」〔註 349〕據《宋書・文九王傳》所載，劉義隆共封皇子 6 位為王爵，其中就有 4 人被封在荊州（按：劉濬、劉彧受封時，始興、湘東二郡仍屬荊州）。〔註 350〕無疑，此點亦說明荊州在劉宋統治者心目中具有舉足輕重的地位。第二，受封的 8 王中，有 1/2 是皇子。無需多言，劉義隆欲提高皇子的政治、社會地位，培養枝葉，達到庇其根本的意圖。史臣曾評價劉彧「負螟之慶，事非己出，枝葉不茂，豈能庇其本根」〔註 351〕。劉彧後人丟失皇位不當全部歸因於枝葉不茂。但史臣的評論卻道出了劉義隆分封皇子的用心。第三，當然不排除劉義隆分封皇子，目的也是為了和宗王相對抗，鞏固皇權政治。皇權和宗王的矛盾起源於劉義隆、劉義康兄弟二人對中央權力的爭奪。如周一良所言：劉義隆中期以後，劉家天下之統治逐漸牢固，封建王朝之君臣名分趨於穩定，於是猜疑矛頭轉向宗室諸王。亦由宗室王迨此時皆已成長，多擔負方鎮之任。〔註 352〕又，這一時期發生了一些被排斥在外的寒門及寒人階層的集結、生事的政治事件。〔註 353〕他們甚至期圖挾持劉義康，奪取皇室權利。鑒於此，劉義隆欲通過大封諸皇子，以之來壓制、排斥其他宗室王。後，衡陽王劉義季唯飲酒而已，臨川王劉義慶不復跨馬，其中暗示出的微妙反抗，都是有意迴避「世路艱難」並受猜忌的政治環境。〔註 354〕第

〔註 349〕唐長孺：《西晉分封與宗王出鎮》，收入《魏晉南北朝史論拾遺》，中華書局 2011 年版，第 141 頁。

〔註 350〕《宋書》卷七十二《文九王傳》，第 1855～1878 頁。

〔註 351〕《宋書》卷九十《明四王傳》，第 2239 頁。

〔註 352〕《魏晉南北朝史劄記》之「劉宋統治階級內部矛盾之變化」，第 201 頁。

〔註 353〕安田二郎：《六朝政治史の研究》，京都大學學術出版會 2003 年版，第 240～257 頁。

〔註 354〕周一良《魏晉南北朝劄記》之「劉義慶傳之『世路艱難』與『不復跨馬』」條，第 159～161 頁。

四，湘州設置後，受封的 16 人中〔註 355〕有 12 人封爵屬地在湘州。其中 3 人為郡王，即衡陽、始興、湘東三郡。4 人封爵屬地在荊州並都是郡王國，即江夏、武陵、南平、建平四郡。個中原因當和上述第一點相同，即中央政府意在加強對荊、湘二州的控制。還需說明的是，劉義賓原封新野縣侯，後以新野荒弊，改封興安縣侯。〔註 356〕此再次說明，雍州為疆埸之地，仍不宜封爵。

（三）劉駿在位時期。荊、湘、雍三州共有 30 人受封（含前期的臧質）。這一時期的特點有：第一，封爵屬地大多分布在湘州，共有 20 個。郡王國有 3 個，即始安、邵陵、桂陽郡三郡。劉休範原封順陽王，後改封桂陽。此外，20 個封爵中，薛安都原封南鄉縣侯，後改封武昌縣侯。宗越原封築陽縣子，後改封始安縣子。其次為郢州，原封爵屬地有 6 個。郡王國 2 個，即巴陵、西陽二郡，後西陽王劉子尚改封豫章王。劉子尚是劉駿的愛子，特以富郡封賜，意圖鞏固皇室根本。如《宋志》載，西陽戶 2983，口 16120。而豫章郡戶 16139，口 122573〔註 357〕。豫章郡領縣十二，西陽郡雖領縣十，但其中的五縣為左縣，時為蠻地。又「（西陽郡在）永嘉之亂後……這一地區才開始得到一定程度的開發。但東晉南朝時期這一地區的開發程度還是相當有限的，這從西陽郡屬蠻左郡縣的情況就可以看出來。」〔註 358〕總之，與西陽郡相比，豫章郡位在內地，是南朝富郡之一。如上述，郢州實有 5 個。荊州封爵共 3 個，包括柳元景原封曲江縣公，後終封巴東郡公。雍州原有 4 個封爵屬地，後皆改封。其中劉子鸞原封襄陽郡王，尋改封新安王，其他 3 人詳見上文。最終雍州無一個封爵屬地。

除上述外，在劉宋時期，封爵屬地多集中在江州。如王鳴盛所說：「揚州南徐州諸州但有令長。自南豫州以下始有國相，然甚少。江州一州各郡所屬之縣，幾盡是公侯伯子男國相，令但一二見矣。此下青冀司仍多是令，其下荊郢湘雍四州令與相相間。其下梁州秦州益州寧州廣州交州越州，又純是令長，而國相

〔註 355〕其中王景文、劉義宣的三個兒子皆在元嘉中受封。宋文帝曾在兩立湘州（即 439～452 年，453 年又復立，詳本章湘州條），為便於論述問題，16 人的封爵屬地以 439 年至 452 年的荊、湘、雍三州政區區劃為準。

〔註 356〕《宋書》卷五十一《劉道憐附劉義賓傳》，第 1470 頁。

〔註 357〕《宋志二》江州刺史豫章太守條，第 1087 頁。

〔註 358〕石泉、魯西奇：《東晉南朝西陽郡沿革與地望考辨》，載《江漢考古》1996 年第 2 期。

偶一見焉。」〔註359〕周一良認為其中的原因是：「荊郢湘雍四州軍事要地，而朝廷亦不願多立封國，此所以四州令與相相間也。」〔註360〕如前文所述，劉駿在位時期荊、郢、湘、雍四州封爵屬地也不同，分布很不均衡。30位始封者中，湘州所佔比例最高，郢、荊二州次之，雍州無一人封爵。此因荊州作為江左大鎮，素有「陝西」之稱。此種要州需大量的賦稅和軍事物資以供前方，不宜封爵過多，給地方財政造成負擔。湘州地在內地，相對穩定。此外，該州賦稅收入因封爵減少，應該不會對國家的財政造成太大的影響。萬繩楠認為：「東晉、南朝時代，湘、沅地區的生產，似未得到什麼發展。……齊武帝永明二年立常平倉，……（湘州）是出錢最少的一個州。可知直至南齊，它還是個窮地方。」〔註361〕無疑，軍事、經濟因素當是湘州封爵屬地多於他州的原因之一。

第二，這一時期雍州集團〔註362〕開始崛起，其主要成員侯安都、柳元景、宗越、馬文恭、宗慤都得以封爵，柳元景更是獲封巴東郡公。與此同時，寒人的政治地位也得以提高〔註363〕，如戴法興、戴明寶二人就是於此時被封爵。如王夫之所說：「戴法興、戴明寶、巢尚之皆賜爵掌中書事。前此者，權歸大臣，天子雖有所寵信而不能伸，孝武以疑忌行獨制，義恭等畏禍以苟全。」〔註364〕唐長孺也提出：「聚集在宮廷的寒人為了為自己開闢政治道路，皇帝為了強化自己趨於衰弱的皇權，都有必要對門閥貴族進行一些鬥爭。在這個目標上寒人和皇權就有可能結合起來。」〔註365〕換句話來說，劉駿欲利用寒人掌機要，實行君主集權的統治。

〔註359〕王鳴盛：《十七史商榷》卷五十七宋州郡國相條，第443頁。

〔註360〕周一良：《魏晉南北朝史劄記》「封國之地域」，第271頁。

〔註361〕萬繩楠：《六朝時代江南的開發問題》，載《歷史教學》1963年第3期。

〔註362〕關於雍州集團的研究，學界研究成果頗豐，此不再贅述之。參見王永平、徐成：《近六十年來有關南朝襄陽地區武力豪族研究評述》，載《南京曉莊學院學報》2010年第1期。此外，對「雍州地方勢力」的爭奪即是宋孝武帝誅殺竟陵王誕的主因，參見魯力：《孝武帝誅竟陵王事與劉宋宗王鎮邊問題》，載《武漢大學學報（人文社會科學版）》2009年第5期。

〔註363〕參見何德章：《宋孝武帝上臺與南朝寒人之得勢》，載《西南師範大學學報（哲學社會科學版）》1990年第3期；嚴耀中：《評宋孝武帝及其政策》，載《上海師範大學學報》1987年第1期，王仲犖：《魏晉南北朝史》第六章第二節「寒門將帥勢力的逐漸抬頭與寒人的典掌機要」，第405～415頁。

〔註364〕〔清〕王夫之：《讀通鑒論》，中華書局1975年版，第510頁。

〔註365〕唐長孺：《南朝寒人的興起》，收入《魏晉南北朝史論叢續編》，中華書局2011年版，第123頁。

三，大明四年，孝武帝改封皇子襄陽王劉子鸞為新安王。又，大明五年，改封皇子劉子頊為臨海王，皇子劉子仁為永嘉王。〔註 366〕無疑，多次改封皇子當事出有因。蕭齊庾曇隆曾評論道：「宋武創業，依擬古典，神州部內，不復別封。而孝武末年分樹寵子。苟申私愛，有乖訓準。」〔註 367〕庾氏所論恰當。但主因當是：孝武帝分封皇子於京畿所統屬之郡，〔註 368〕其政治目的無非是樹立根本、加強皇權、捍衛以建康為中心的王畿。〔註 369〕

（四）劉彧在位時期。在荊、湘、郢、雍四州的封爵屬地共有 39 個。這一時期封爵屬地分布的特點及原因有：第一，封爵屬地在湘州有 16 個。其中郡王國 1，即臨慶郡。此外，包括戴明寶、武念 2 人。戴明寶進封縣侯，尋降還。武念原為綏安縣侯，後改封邵陵縣侯。8 人受封在郢州，其中郡王國 1，即武陵郡。受封在荊州的有 7 個，其中郡王國 1，即南平郡。另外，包括王景文、劉襲 2 人。王景文原封建陵縣子，後改為江安縣侯。劉襲原封建陵縣侯，後改為臨澧縣侯。在雍州的有 8 人。如前文所及，在前三個時期，雍州基本上無封爵屬地，即使有，時間也很短暫，往往改封於內地郡縣。第二，寒人的崛起。明帝時期，由於封爵過濫，只好將 8 個有功之臣封於邊陲之地。8 人中除江方興（按：史稱其「濟南考城人，衣冠之舊也。」），〔註 370〕應為低等士族出身外。還有劉懷遠，劉昶之子。但劉昶已逃奔北魏，其後人早不被朝廷所信任，僅僅賜予爵位而已。其他 5 人是頓生、蔡那、周普孫、劉靈遺、劉亮，他們都是寒人出身，政治、社會地位低，憑藉劉彧和劉子勛叔侄爭權之機，靠軍功取得爵位〔註 371〕。因此，劉彧即破例將他們封爵在雍州政區內。

〔註 366〕《宋書》卷八十《孝武十四王傳》，第 2062～2063 頁。

〔註 367〕《南齊書》卷五十《文二王傳》，第 862 頁。

〔註 368〕《宋志一》揚州刺史序曰：「孝建元年，分揚州之會稽、東陽、新安、永嘉、臨海五郡為東揚州。大明三年罷州，以其地為王畿，以南臺侍御史部諸郡，如從事之部傳焉，而東揚州直云揚州。八年，罷王畿，復立揚州，揚州還為東揚州。」第 1209 頁。無疑，孝文帝封其三子於王畿所轄之郡，藩衛京師之意甚明。

〔註 369〕「孝武帝時，有意樹立建康為中心的天下觀」，關於此點，參見戶川貴行：《劉宋孝武帝の禮制改革について——建康中心の天下觀との関連からみた》，載《九州大學東洋史論集》第 36 號，九州大學文學部東洋史研究會 2008 年版，第 68～87 頁。

〔註 370〕《宋書》卷八十四《鄧琬附江方興傳》，第 2147 頁。

〔註 371〕關於此點，參見安田二郎：《「晉安王子勳の叛亂」について——南朝門閥貴族體制と豪族土豪》，載《東洋史研究》25 卷第 4 號，1967 年。

第三，南人的興起。何邁、俞道龍、富靈符、沈攸之、孫超之、全景文、張興世、張永、呂安國都是南人。此外，從某種意義上講，雍州集團仍起著扭轉政局的重要作用。如蔡那、武念、佼長生、段佛榮4人，以軍功受爵。殷孝祖、杜幼文〔註372〕、張永、沈攸之4人屬於安田二郎所言的紮根於地域社會的「望族」性豪族。他們基於德治和尚賢主義，要求政治上的機會均等。他們在政治上的興起，喚起了門閥貴族層的危機意識，自覺認識到從一味注重門第轉換到以才學為中心的自我革新的必要性。〔註373〕與之相同，其他土豪、寒門、將門階層也借助時代賦予的機會，改變了他們的社會、政治地位。需要說明的是，劉彧通過封爵的形式，顯然是對他們輔助之功的饋贈。當然他也想以這種政治方式，獲取更多的回報。

（五）後廢帝、順帝在位時期。在荊、郢、湘、雍四州的封爵屬地共有23個，包括劉友、劉禧2人。這一時期封爵屬地分布的特點及原因有：第一，封爵屬地在湘州的有6個，其中郡王國2，縣王國1，即始建、邵陵二郡和始安縣。此外，還包括沈慶之的後人，復封爵為廣興郡公。屬地在荊州的有8人，其中郡王國2，即南平、新興二郡。屬地在郢州有7個，其中於天寶、王玄載二人先後被封為鄂縣子，實計為1人。段佛榮被追封雲杜縣侯。蕭道成進封西陽縣公，後，又進爵竟陵郡公。雍州的封爵屬地有5個，其中南陽郡王劉翽改封為隨陽郡王，實為4人。第二，後廢帝封四個皇弟為王，即劉友、劉禧、劉嵩、劉翽。他這樣做的原因不排除想庇其本根。但是這四位皇弟年紀尚幼，後廢帝本人又年少愚頑。蕭道成即趁機一擊，弒殺後廢帝，奪得皇位。沈文季、薛淵、周盤龍、張敬兒、呂安國、柳世隆、陳胤叔七人效力於蕭道成，成佐命元勳，並得以封爵。

綜上述，劉宋統治者有意通過封爵的方式獎懲臣下，並更好地操縱、控制政局。從封爵的名單中，可知劉裕依恃的主要力量是京口北府軍。隨後的劉義隆通過大封皇子和其他宗室成員，意在加強皇權的勢力。劉駿依靠雍州集團和寒族的力量，討滅「劉劭之亂」，最終繼承了皇位。劉彧則賴寒人、豪族的力量，奪得帝位。蕭道成拉攏豪族和寒人武將，並得到了他們的支持，

〔註372〕參見周一良《魏晉南北朝劄記》「晚渡北人」條，第190～192頁；韓樹峰：《南北朝時期淮漢迆北的邊境豪族》，社會科學文獻出版社2003年版，第80～89頁。

〔註373〕安田二郎：《六朝政治史の研究》「六朝政治史之研究」提要，第727頁。

終能取代劉宋政權，建立新政。這些眾所周知的歷史事件，皆可從五個時期的封爵、屬地分布中得到印證。同時也說明在不同歷史時期，荊、湘、郢、雍四州封爵屬地分布的特點，有著其深刻的政治、經濟及社會背景。

表 2.2：劉宋荊、郢、湘、雍州封爵表

	始封者	籍貫	封爵	時間（置～省年）	受封原因（歷任主要官職）	出處（書／卷／頁）	備注
1	張邵	吳郡吳	臨沮縣伯	420～479 年	以佐命功（諮議參軍，領寧蠻校尉、雍州刺史）	宋書／46／1394	
2	王弘	琅邪臨沂	華容縣公	420～479 年	以佐命功（司徒，太保，領中書監）	宋書／42／1311～1323	
3	趙倫之	下邳僮	霄城縣侯	420～479 年	以佐命功（安北將軍、雍州刺史，領軍將軍）	宋書／46／1389～1390	宋孝穆皇后之弟
4	到彥之	彭城武原	佷山縣侯	420～426 年	以佐命功（南豫州刺史、監六州諸軍事，護軍）	南史／25／674～675	426 年，以討謝晦功，進封建昌縣公
5	王鎮惡	北海劇	龍陽縣侯	420～479 年	以佐命功（龍驤將軍，安西司馬、馮翊太守）	宋書／45／1365～1371	
6	沈林子	吳興武康	漢壽縣伯	420～479 年	以佐命功（建武將軍、河東太守）	宋書／100／2458、2460	
7	謝晦	陳郡陽夏	武昌縣公	420～426 年	以佐命功（南蠻校尉、荊州刺史）	宋書／44／1347～1349	時屬江州
8	劉道憐	彭城	長沙郡王	420～479 年	宗室（南蠻校尉、荊州刺史）	宋書／51／1461～1463、1470	劉裕中弟
9	不詳	鄱陽	醴陵縣侯	420～479 年	祖蔭（不詳）	宋書／3／53	陶侃後人
10	不詳	太原祁	荔浦縣侯	420～479 年	祖蔭（不詳）	宋書／3／53	溫嶠後人
11	不詳	琅邪臨沂	始興縣公	421～479 年	祖蔭（不詳）	宋書／3／53	王導後人
12	陶延壽	鄱陽	吳昌縣侯	420～479 年	祖蔭（不詳）	晉書／66／1780	陶侃後人
13	毛德祖	滎陽陽武	觀陽縣伯	420～479 年	以佐命功（冠軍將軍、司州刺史）	宋書／95／2329，晉書／81／2136	
14	劉遵考	彭城	營浦縣侯	420～479 年	宗室（安西將軍、南豫州刺史，領軍將軍）	宋書／51／1380～1382	劉裕族弟

15	向靖	高平金鄉	曲江縣侯	420～？年	以佐命功（督北青州諸軍事、北青州刺史）	宋書／45／1373～1374	
16	劉義融	彭城	桂陽縣侯	420～478 年	宗室（領軍）	宋書／51／1467	有質幹，善於用短楯
17	司馬德文	河內溫	零陵郡王	420～479 年	禪位	宋書／3／52	晉恭帝
18	趙裔	下邳僮	臨賀縣侯	421～479 年	國戚（不詳）	宋書／41／1280	
19	蕭卓	蘭陵蘭陵	封陽縣侯	421～479 年	國戚（不詳）	宋書／41／1281	
20	徐湛之	東海郯	枝江縣侯	422～479 年	國戚（尚書僕射、領軍將軍）	宋書／71／1843～1848	劉裕外孫
21	竺夔	東莞	建陵縣男	423～479 年	守青州不其城功（前將軍，金紫光祿大夫）	宋書／95／2327	
22	劉義宣	彭城	竟陵郡王，南郡王	424～425 年，453～454 年	皇弟（荊州刺史，侍中、丞相）	宋書／68／1798～1800	
23	劉義季	彭城	衡陽郡王	424～479 年	皇弟（徐州刺史，持節、常侍、都督）	宋書／61／1653～1656	
24	劉義恭	彭城	江夏郡王	424～479 年	皇弟（中書監、太尉、錄尚書事）	宋書／61／1640～1653	
25	劉義賓	彭城	新野縣侯，興安縣侯	425 ～ 429 年，429～479 年	宗室（輔國將軍、徐州刺史）	宋書／51／1470	429 年改封興安縣侯
26	劉義纂	彭城	營道縣侯	429～479 年	宗室（右衛將軍、湘州刺史）	宋書／51／1470	
27	劉駿	彭城	武陵郡王	436～453 年	皇子（江州刺史、持節）	宋書／6／109	
28	劉濬	彭城	始興郡王	436～453 年	皇子（衛將軍、荊州刺史）	宋書／99／2435～2439	
29	劉鑠，劉暄曜，劉伯玉	彭城	南平郡王	439～466 年，469～471 年，473～478 年	皇子（中軍將軍，常侍、護軍），宗室（不詳），宗室（不詳）	宋書／72／1856～1858，宋書／72／1858，宋書／72／1858	
30	劉宏	彭城	建平郡王	444～474 年	皇子（尚書令，散騎常侍，中軍將軍）	宋書／72／1858～1860、1863	
31	劉允	彭城	泉陵縣侯	？～445 年	宗室（不詳）	宋書／68／1797	劉義康之子

32	臧質	東莞呂	始興縣子，始興郡公	451～454年，454～454年	守盱眙功，討劉劭功(車騎將軍、江州刺史)	宋書／74／1909～1915	國戚(宋武敬皇后弟)
33	劉彧	彭城	湘東郡王	452～465年	皇子(驍騎將軍，給事中)	宋書／6／109	
34	劉季之	？(彭城)	零陽縣侯	453～459年	討劉劭功(參軍)	宋書／79／2026、2033	
35	張暢	吳郡吳	夷道縣侯	453～454年	討劉劭功(侍中，會稽太守)	宋書／46／1399	
36	顧彬之	不詳	陽新縣侯	453～479年	討劉劭功(寧朔將軍)	宋書／79／2026	
37	蔡超	不詳	汝南縣侯	453～454年	討劉劭功(丞相諮議參軍、南郡內史)	宋書／68／1799、1807	預劉義宣之亂被誅
38	徐遺寶	高平金鄉	益陽縣侯	453～454年	討劉劭功(兗州刺史，輔國將軍)	宋書／68／1808	預劉義宣之亂被誅
39	高禽	不詳	新陽縣男	453～479年	擒劉劭功(不祥)	宋書／99／2439	
40	劉悰	彭城	湘南縣侯	(元嘉中)～454年	宗室(不詳)	宋書／68／1808	劉義宣之子
41	劉憬	彭城	祁陽縣侯	(元嘉中)～454年	宗室(不詳)	宋書／68／1808	劉義宣之子
42	宗慤	南陽	洮陽縣侯	454～479年	討劉劭功(寧蠻校尉、雍州刺史)	宋書／76／1971～1972	
43	沈靈賜	？(吳興郡)	南平縣男	454～479年	破臧質前軍(不詳)	宋書／74／1921	
44	劉愱	彭城	臨武縣侯	(元嘉中)～454年	宗室(不詳)	宋書／68／1808	劉義宣之子
45	沈慶之	吳興武康	始興郡公，廣興郡	454～471年，473～479年	平魯爽功(鎮北大將軍，侍中、開府儀同三司)	宋書／77／1996～2005	473年改始興郡為廣興郡
46	薛安都	河東汾陰	南鄉縣男，南鄉縣侯，武昌縣侯	454～454年，454～458年，458～465年	討劉劭功、平魯爽功(太子左衛率，徐州刺史)	宋書／88／2215～2219	454年為南鄉縣男，尋進爵為侯
47	柳元景	河東解	曲江縣公，巴東郡公	454～454年，459～479年	討劉劭功、平劉義宣功(尚書令，丹陽尹，侍中、驃騎將軍)	宋書／77／1981、1988～1989、1991	454年進封晉安郡公
48	王玄謨	太原祁	曲江縣侯	454～479年	平劉義宣功(左光祿大夫，領護軍)	宋書／76／1973～1976	

49	宗越	南陽葉	築陽縣子，始安縣子，始安縣侯	454～460 年，460～465 年，465～465 年	平劉義宣功、討劉誕功（冠軍將軍、領南東海太守）	宋書／83／2109～2111	為前廢帝寵信
50	夏侯祖權	譙	祁陽縣子	454～479 年	破徐遺寶功（建武將軍、兗州刺史）	宋書／68／1809	
51	垣護之	略陽桓道	益陽縣侯	454～479 年	平劉義宣功（徐州刺史）	宋書／50／1448～1452	
52	馬文恭	扶風	泉陵縣子	454～479 年	討劉劭功（游擊將軍）	宋書／45／1378	
53	劉休若	彭城	巴陵郡王	456～479 年	皇弟（征北大將軍、南徐州刺史）	宋書／72／1882～1885	
54	劉子尚	彭城	西陽郡王	456～458 年	皇子（揚州刺史、撫軍將軍）	宋書／80／2058～2059	458 年改封豫章郡王
55	劉休範	彭城	順陽郡王，桂陽郡王	456～457 年，457～474 年	皇弟（驃騎大將軍、江州刺史）	宋書／79／2045～2046	
56	戴法興	會稽山陰	吳昌縣男	458～465 年	輔孝武帝登基功（中書同事舍人，越騎校尉）	宋書／94／2303～2304	
57	戴明寶	南東海丹徒	湘鄉縣男、縣侯、縣男	458～466 年，466～467 年，467～479 年	輔孝武帝登基功（南中郎典簽，員外散騎常侍）	宋書／94／2305～2306	
58	沈胤之	（吳興郡）	耒陽縣子	459～479 年	誅殺劉誕功（隊主）	宋書／79／2036	
59	劉子鸞	彭城	襄陽郡王	460～460 年	皇子（南徐州刺史，司徒、持節）	宋書／80／2063～2065	460 年改封新安王
60	劉子真，劉禧	彭城	始安郡王，始建郡王	461～466 年，476～479 年	皇子（輔國將軍、丹陽尹），皇弟（不詳）	宋書／80／2067，宋書／90／2239	
61	劉子元，劉友	彭城	邵陵郡王	462～466 年，474～479 年	皇子（南瑯邪泰山二郡太守），皇弟（南豫州刺史）	宋書／90／2068、2238	
62	宋逵之	丹陽	零陵縣子	465～479 年	弒前廢帝功（不詳）	宋書／94／2313	
63	姜產之	彭城	汝南縣侯	465～479 年	弒前廢帝功（不詳）	宋書／94／2313	
64	何邁	廬江灊	建寧縣侯	465～479 年	國戚（寧朔將軍、南濟陰太守）	宋書／41／1294	

65	劉道隆	彭城	永昌縣侯	465～465年	為前廢帝寵信（右衛將軍）	宋書／45／1378	被明帝賜死
66	吳喜	吳興臨安	竟陵縣侯	465～468年	助明帝即位（督豫州諸軍事，淮陵太守）	宋書／83／2114～2116	468年改封東興縣侯
67	俞道龍	吳郡	茶陵縣子	465～479年	弒前廢帝功（不詳）	宋書／94／2313	
68	王敬則	晉陵南沙	重安縣子	465～479年	弒前廢帝功（員外散騎常侍、臨淮太守）	宋書／94／2313，南齊書／26／479～481	479年進封尋陽郡公
69	江方興	濟陽考城	武當縣侯	465～479年	助明帝即位（太子左衛率）	宋書／84／2147	
70	劉懷遠	彭城	池陽縣侯	465～479年	宗室（不詳）	宋書／72／1869	劉昶之子
71	富靈符	會稽	惠懷縣子	465～479年	弒前廢帝功（不詳）	宋書／94／2313	
72	王景文	琅邪臨沂	建陵縣子，江安縣侯	（元嘉中）～467年，467～479年	襲爵，輔助明帝即位（尚書左僕射，領吏部，揚州刺史）	宋書／85／2177～2178、2184	國戚
73	沈攸之	吳興武康	貞陽縣公	466～477年	以平劉子勛功（鎮西將軍、荊州刺史，持節）	宋書／74／1927～1933	
74	頓生	濟北	武功縣男	466～479年	以平劉子勛功（龍驤將軍、羽林監）	宋書／84／2147	
75	蔡那	南陽冠軍	平陽縣伯	466～479年	以平劉子勛功（寧朔將軍、寧蠻校尉）	宋書／83／2113	
76	黃回	竟陵	聞喜縣侯	466～478年	平劉休範功（鎮北將軍、南兗州刺史，持節）	宋書／83／2122～2124	478年改封安陸郡公
77	劉襲	彭城	建陵縣侯，臨灃縣侯	466～466年，466～478年	宗室、拒劉子勛之功（郢州刺史）	宋書／51／1467	478年改封東昌縣侯
78	垣閎	下邳	樂鄉縣侯	466～502年	平殷琰功（司州刺史，散騎常侍，長水校尉）	宋書／87／2212，南齊書／28／531	
79	孫超之	吳	羅縣侯	466～479年	平劉子勛功（尚書比部郎）	宋書／84／2146	
80	孟次陽	平昌安丘	攸縣子	466～479年	拒薛安都之功（輔師將軍、兗州刺史）	宋書／94／2314	

81	周普孫	沛	清水縣男	466～479 年	平劉子勛功（龍驤將軍、羽林監）	宋書／84／2147	
82	王廣之	沛郡相	蒲圻縣子	466～474 年	拒沈文秀功（冠軍將軍、徐州刺史）	宋書／87／2212，南齊書／29／546～547	474 年改封寧都縣子
83	武念	新野	綏安縣侯，邵陵縣侯	466～468 年，468～479 年	拒劉子勛功（南陽太守）	宋書／83／2112～2113	追贈
84	佼長生	廣平	遷陵縣侯	466～479 年	平劉子勛功（寧蠻校尉）	宋書／83／2113	
85	蕭道成	南蘭陵蘭陵	西陽縣侯、縣公，竟陵郡公	466～474 年，474～477 年，477～479 年	破薛索兒功、平劉休範功（南兗州刺史、錄尚書事）	南齊書／1／5～11	
86	全景文	吳郡	孝寧縣侯	466～479 年	以平劉子勛功（南豫州刺史，散騎常侍）	宋書／84／2146，南齊書／29／539～540	
87	王穆之	太原	衡山縣男	466～479 年	以平劉子勛功（龍驤將軍、羽林監）	宋書／84／2146	
88	段佛榮	京兆	臨烝縣伯，雲杜縣侯	466～476 年，476～479 年	以平劉子勛功（南豫州刺史、歷陽太守）	宋書／84／2146、2148	
89	杜幼文	京兆杜陵	邵陽縣男	466～479 年	以軍功（輔國將軍、梁南秦二州刺史）	宋書／65／1722	為後廢帝所殺
90	陳懷真	不詳	永豐縣男	466～479 年	以斬劉胡功（不詳）	宋書／84／2147	
91	劉靈遺	襄陽	新野縣伯、縣侯	466～？年，？～479 年	以平劉子勛功（南豫州刺史、歷陽太守）	宋書／84／2146、2148	
92	殷孝祖	陳郡長平	秭歸縣侯	466～468 年	死於劉子勛之亂（兗州刺史，撫軍將軍）	宋書／86／2189、2191	468 年改封建安縣侯
93	劉亮	彭城	順陽縣侯	466～479 年	平劉子勛功（右衛將軍，梁益二州刺史）	宋書／45／1377，宋書／84／2146	
94	張興世	竟陵	作唐縣侯	466～479 年	平劉子勛功（雍州刺史、寧蠻校尉）	宋書／50／1452～1455	
95	劉子房	彭城	松滋縣侯	467～467 年	從劉子勛亂被貶爵（會稽太守）	宋書／80／2061	為劉彧所害

96	張永	吳	孝昌縣侯	467～474年	破薛索兒功（南兗州刺史、侍中）	宋書／53／1514～1515	
97	呂安國	廣陵	湘南縣男	468～479年	平殷琰功（湘州刺史、征虜將軍）	南齊書／29／537～538	479年進封侯爵
98	劉休倩	彭城	臨慶郡王	470～471年	皇弟（不詳）	宋書／72／1882	
99	劉贊	彭城	武陵郡王	470～479年	皇子（前將軍、郢州刺史）	宋書／10／199，宋書／80／2071	
100	劉伯融	彭城	始安縣王	473～476年	宗室（不詳）	宋書／9／181、186	
101	劉秉	彭城	當陽縣侯	474～477年	宗室（不詳）	宋書／51／1468～1469	
102	任農夫	臨淮	孱陵縣侯	474～479年	以平劉休範功（豫州刺史、冠軍將軍）	宋書／83／2126	
103	曹欣之	新野	新市縣子	474～479年	以平劉休範功（徐州刺史，驍騎將軍）	宋書／83／2114	
104	張敬兒	南陽冠軍	襄陽縣侯，襄陽縣公	475～478年，478～483年	以平沈攸之功（輔國將軍、雍州刺史）	南齊書／25／464、472、474	為蕭道成所寵信
105	劉恬	彭城	秭歸縣侯	475～478年	宗室（不詳）	宋書／72／1863	
106	張倪奴	不詳	築陽縣侯	476～502年	以擒劉景素功（右衛殿中將軍）	宋書／72／1863	
107	王宜興	吳興	長壽縣男	476～479年	以平劉景素功（屯騎校尉，輔國將軍）	宋書／83／2123	
108	劉嵩	彭城	新興郡王	476～479年	皇弟（不詳）	宋書／90／2239	479年降封定襄縣公
109	劉翽	彭城	南陽郡王	476～478年	皇弟（不詳）	宋書／90／2238	478年改封隨陽王
110	於天寶	不詳	鄂縣子	（元徽中）～477年	預竹林堂功（右軍將軍，山陽太守）	宋書／94／2316	胡人，賜死
111	王玄載	太原祁	鄂縣子	477～479年	預平沈攸之亂（益州刺史、建寧太守）	南齊書／57／509	
112	王天生	太原祁	上黃縣男	477～479年	以克袁粲功（巴西、梓潼二郡太守）	梁書／9／175	

113	沈文季	吳興武康	略陽縣侯	477～479 年	以平沈攸之功（征虜將軍，丹陽尹）	南齊書／44／775～776	479 年改封西豐縣侯
114	柳世隆	河東解	貞陽縣侯	477～479 年	以平沈攸之功（尚書右僕射，吳郡太守	南齊書／24／445、450	479 年進爵為公
115	劉懷珍	平原	中宿縣侯	477～479 年	預平沈攸之亂（豫州刺史）	南齊書／27／502～503	479 改封霄城縣侯
116	薛淵	河東汾陰	竟陵縣侯	（元徽末）～502 年	以功勳封（驍騎將軍、軍主）	南齊書／30／553	
117	周盤龍	北蘭陵蘭陵	沌陽縣子	478～479 年	預平劉景素功（司州刺史，征虜將軍）	南齊書／29／543	478 年改封沌陽縣
118	蕭賾	南蘭陵蘭陵	聞喜縣侯、縣公	478～482 年	預平沈攸之功（征虜將軍、江州刺史）	南齊書／3／44、45	
119	蕭嶷	同上	永安縣公	478～479 年	以定策功（左將軍、江州刺史）	南齊書／22／406～407	479 年進爵豫章王
120	陳胤叔	會稽餘姚	當陽縣子	（宋末）～502 年	隨蕭道成征伐（太子左率）	南齊書／30／557	

表 2.3：劉宋荊、郢、湘、雍州始封爵者及封國置、省年乏考表

	始封者	籍貫	封爵	時間（置～省年）	受封原因（歷任主要官職）	出處（書／卷／頁）	備注
1	不詳		當陽縣男	？～（昇明末年）		宋書／37／1118	屬南郡
2	不詳		襄陽郡公	？～（昇明末年）		宋書／37／1136	
3	不詳		編縣男	？～（昇明末年）		宋書／37／1118	屬南郡
4	不詳		佷山縣男	？～（昇明末年）		宋書／37／1119	屬宜都郡
5	不詳		魚復縣侯	？～（昇明末年）		宋書／37／1120	屬巴東郡
6	不詳		長寧縣侯	？～（昇明末年）		宋書／37／1123	屬永寧郡
7	不詳		蒲圻縣男	？～（昇明末年）		宋書／37／1125	屬江夏郡
8	不詳		辰陽縣男	？～（昇明末年）		宋書／37／1126	屬武陵郡
9	不詳		巴陵縣男	？～（昇明末年）		宋書／37／1126	屬巴陵郡
10	不詳		下雋縣侯	？～（昇明末年）		宋書／37／1127	屬巴陵郡
11	不詳		州陵縣侯	？～（昇明末年）		宋書／37／1127	屬巴陵郡
12	不詳		武昌縣侯	？～（昇明末年）		宋書／37／1127	屬武昌郡

13	不詳		西陵縣男	？～（昇明末年）		宋書／37／1128	屬西陽郡
14	不詳		臨湘縣侯	？～（昇明末年）		宋書／37／1129	屬長沙郡
15	不詳		瀏陽縣侯	？～（昇明末年）		宋書／37／1129	屬長沙郡
16	不詳		建寧縣子	？～（昇明末年）		宋書／37／1129	屬長沙郡
17	不詳		重安縣侯	？～（昇明末年）		宋書／37／1130	屬衡陽郡
18	不詳		郴縣伯	？～（昇明末年）		宋書／37／1130	屬桂陽郡
19	不詳		應陽縣男	？～（昇明末年）		宋書／37／1131	屬零陵郡
20	不詳		臨烝縣伯	？～（昇明末年）		宋書／37／1132	屬湘東郡
21	不詳		湘陰縣男	？～（昇明末年）		宋書／37／1132	屬湘東郡
22	不詳		邵陵縣子	？～（昇明末年）		宋書／37／1132	屬邵陵郡
23	不詳		建興縣男	？～（昇明末年）		宋書／37／1132	屬邵陵郡
24	不詳		高平縣男	？～（昇明末年）		宋書／37／1133	屬邵陵郡
25	不詳		陽山縣侯	？～（昇明末年）		宋書／37／1133	屬廣興郡
26	不詳		含洭縣男	？～（昇明末年）		宋書／37／1133	屬廣興郡
27	不詳		馮乘縣侯	？～（昇明末年）		宋書／37／1134	屬臨慶郡
28	不詳		始安縣子	？～（昇明末年）		宋書／37／1135	屬始建郡
29	不詳		平樂縣侯	？～（昇明末年）		宋書／37／1135	屬始建郡
30	不詳		雲陽縣男	？～（昇明末年）		宋書／37／1137	屬南陽郡
31	不詳		許昌縣男	？～（昇明末年）		宋書／37／1137	屬南陽郡
32	不詳		山陽縣男	？～（昇明末年）		宋書／37／1137	屬新野郡
33	不詳		槐里縣男	？～（昇明末年）		宋書／37／1138	屬順陽郡
34	不詳		平陽縣子	？～（昇明末年）		宋書／37／1139	屬始平郡
35	不詳		上洛縣男	？～（昇明末年）		宋書／37／1140	屬南上洛郡
36	不詳		義成縣侯	？～（昇明末年）		宋書／37／1141	屬義成郡
37	不詳		安寧縣男	？～（昇明末年）		宋書／37／1143	屬建昌郡

據上表 2.3，可知有 5 人封爵屬地在荊州，7 人在郢州，16 人在湘州，9 人在雍州。湘州封爵者最多，其中的原因，前文已論及之。不同的是，雍州封爵人數已經超過荊、郢二州，這主要是因為後兩個時期濫封所致。但是由於始封者和封國置、省年皆乏考，許多問題只能有待以後解決。

第三節　論劉宋荊湘二州分合的政治地理因素

劉宋時期，湘州政區區劃經歷了兩省三置，詳本章第一節湘州沿革條。元嘉三十年最終定格，後因之不改。劉宋荊、湘二州的分合，主要是受政治〔註 374〕和地理因素的影響。如義熙十一年，劉裕平定司馬休之，任劉道憐為荊州刺史。隨後在義熙十二年，省併湘州於荊州（詳本章第一節荊州條），無疑是政治環境的影響。

湘州省併到荊州後，劉裕採取了管理、限制荊州的諸多舉措。如：第一，義熙十四年，他任幼子劉義隆（年僅 11 歲）出鎮荊州。同時，以張邵為司馬，並領南郡相，眾事悉決于邵〔註 375〕，張邵成為劉義隆的首輔臣僚。張邵為劉裕所親睞，屢建奇謀。劉裕重其臨事不擾，有大臣體，曾贊曰：「張邵可謂同我憂慮矣」。總之，劉裕有意以皇子出鎮荊州，委任親信大臣輔助，最終加強了對荊州的控制。二，永初元年，劉宋在雍州設立了完備的州佐系統，正式設置了一級地方行政區。雍州作為荊州北鄙軍事要地，即可從北面鉗制荊州方鎮勢力，又兼有防禦北魏對荊州的直接侵擾，起到鎮捍北方門戶的軍事作用。鑒於雍州政治地理位置的重要性，劉裕最終以趙倫之為第一任雍州刺史（420～422 年）。史稱趙倫之事母以孝稱。雖外戚貴盛，而以儉素自處，〔註 376〕故為劉裕所信賴。三，永初二年，劉裕大量削減荊州州、府二系統的將吏，同時限制兵士的數量。如《宋書・武帝紀》載：劉裕「初限荊州府置將不得過二千人，吏不得過一萬人；州置將不得過五百人，吏不得過五千人。兵士不在此限」。〔註 377〕並「以期恢復該地的經濟生產和財力」，以便加強中央對荊州的財政控制。〔註 378〕毋需多述，最終目的仍是欲圖削弱荊州方鎮的實力。

永初三年，劉裕復置湘州。原因是劉裕考慮到儲君劉義符年齡尚小。時任荊州刺史的劉義隆年幼，易受外人所惑，引發紛爭。故置湘州以分荊州之勢，同時任張邵為湘州刺史。張邵領會到劉裕用己之意。故上書提出：「長沙內地，非用武之國，置屬妨人，乖為政要。」拒絕署軍府。〔註 379〕他的舉動

〔註 374〕關於政治因素對荊、湘分合的影響，參見薛軍力：《劉宋初期對強藩的分割》，載《天津師大學報》1995 年第 5 期。本節亦多所借鑒。

〔註 375〕《宋書》四十六《張邵傳》，第 1394 頁。

〔註 376〕《宋書》四十六《趙倫之傳》，第 1389 頁。

〔註 377〕《宋書》卷三《武帝紀下》，第 57 頁。

〔註 378〕陳明光：《六朝財政史》，中國財政經濟出版社 1997 年版，第 173～175 頁。

〔註 379〕《宋書》四十六《張邵傳》，第 1394～1395 頁。

得到了劉裕的贊成。後張邵沒有辜負劉裕置湘州以牽制荊州的政治意圖。如謝晦舉兵之前，曾移書邀張邵同反，為其所拒。同時，張邵將謝晦謀反之狀，馳使通告給了劉義隆，〔註 380〕從而使建康提前有所準備。方北辰也提道：劉宋文帝除了繼續以老部屬張邵鎮守湘州，從南面牽制謝晦外，又遣張邵之兄張裕任益州軍政長官，從西面威逼荊州。〔註 381〕一語點破其中的原因。

元嘉八年，劉義隆省併湘州於荊州，究其原因，當是：第一，時任荊州刺史的劉義恭雖然驕奢不節，劉義隆還特與書訓戒之〔註 382〕。但是劉義恭並無異心，他為人小心恭慎，善於揣摩人主之意。〔註 383〕細分背後的原因：當是劉義恭故以驕奢不節之舉，表白本無政治野心。其用意和前文所及的劉義季唯飲酒而已和劉義慶不復跨馬一樣，都是為了迴避殘酷的政治鬥爭。所以，荊湘二州的合併不會對下游建康造成任何政治和軍事上的威脅。第二，元嘉七年，到彥之北伐告敗，虎牢城復為索虜所陷右將軍到彥之自滑臺奔退。劉宋再失金墉、虎牢、洛陽、滑臺四個戰略要地。劉宋處在凡百蕩盡，府庫為空的不利局面。〔註 384〕劉義隆為增強長江中上游的政治中心荊州的軍事、經濟力量，最終合湘州於荊州。第三，同年，即在省併湘州前，劉義隆以劉道產為雍州刺史。劉道產是元嘉時的著名能吏，其綏服有方，「政績尤著，百姓樂業，民戶豐贍」〔註 385〕，忠於宋室。任這樣的人出鎮雍州，劉義隆是放心的，並可牽制荊州方鎮勢力。元嘉九年，劉義慶出任荊州刺史。史稱：「義慶以宗室令美，故特有此授。性謙虛，始至及去鎮，迎送物並不受」。但如前所述，劉義慶以「世路艱難，不復跨馬」〔註 386〕，實是要消除劉義隆的猜疑，這樣的人在政治上亦無野心。總之，湘州雖省併於荊州，但荊州仍實控於中央政府。

元嘉十六年，劉宋再置湘州，改任劉義季為荊州刺史。此因當是劉義康漸攬朝政樞柄，隨後引發了主相之爭。此事件使劉義隆對諸王漸生猜忌、防

〔註 380〕《宋書》四十六《張邵傳》，第 1395 頁。
〔註 381〕《魏晉南朝江東世家大族述論》，第 83 頁。
〔註 382〕《宋書》卷六十一《劉義恭傳》，第 1641 頁。
〔註 383〕《宋書》卷六十一《劉義恭傳》，第 1640～1651 頁。
〔註 384〕《宋書》卷五《文帝紀》，第 79 頁；《南史》卷二十五《到彥之傳》，第 675 頁；《宋書》卷四十三《檀道濟傳》，第 1343 頁。
〔註 385〕《宋書》卷六十五《劉道產傳》，第 1719 頁。
〔註 386〕《宋書》卷五十一《劉義慶傳》，第 1477 頁。

範的心理。如湘州始立時，他以皇子劉濬為刺史，並「分長沙江夏郡立巴陵郡，屬湘州。」〔註 387〕後，以皇子劉駿、劉鑠續任湘州刺史〔註 388〕，用心昭然若揭。除此之外，他委劉義季任荊州刺史，也是看重義季無篡位奪權的野心。史書雖稱劉義季「值巴蜀亂擾，師旅應接，府庫空虛，……躬行節儉，蓄財省用，數年間，還復充實」，很有治政才能。但自彭城王劉義康廢後，劉義季終日「為長夜之飲，略少醒日」。〔註 389〕毋庸置疑，他的這種行為舉止是為緩解文帝對他的政治猜忌。

元嘉二十九年，劉宋合湘州於荊州。分析其因，當是：第一，元嘉二十七年，劉宋再次舉行北伐，但不久東線即全面敗潰。在西線，雖然雍州方面取得了勝利，如「元嘉二十七年，冬閏月……辛未，雍州刺史隨王誕遣軍攻弘農城，克之。丙戌，又克關城。……十一月，甲午，隨王誕所遣軍又攻陝城，克之。」〔註 390〕但由於東線的失敗，最終西路軍只得退兵。即便如此，時任荊州刺史的劉義宣慮寇至，欲奔上明。〔註 391〕這即透露出當時北魏的兵鋒甚銳，荊州需要加強經濟和軍事力量。省併湘州時，文帝曾下詔曰：「關洛偽帥，並懷內款，河朔遺民，注誠請效。拯溺蕩穢，今其會也。……各部分所統，東西應接。歸義建績者，隨勞酬獎。」〔註 392〕顯而易見，荊州在北伐中所起到的政治、軍事作用，越來越受到中央政府的重視。因此，為加強荊州的實力，故劉宋再次省併湘州於荊州。第二，雖然史稱劉義宣「勤自課厲，政事修理」。但他本人崇尚奢侈，「多蓄嬪媵」，然此舉卻博得文帝的信任，他並對劉義宣欲逃上明的行為，僅報以嘲笑的口吻，詔之曰：「善修民務，不須營潛逃計也」。〔註 393〕而沒有採取任何處罰措施。說明文帝對荊州的局面是放心的。第三，時皇子隨王劉誕出任雍州刺史，據《宋書・劉誕傳》載：「（元嘉）二十六年，……上欲大舉北討，以襄陽外接關、河，欲廣其資力，乃罷江州軍府，文武悉配雍州，湘州入臺稅租雜物，悉給襄陽。」

〔註 387〕何尚之曾言：「湘州所領十一郡，其巴陵邊帶長江，去夏口密邇，既分湘中，乃更成大。」《宋書》卷六十六《何尚之傳》，第 1738 頁。無疑巴陵郡政治地理位置險要，為長江中游重要的緩衝之地。

〔註 388〕《宋書》卷五《文帝紀》，第 86～88 頁。

〔註 389〕《宋書》卷五十一《劉義季傳》，第 1654 頁。

〔註 390〕《宋書》卷四《文帝紀》，第 99 頁。

〔註 391〕《宋書》卷二十八《劉義宣傳》，第 1799 頁。

〔註 392〕《宋書》卷五《文帝紀》，第 101 頁。

〔註 393〕《宋書》卷六十八《劉義宣傳》，第 1799 頁。

〔註 394〕結果是雍州實力大增，已有能力和荊州相抗衡，致使荊州在長江中上游獨自坐大的概率變小。

元嘉三十年，劉宋再分荊州置湘州。對於這次分割，胡三省評曰：元兇劉劭以營道侯劉義綦為湘州刺史，蓋以劉義宣為荊州舉義，欲分其軍府耳。孝武帝既即位，遂以義宣為荊、湘二州刺史。〔註 395〕胡氏所言甚是。湘州之分，實是劉劭意圖削弱劉義宣荊州方鎮的實力。他所委任的湘州刺史劉義綦是宗室長沙王道憐之子。然劉義綦「凡鄙無識知，每為始興王（劉）濬兄弟所戲弄」。但劉劭弒父後〔註 396〕，乃以劉義綦為征虜將軍、晉陵南下邳二郡太守，鎮京城。〔註 397〕劉義綦雖凡鄙無遠見，卻為劉劭所寵信。與之相反，劉駿為籠絡劉義宣，即以義宣世子劉恢為湘州刺史。後更以劉義宣為荊湘二州刺史。〔註 398〕總之，元嘉三十年的荊湘二州的分割和刺史的任免，是劉劭、劉駿二人為拉攏、爭奪荊州方鎮勢力，所採取的政治措施；是二人利用政區區劃的政治作用，以達到各自的政治目的。換言之，即分化、拉攏荊州方鎮勢力。

縱觀上述，劉宋荊湘二州的分合除最後一次外，都發生在劉裕和劉義隆父子在位時。荊湘二州的分合主要取決於政治格局的變化，並涉及到地理因素。中央政權通過荊湘二州的分合，完全掌握了對荊州以及長江中上游其他各方鎮的控制和管理。此外，劉裕、劉義隆在位期間，東晉「荊揚之爭」的政治局面，再也沒有上演過。當然這應該歸功於劉裕、劉義隆父子對荊湘政區成功的區劃。至於劉義隆死後，「荊揚之爭」再起，則是以後的事情了。

第四節　分區及治邊：劉宋郢州都督區的沿革與政治地理的特點

在劉宋孝建元年（454），分荊、湘、江、豫四州立郢州，詳上文所述。並置郢州都督〔註 399〕以治之。關於劉宋此次設置郢州的舉措，學界研究成果主

〔註 394〕《宋書》卷七十九《劉誕傳》，第 2025 頁。

〔註 395〕《通鑒》卷一百二十七《宋紀九》文帝元嘉三十年，第 4006 頁。

〔註 396〕汪奎認為：劉劭之亂，「最根本的原因在於高門士族對皇權的爭奪」。參見氏著《劉劭之亂與劉宋政局》，載《重慶社會科學》2006 年第 12 期。

〔註 397〕《宋書》卷五十一《劉道憐附義綦傳》，第 1470 頁。

〔註 398〕《宋書》卷六《孝武帝紀》，第 112 頁。

〔註 399〕周振鶴認為：「魏晉南北朝的都督區，這是以都督為軍事長官，統轄數州的軍務都理區。都督例兼所駐州的刺史，實際上形成了州以上一級準行政區。」

要有，嚴耕望對郢州都督區沿革及其政治地理特點略有論述。〔註 400〕周品儒《六朝荊州的發展——以地域政治為中心》雖涉及郢州的政治地理的特點，但因這一問題不是周氏主旨所在，故未能深究。〔註 401〕此外，吳成國《劉宋「分荊置郢」與夏口地位的躍升》探討了郢州都督區治所夏口的政治地位。〔註 402〕相對於上述成果，學界對郢州都督所轄區域之演變，尤其是其政治地理的特點未作深入探討。以下文擬就上述問題作一探究。

一、劉宋郢州都督區的沿革

劉宋時期，郢州都督區除在孝建元年、二年（455）統轄郢、湘二州外，其他時期屬州僅有郢州一地（時有兼統某州之某某郡者），不像其他都督區常兼統兩三州，或四五州以上。故釐清郢州政區的沿革，則郢州都督統轄區域之伸縮可明瞭。因之，先述郢州政區沿革如下。據《宋志》載：「（宋）孝武孝建元年，分荊州之江夏、竟陵、隨、武陵、天門，湘州之巴陵，江州之武昌，豫州之西陽。……立郢州。」〔註 403〕「孝武孝建元年（立安陸郡）……屬郢州，後廢帝元徽四年（476）度司州。」〔註 404〕又「建寧左縣長，孝武大明八年（464）省建寧左郡為縣，屬西陽。徐志有建寧縣，當是此後為郡。」〔註 405〕胡阿祥也以為：「建寧左郡，先為西陽郡建寧縣（元嘉二十年後立），後立為建寧左郡，……大明八年省郡為建寧左縣，屬西陽郡。」〔註 406〕上文所言及的徐志即徐爰《志》，該著作訖大明（457～464 年）之末。換言之，孝建元年至大明八年之間，以建寧左縣置建寧左郡，大明八年廢省。

此外，《宋志》載：「徐志有安蠻縣，《永初郡國》、《何志》並無，當是

《中國歷代行政區劃的變遷》，商務印書館 1998 年，第 71 頁。

〔註 400〕嚴耕望：《魏晉南朝都督與都督區》（載《歷史語言研究所集刊》第 27 本，中國臺灣中央研究院 1956 年）和《中國地方行政制度史．魏晉南北朝地方行政制度》。

〔註 401〕周品儒：《六朝荊州的發展——以地域政治為中心》，臺灣私立東海大學 2009 年碩士論文。

〔註 402〕吳成國：《劉宋「分荊置郢」與夏口地位的躍升》，載《湖北大學學報（哲學社會科學版）》2004 年第 6 期。

〔註 403〕《宋志三》郢州刺史條，第 1124 頁。

〔註 404〕《宋志二》安陸太守條，第 1105 頁。

〔註 405〕《宋州三》，第 1128 頁。

〔註 406〕胡阿祥：《南朝寧蠻府、左郡左縣。俚郡俚僚述論》，載《歷史地理》第 13 輯，第 182 頁。

何志後所立。尋為郡，（宋）孝武大明八年，省為縣，屬安陸，（宋）明帝泰始初（465～471年），又立為左郡，宋末又省。」〔註407〕《何志》即是何天承《志》，該書最遲成於元嘉二十年（443）。故推測孝建元年置安陸郡時，新立安蠻縣，尋為郡，大明八年復為安蠻縣。此外，安蠻郡本屬荊州，孝建元年度屬郢州。則孝建元年至二年，郢州屬郡為十一。但據《宋書・柳遠景傳》載：「孝建元年正月，……復以（柳遠景）為都督……荊州之竟陵隨二州諸軍事、……雍州刺史。」〔註408〕又《宋書・劉渾傳》曰：「孝建元年，……監……荊州之竟陵隨二郡諸軍事……雍州刺史。」《宋書・劉休茂傳》亦載：「大明二年，……都督……郢州之竟陵隨二郡諸軍事、……雍州刺史。」〔註409〕則雍州都督區當常統轄竟陵、隨二郡。又《宋書・孝武帝紀》載：「（孝建元年）九月……（以）蕭思話為鎮西將軍、郢州刺史……（孝建二年）秋七月……鎮西將軍蕭思話卒。」〔註410〕《宋書・蕭思話》亦曰：「分荊、江、豫三州置郢州，（蕭思話）復都督郢湘二州諸軍事、鎮西將軍、郢州刺史。」〔註411〕據上述，則孝建元年至孝建二年，郢州都督所統轄的區域為郢州九郡及湘州十郡〔註412〕。

孝建二年至泰豫元年（472），郢州都督區域變化較大。具體來說，孝建二年至大明三年（459）孔靈符任郢州刺史，大明三年至四年（460）王玄謨續任之。泰始二年（466）至三年（467）劉襲亦任郢州刺史，然惜史書無載三人為郢州都督事。故欲明瞭郢州都督區域變化，必先考辨清三人是否任過都督郢州事。據《宋書・孔靈符傳》載：「世祖大明初，（孔靈符）自侍中為輔國將

〔註407〕《宋志二》安陸太守條，第1105頁。

〔註408〕《宋書》卷七十七《柳遠景傳》，第1988頁。

〔註409〕《宋書》卷十九《劉渾傳》、卷十九《劉休茂傳》，第2042～2043頁。

〔註410〕《宋書》卷六《孝武帝紀》，第115～116頁。

〔註411〕《宋書》卷七十八《蕭思話傳，》，第2016頁。

〔註412〕《宋書》卷三《武帝紀》曰：永初三年，又分荊州十郡還置湘州，第59頁。《宋書》卷五《文帝紀》載：元嘉八年，罷湘州還並荊州；元嘉十六年，復分荊州置湘州；元嘉二十九年，罷湘州並荊州，度始興、臨賀、始安三郡屬廣州；元嘉三十年，以侍中南譙王世子劉恢為湘州刺史。第80頁、第86頁、第101頁、第111頁。《宋志》曰：「孝武孝建元年度（隨郡）屬郢（州）」，「元嘉十六年立巴陵郡屬湘州」，孝武孝建元年又度巴陵郡屬郢州。第1124、1129頁。綜上述，永初三年又立湘州，元嘉八年省；元嘉十六年再立，元嘉二十九年又省；元嘉三十年復立。孝建元年當領郡十。十郡當為長沙、衡陽、湘東、零陵、邵陵、營陽、桂陽、始興、臨賀、始安郡。治臨湘縣（具體詳前文所及）。

軍、郢州刺史。」〔註413〕嚴耕望提出：「刺史加將軍且加都督（或監、督）者固置府，其僅帶將軍不加都督（或監、督）者亦置府，惟加都督者又有督府之稱，是為異爾。然則刺史之任惟單車不置府，其餘加將軍者及加將軍且加督者均置軍府也。」〔註414〕故孔靈符雖有領兵之權，然無都督（或監、督）之職。則孝建二年至大明三年，作為準行政區的郢州都督區當省廢。另外，據《宋書・王玄謨傳》載：王玄謨助孝武帝伐逆後，除徐州刺史，加都督。後，王玄謨領兵征剿劉義宣、臧質二人，拜豫州刺史，事平「加都督，前將軍」。大明元年（457），王玄謨任寧蠻校尉、雍州刺史，加都督。又任平北將軍徐州刺史，加都督。〔註415〕如上所述，王玄謨每次任職，都帶「加都督」之號。故斷定王玄謨任郢州刺史時，當加都督郢州事。又《宋書・劉襲傳》載：劉襲本任安成太守，因「晉安王（劉）子勳為逆，（劉）襲據郡距之，……太宗嘉之，（泰始二年）以為郢州刺史。」〔註416〕劉襲沒有加將軍號，當是單車刺史。則泰始二年至三年，郢州都督區當再次省廢。綜上述，在孝建二年至泰豫元年，郢州都督區除孝建二年至大明三年和泰始二年（466）至三年省廢外，其他時間都當設置。此外，這段時間郢州都督沒有統轄湘州（詳見下文表2.4）。如上所述，大明八年省廢建寧左郡、安蠻左郡。泰始初又復安蠻左郡，至宋末再次省廢。則大明三年至八年，郢州都督所轄區域仍為郢州九郡。大明八年至泰始元年（465），郢州都督區域所統為郢州七郡。泰始二年至泰豫元年，則是郢州的八郡。除上述外，據《宋志》載：「前廢帝永光元年（465）又度（隨郡）屬雍（州），明帝泰始五年（469）又還（隨郡）屬郢（州），改名隨陽，後廢帝元徽四年（476），度屬司州。」泰始元年雖還隨郡屬郢州，但隨郡始終為雍州都督所統轄。換言之，隨郡無論從郢州分割出去還是統屬於郢州，都和郢州都督區域的伸縮沒有關係。

泰豫元年至昇明三年（479），郢州都督所轄區域有變化。據《宋志》載：後廢帝元徽四年，度安陸郡屬司州。〔註417〕如上所及，宋末再次廢省安蠻左郡。則泰豫元年至昇明三年（479）割郢州安陸郡屬司州，並省廢安蠻左郡。此外，這一時期雖曾經割義陽郡於司州、還西陽郡屬豫州，然二郡仍統屬於

〔註413〕《宋書》卷五十四《孔季恭附孔靈符傳》，第1532～1533頁。

〔註414〕《中國地方行政制度史・魏晉南北朝地方行政制度（上）》，第118頁。

〔註415〕《宋書》卷七十六《王玄謨傳》，第1974～1975頁。

〔註416〕《宋書》卷五十一《劉襲傳》，第1567頁。

〔註417〕《宋志二》安陸太守條，第1105～1106頁。

郢州都督。然史書對義陽、西陽二郡割屬時間記載前後不一，故梳理如下。《宋志》曰：明帝泰始五年，度南豫州義陽郡屬郢州。後廢帝元徽四年（476），屬司州。〔註 418〕但據《宋書・宗室附劉秉傳》載：後廢帝即位（472 年），劉秉改都督郢州豫州之西陽司州之義陽二郡諸軍事、郢州刺史。則《宋書・州郡志》所載元徽四年度義陽郡屬司州。恐誤。當從《宋書・宗室附劉秉傳》。此外，《宋志》云：明帝泰始五年，又度西陽郡屬豫州，後又還郢州。〔註 419〕此條沒有記載西陽郡還屬郢州的確年。然據《宋書・劉翽傳》載：昇明元年（477），劉翽任督郢州司州之義陽諸軍事、郢州刺史。〔註 420〕此條史料無載劉翽「督豫州西陽郡」。所前所及，郢州都督常統轄西陽郡。故推測昇明元年，當還西陽郡屬郢州。又因安蠻左郡省廢的確年乏考。則泰豫元年至元徽四年，郢州都督所轄區域為郢州八郡或者七郡。元徽四年至昇明三年，郢州都督當統轄郢州六郡。

二、郢州都督區設置的政治目的及人事任免

劉宋分荊、湘、江、豫四州新置郢州（按：此為郢州都督區所統轄之主要區域）是其重大的政治舉措。毋庸贅言，其政治目的就是與荊州都督區相抗衡。後劉休範、劉休祐雖為都督郢州等五州之事，江州刺史〔註 421〕。但正如嚴耕望所說，此二例「非恒制也」〔註 422〕。具體而言，郢州的設置是孝武帝再分荊州方鎮實力而作出的抉擇。此抉擇也為大明三年孝武帝以建康為中心的天下觀念〔註 423〕的實施，奠定了較為牢固的政治基礎和有利的軍事格局。郢州及都督區的設置，如《宋書・何尚之傳》載：「荊、揚二州，戶口半

〔註 418〕《宋志二》義陽太守條，第 1104 頁。

〔註 419〕《宋志三》西陽太守條，第 1127 頁。

〔註 420〕《宋書》卷九十《劉翽傳》，第 2238 頁。

〔註 421〕劉休範於 470～474 年任江州刺史。然劉休祐任職江州刺史的具體時間，史無明文；據史料推測，其當於 466 年任職，尋改任為豫州刺史，王景文續任江州刺史。參見《宋書》卷七十九《劉休範傳》，第 2045～2046 頁；《宋書》卷七十二《劉休祐傳》，第 1879 頁；《宋書》卷八十五《王景文傳》，第 2179 頁。萬斯同《宋方鎮年表》無載劉休祐任江州刺史事。則誤漏矣（《二十五史補編》第三冊）。

〔註 422〕《中國地方行政制度史・魏晉南北朝地方行政制度》，第 69 頁。

〔註 423〕戶川貴行：《劉宋孝武帝改革同建康天下中心觀之關係考論》，收入《中國中古史研究：中國中古史青年學者聯誼會刊（第四卷）》，徐沖主編，中華書局 2014 年版，第 70～85 頁（原載《九州大學東洋史論集》36，2008 年）。

天下，江左以來，揚州根本，委荊以閫外，至是並分（按：即割荊州置郢州、分揚州立東揚州），欲以削臣下之權，而荊、揚並因此虛耗。」〔註 424〕此次對政區的重新區劃，完全是為政治服務，其目的就是為了實現中央集權統治。與此相對的是，此措施根本沒有顧及，由於過分削弱方鎮所帶來的惡果。後，宋書史臣評價曰：「而建郢分揚，矯枉過直，藩城既剖，盜實人單，閫外之寄，於斯而盡。」〔註 425〕即對劉宋分荊立郢，全然不念及作為「閫外之寄」荊州的政治、軍事的作用提出了批評。後，唯蕭道成蒙「宋文、孝武分割荊州政策之成功」的好處，〔註 426〕這當然是後話了。

此外，孝建元年分荊、湘、江、豫四州立郢州之時，中央朝廷在郢州的首郡選擇上，有一番爭議。如《宋書．何尚之》云：江夏王劉義恭以為宜在巴陵，何尚之議曰：「夏口在荊、江之中，正對沔口，通接雍、梁，實為津要，由來舊鎮，根基不易。今分取江夏、武陵、天門、竟陵、隨五郡為一州，鎮在夏口，既有見城，浦大容舫。竟陵出道取荊州，雖水路，與去江夏不異，諸郡至夏口皆從流，並為利便。湘州所領十一郡，其巴陵邊帶長江，去夏口密邇，既分湘中，乃更成大，亦可割巴陵屬新州，於事為允。上從其議。」〔註 427〕夏口實有控制雍、梁二州，並扼制荊州的地理優勢。江夏郡本為荊州的東面門戶，是荊州沿江東下的必由之路，地理位置的重要性自然不言而喻。

除上述外，無論是孝武帝還是明帝，在郢州都督區的人事任免上，皆委任皇子（常輔之以親信、能臣）或者忠心朝廷且有政治才幹的大臣出任郢州。〔註 428〕究其原因，還是在於郢州地理形勢的險要，如顧祖禹所說：「蓋郢州者所以分荊、襄之勝，而壓荊、襄之口者也。自此荊、襄多事，郢州實首當其峰。」〔註 429〕據文末表 2.4，僅有孔靈符、劉襲二人是無統軍權的「單車刺史」。推測孝武帝委任沒有任何政治背景的孔靈符為郢州刺史，當是在無合適

〔註 424〕《宋書》卷六十六《何尚之傳》，第 1738 頁。

〔註 425〕《宋書》卷六十六「史臣曰」，第 1739 頁。

〔註 426〕傅樂成：《荊州與六朝政局》，第 204 頁。

〔註 427〕《宋書》卷六十六《何尚之傳》，第 1737～1738 頁。

〔註 428〕吳成國認為：除沈攸之外的刺史「有的任職時間不長很快調離他職或早死任上，難有作為。」氏著《劉宋「分荊置郢」與夏口地位的躍升》，載《湖北大學學報（哲學社會科學版）》2004 年第 6 期。筆者認為吳氏上述觀點有失偏頗，沒有深究其中的政治原因與郢州政治地理的作用。

〔註 429〕顧祖禹：《方輿紀要》卷七十五湖廣方輿紀要序，第 3485 頁。

人選時，所採取的權宜之計。況孔靈符本人確有才幹，堪當郢州刺史之任。〔註430〕劉襲對明帝忠心耿耿，他任安成太守時，就因抵禦「劉子勛之亂」的功勞，得到明帝的嘉獎，並提拔為郢州刺史。〔註431〕劉襲由太守升任刺史，說明明帝對其還是相當信任的。綜上述，孔靈符、劉襲二人雖無統軍權，但皆被當時的最高統治者所信任和賞識。

文末表 2.4 中，多有皇子任郢州都督者。不過，皇子出任時，孝武、明帝輔以親信、幹直的能臣。無疑，這也是控制郢州都督區的重要政治部署。如王奐、柳世隆二人先後出任郢州行事，對中央控制長江中上游的局勢，起到了關鍵性的作用。後廢帝前期，劉休範鎮江州，「時夏口缺鎮，朝議以居尋陽上流，欲樹置腹心，重其兵力」。最終在元徽元年（473），後廢帝以皇弟劉燮為郢州刺史，長史王奐行府州事，配以資力，出鎮夏口。劉燮慮為劉休範所撥留，自太子洑去，不過尋陽。〔註432〕無需多言，其政治目的是據有長江中上游之險，以防江州脅迫下游的建康。如元徽二年（474），桂陽王劉休範舉兵向京師，劉燮自夏口遣軍平定尋陽，劉休範隨即敗於建康。

三、郢州都督區設置的政治地理效應

如上所及，劉宋時期的郢州及都督區是獨立存在的。它所形成的政治地理格局，自然有獨特的政治地理效應，現茲以史料分析之。

首先，孝武帝為達到削強藩、弱荊州的政治地理效應，對郢州都督區的劃分可謂費盡心思。如雍、湘二州大部，雖然也是從荊州分割而立，但二州常為荊州都督區所轄（按：除宗王、皇子出任二州刺史外）。郢州和雍、湘二州不同，即郢州所統屬的郡縣雖也多從荊州割屬而來。但郢州及都督區卻不為荊州都督區所轄，這其實是孝武帝有意為之的政治策略。後，又度湘州巴陵郡屬郢州，使得郢州可控帶湘州。後梁武帝蕭衍亦云：「郢州控帶荊湘，西注漢沔」〔註433〕。周品儒認為：荊南的湘西地區（按：相當於漢時武陵郡的境域）的入郢，或應當地所擁有的備蠻兵力，可補以郢州抗荊州之不足，這

〔註430〕《宋書》卷五十四《孔季恭附靈符傳》曰：「（孔靈符）愨實有才幹，不存華飾，每所涖官，政績修理。」第 1534 頁。

〔註431〕《宋書》卷五十一《宗室傳》，第 1467 頁。

〔註432〕《宋書》卷七十九《劉休範傳》，第 2046 頁。

〔註433〕《梁書》卷一《武帝紀》，第 4 頁。

樣紡錘狀的領土少見於歷代。〔註 434〕後世亦承之不改。

其次，郢州都督區範圍比較穩定，其都督區包括除竟陵、隨（按：後度屬司州）二郡之外的所有郢州屬郡，並常統轄義陽、西陽（按：後還郢州）二郡。郢州都督區統轄司州的義陽郡，即擔負起治邊之責。換言之，維護長江中游邊疆地區的穩定是郢州及其都督區，所要達到的政治地理效應之一。

具體來說，義陽郡為司州之首郡，司州則歸都督、監或督郢州都督區的長官所統領，「蓋義陽一郡為司州重地，且即為司州刺史治所，郢州都督即統義陽，即無異兼統全司州也。是名異而實亦同。」〔註 435〕關於司州的設置，是因為在泰始三年（467），劉宋失淮北四州及豫州淮西之地」〔註 436〕後，泰始五年（469）在義陽郡置司州。〔註 437〕司州位於和北魏相對峙的前線，戰略地位十分緊要。劉宋政權考慮到單憑司州一州之力，自然無法和北魏相抗衡。故以司州統馭於郢州都督區，這樣可以迅速得到郢州都督區的軍事和物資援助。即所謂：「（郢州）瞰臨沔、漢，應接司部。」〔註 438〕後，沈攸之即以「監郢州諸軍事、郢州刺史。……進監豫州之西陽、司州之義陽二郡軍事」的外蕃重臣身份和蔡興宗等同預顧命。〔註 439〕元徽初，後廢帝以李安民為督司州軍事、司州刺史，領義陽太守。並別敕李安民曰：「九江須防，邊備宜重，今有此授，以增鄢郢之勢，無所致辭也。」〔註 440〕也是因為後廢帝意識到司、郢二州相互倚重的政治地理格局。以致後來蕭梁北伐時，梁武帝仍下詔曰：「某勒司郢之師，驍果六萬，步出義陽，橫轥熊耳。」〔註 441〕司、郢二州唇齒相依，本不可分。

最後，郢州都督區轄有司州，即從地理空間上將荊、雍二州和江州完全隔離開來。使郢州上游的荊、雍二州，無法順江直達江州，〔註 442〕避免了二

〔註 434〕《六朝荊州的發展——以地域政治為中心》，第 102 頁。

〔註 435〕《中國地方行政制度史・魏晉南北朝地方行政制度》，第 71 頁。

〔註 436〕《通鑒》卷一百三十二《宋紀十四》，第 4130 頁。

〔註 437〕《宋書》卷八《明帝紀》曰：泰始五年，「以義陽太守呂安國為司州刺史。」第 165 頁；又《宋志》曰：「（宋）明帝復於南豫州之義陽郡立司州，漸成實土焉。」第 1104 頁。

〔註 438〕《南齊志下》郢州條，第 276 頁。

〔註 439〕《宋書》卷三十四《沈攸之傳》，第 1931 頁。

〔註 440〕《南齊書》卷二十七《李安民傳》，第 506 頁。

〔註 441〕〔梁〕武帝《梁武帝又北伐詔一首》，收入《日藏弘仁本文館詞林校證》，第 233 頁。

〔註 442〕關於江州的戰略地位，參見張承宗：《六朝時期江州的戰略地位》，載《蘇州大學學報（哲學社會科學版）》1993 年第 1 期。

州對下游統治中心揚州的直接威脅，達到了當初孝武帝置州於此，以分荊楚之勢〔註 443〕的政治地理格局。換言之，郢州及其都督區起到了穩定和保護下游建康政治和軍事安全的政治地理效應。後，蕭賾也因為認識到郢州政治地理的重要性，遂派親信雍州豪族柳世隆任郢州行事。最終，蕭賾借郢州之力，在郢州城下擊破沈攸之的荊州勁旅。〔註 444〕又，梁武帝蕭衍於雍州舉兵，在控制郢州後，才敢順江而下奪取建康，也是考慮到「郢州控帶荊湘，西注漢沔」所產生的政治地理效應。

但郢州所起到的政治地理效應，即有其侷限性。當地處郢州下游的江州和荊、雍、湘三州聯成一氣時，郢州這種獨特的政治地理性，便會失去原有的意義和作用。如劉子勛之亂時，鄧琬等人迅速控制了江、荊、雍、湘四州之地，使處在四州中間地帶的郢州及都督區，只能被迫脅從。據《宋書・鄧琬傳》載：「郢州承（劉）子勳初檄，及聞（宋）太宗定大事，即解甲下標。續聞尋陽不息，而（孔）覬有響應，郢府行事錄事參軍荀卞之大懼，慮為（鄧）琬所咎責，即遣……鄭宣景率軍馳下，並送軍糧。」〔註 445〕顯而易見，荀卞之是被鄧琬等人所脅從，被迫舉兵從叛。

表 2.4：劉宋郢州刺史及郢州都督區表

	任職者	籍貫	任職時間	都督區	出處（書／卷／頁）	備注
1	蕭思話	南蘭陵	454～455 年	都督郢湘二州諸軍事	宋書／6／115、117，宋書／78／2016	國戚
2	劉秀之	東莞呂	455～455 年	監郢州諸軍事	宋書／6／117，宋書／81／2074	未就（助討劉義宣之功）
3	孔靈符	會稽山陰	455～459 年	（單車刺史）	宋書／6／119，宋書／54／1533	
4	王玄謨	太原祁	459～460 年	（當為都督郢州諸軍事）	宋書／6／124，宋書／76／1973	為宋孝武帝所寵信
5	劉子綏	彭城	460～466 年	都督郢州諸軍事	宋書／6／125，宋書／61／1652，宋書／85／2179，宋書／57／1574	宋孝武帝之子（王景文、蔡興宗先後行郢州事）

〔註 443〕《南齊志下》郢州條，第 276 頁。

〔註 444〕《南齊書》卷二十四《柳世隆傳》，第 446 頁。

〔註 445〕《宋書》卷八十四《鄧琬傳》，第 2134 頁。

6	沈攸之	吳興武康	466～466 年	監郢州諸軍事	宋書／8／158，宋書／74／1929	以平劉子勛之功
7	劉襲	彭城	466～467 年	（單車刺史）	宋書／8／158，宋書／51／1467	宗室（劉道憐之孫）
8	蔡興宗	濟南考城	467～469 年	都督郢州諸軍事	宋書／8／160，宋書／57／1583	為宋明帝顧命大臣
9	沈攸之	吳興武康	469～472 年	監郢州諸軍事	宋書／8／158，宋書／74／1931	為宋明帝所寵信
10	劉秉	彭城	472～473 年	都督郢州豫州之西陽司州之義陽二郡諸軍事	宋書／9／178，宋書／51／1468	未拜（宗室、為宋明帝顧命大臣）
11	劉燮	彭城	473～477 年	監郢州豫州之西陽司州之義陽二郡諸軍事	宋書／9／179，宋書／72／1870，宋書／79／2046，南齊書／3／44	宋明帝之子（王奐總府州之任，476～477 年蕭賾行郢州事）
12	劉翽	彭城	477～477 年	督郢州司州之義陽諸軍事	宋書／90／2238	未拜（宋明帝之子）
13	劉贊	彭城	477～478 年	督郢州司州之義陽諸軍事	宋書／10／194，宋書／80／2071，南齊書／24／446	宋明帝之子（柳世隆行郢州事）
14	黃回	竟陵	478～478 年	督郢州司州之義陽諸軍事	宋書／10／195，宋書／83／2123	未之鎮
15	李安民	蘭陵承	478～479 年	督郢州司州之義陽諸軍事	宋書／10／197，南齊書／27／507	蕭齊佐命功臣
16	蕭順之	南蘭陵	479 年	督郢州司州之義陽諸軍事	宋書／10／198，梁書／1／1	蕭齊佐命功臣